Jugenddelinquenz

Studie zum Gewaltverhalten
von Kindern und Jugendlichen

von

Dirk Varbelow

mit besonderem Dank an
Imke Wildberger
für die unterstützende Mitarbeit

Tectum Verlag
Marburg 2000

Die Deutsche Bibliothek - CIP-Einheitsaufnahme

Varbelow, Dirk:
Jugenddelinquenz.
Studie zum Gewaltverhalten von Kindern und Jugendlichen.
/ von Dirk Varbelow
- Marburg : Tectum Verlag, 2000
ISBN 3-8288-8203-X

© Tectum Verlag

Tectum Verlag
Marburg 2000

Inhaltsverzeichnis

Vorwort		1
1.	Störungen des Sozialverhaltens, Aggression und Gewalt	2
1.1	Störungen des Sozialverhaltens	2
1.2	Aggression	8
1.3	Gewalt	13
2.	Institution Schule und Gewalt – ein Interaktionsphänomen!?	20
3.	„Aggressionsparteien" im schulischen Kontext	28
3.1	Schüler versus Schüler	28
3.2	Aggressionen im Schüler-Lehrer- und Lehrer-Schüler-Kontext	39
4.	Schulische Interventions- und Präventionsmöglichkeiten	47
5.	Aggressions- und Gewaltdefinitionen aus Sicht der Schüler / Jugendlichen	51
6.	Konzepte schulischer Gewaltforschung	65
6.1	Ursachen der Gewaltforschung an Schulen	65
6.2	Die Forschungslage	66
7.	Methodenkritik empirischer und analytischer Gewaltforschung	69
8.	Einleitung zur Erhebung	72
9.	Theoretischer und empirischer Hintergrund	73
10.	Methode der Datenerhebungen	74
10.1	Erhebungsinstrument	74
10.2	Kritische Betrachtung des Erhebungsinstruments	76
10.3	Datenerhebung von Lösel, Bliesener und Averbeck	76
10.4	Selbst durchgeführte Datenerhebung	78
11.	Ergebnisse	79
11.1	Ergebnisse der Datenerhebung von Lösel u.a.	79
11.2	Eigene Hauptschulerhebung versus Lösels u.a.	80
11.3	Ergebnisse der Einzelerhebungen	83
11.3.1	Hauptschul- versus Gymnasialerhebung	86
11.3.1.1	Hauptschülerinnen versus Gymnasiastinnen	86
11.3.1.2	Hauptschüler versus Gymnasiasten	92

11.3.1.3	Hauptschüler versus Gymnasiasten (gesamt)	100
11.3.2	Hauptschule/Gymnasium versus Realschule	116
11.3.2.1	Hauptschülerinnen/Gymnasiastinnen versus Realschülerinnen	116
11.3.2.2	Hauptschüler/Gymnasiasten versus Realschüler	122
11.3.2.3	Hauptschule/Gymnasium versus Realschule (gesamt)	128

12. Diskussion zur Validität unserer Erhebung — 132

13. Schulzweig und Delinquenzaufkommen! Ein Interaktionsphänomen? Gründe delinquenten Verhaltens! — 133

14. Tabellarische Aufstellung aller Prozentwerte nach Schulzweig, Geschlecht und Alter — 141

14.1	Hauptschule	141
14.2	Realschule	152
14.3	Gymnasium	163

15. Statistische Einzelwerte — 174

15.1	Hauptschule	174
15.2	Realschule	175
15.3	Gymnasium	176
15.4	Hauptschule versus Gymnasium / weiblich	177
15.5	Hauptschule versus Gymnasium / männlich	178
15.6	Hauptschule versus Gymnasium / gesamt	179
15.7	HG versus Realschule / weiblich	180
15.8	HG versus Realschule / männlich	181
15.9	HG versus Realschule / gesamt	182

16. Graphische Darstellungen aller summierten Einzelerhebungen nach Geschlecht — 183

17. Graphische Darstellungen der Delinquenzbelastung nach Schularten — 193

18. Delinquenzbelastung nach Alter und Geschlecht — 203

18.1	13 Jahre	203
18.2	14 Jahre	204
18.3	15 Jahre	205
18.4	16 Jahre	206
18.5	Gesamt	207

19. Literaturverzeichnis — 208

Vorwort

Ist die heutige Gesellschaft Opfer jugendlicher Gewalttäter? – Oder sind jugendliche Gewalttäter Opfer der Gesellschaft? Ähnlich der „Henne-Ei-Ei-Henne-Diskussion" kann auch das Gewaltphänomen nicht präzise beantwortet werden. Was jedoch als sicher gilt: *„Beide Gruppen sind Opfer, beide Gruppen sind Täter – sie bedingen einander!"*
Welche Rolle bekommt in diesem Kontext der Sozialisationsort Schule zugesprochen? Nimmt die Gewalt unter Kindern und Jugendlichen zu? Bekommt die Schule eine gewaltfördernde Funktion zuerkannt? Sinkt die Hemmschwelle der Jugendlichen, Gewalt und instrumentelle Aggression zum Zwecke der Durchsetzung eigener Wünsche und Ziele systematisch einzusetzen? Ja, spiegelt das zuweilen erkennbar aggressive Verhalten jener Altersgruppe die latente Dekadenz unserer Gesellschaft wider? Wird Aggression in absehbarer Zeit zu einer salonfähigen Handlung mutieren?

Subsumieren wir unter dem Terminus Aggression instrumentelle Handlungen sowie subtilere Formen wie Mobbing (Bullying), Intrigieren und Denunzieren, dann ganz sicher!
Beziehen wir neueste Forschungskonzepte und -ergebnisse mit ein, erfährt unser Postulat dahingehend Zustimmung, als dass ein signifikanter Anstieg zu verzeichnen *sein solle*. Das *„Sein soll"* stellen wir jedoch im Konjunktiv zur Diskussion, da an den Mitteln zur Erhebung derartiger Statistiken ebensoviel positive wie negative Kritiken aufgeboten werden. Kritiken, von denen auch unsere – im zweiten Teil vorliegender Arbeit aufgeführten – Erhebungen nicht gefeit waren. Trotzdem, oder gerade deshalb, zeigen wir das Für und Wider auf, um die Prozedur und das am Ende stehende Resultat zu relativieren. In Langzeitstudien verweist man auf Erhebungen vergangener Jahre, welche im direkten Vergleich heutiger Erhebungen einen Anstieg durchaus erkennbar erscheinen lassen. Aufgrund mannigfacher Literatur bezüglich der Gewalt unter Kindern und Jugendlichen im schulischen und nicht schulischen Kontext, deren Erhebungsstrategien zuweilen in Zweifel gezogen werden, beschäftigen sich unter anderem Forscher auch mit deren Schattenseiten. Diese Schattenseiten und selbstkritische Betrachtung unserer eigenen Erhebungen stehen im Focus der vorliegenden Arbeit. Einen weiteren wesentlichen Teil des Buches nutzen wir, um gewalttätige Handlungen im schulischen Bereich vorzustellen. Letztendlich versuchen wir zu interpretieren, welche Kausalzusammenhänge zwischen den Antworten den gestellten Fragen und der psychischen Konstitution der Probanden bestehen könnten. Also: *Die Frage nach dem Warum!*

D. Varbelow
Kassel, im Oktober 2000

1. Störungen des Sozialverhaltens, Aggression und Gewalt

Aus welchem Grund (re)agieren Menschen aggressiv bzw. gewalttätig? Sowohl die Psychologie wie auch die Soziologie stellt einen Erklärungsansatz zur Diskussion. Geht der psychologische Ansatz davon aus, dass aggressives Verhalten auf Bedürfnissen und Gefühlen, also inneren Auslösern basiert, versuchen die Soziologen die Aggressionsentstehung infolge gesellschaftlicher Strukturdefizite (Familie, Schule, Freizeit etc.) zu erklären. Dementsprechend divergent stehen die Herangehensweisen an das Aggressionsproblem dar. Deklariert die Psychologie derartiges Verhalten als Aggression, beschränkt sich die Soziologie auf die Umschreibung „Abweichendes Verhalten". Beziehen wir die Erziehungswissenschaft als Forschende Wissenschaft mit ein, tendierten die Erziehungswissenschaftler zu Beginn ihrer Forschung eher zum psychologischen Erklärungsansatz. Erst nach und nach nahmen sie sich der soziologischen Ansätze an, wobei die Erziehungswissenschaft nunmehr die Begriffe Aggression und Gewalt parallel verwendet, gerade im Hinblick auf die Gewaltforschung an Schulen.

1.1 Störungen des Sozialverhaltens (Devianz)

Unter dieser Bezeichnung stehen die Verhaltensweisen subsumiert, die Kinder und Jugendliche gegen Normen und Regeln der Gesellschaft richten. Synonym verwendete Termini sind *Dissozialität* und *antisoziales Verhalten*. Vorstehende Bezeichnungen implizieren sämtliche Formen des aggressiven, gewalttätigen und delinquenten Handelns, wobei Delinquenz (Straffälligkeit) stets eine juristisch verfolgbare Tat darstellt. Störungen des Sozialverhaltens treten im Laufe kindlicher Entwicklung sehr häufig auf. Das Spektrum derartigen Fehlverhaltens reicht von Lügen, Streiten, Schulschwänzen, aggressiven Handlungen über Streunen bis hin zu schweren Gewaltanwendungen gegenüber Tieren und Menschen.

Deviante Handlungen sind spezifische Formen eines zusammenhängenden sozialen Handelns, die sich innerhalb individuell abweichender Verhaltensweisen bis hin zum delinquenten Verhalten ausbreitet. Deviantes Verhalten impliziert allerdings nicht automatisch Kriminalität. Um am Begriff der **Delinquenz** an dieser Stelle festzuhalten, sieht *Schubarth* (2000) in delinquenten Handlungen kalkulatorische Vorgehensweisen. Er schreibt menschlichen Handlungen stets lern- und verhaltenstheoretische Voraussetzungen zu. „Der Akteur wählt jene Handlung, welche die größte Belohnung verspricht. Je schneller und sicherer eine Handlung Belohnung verspricht, desto erstrebenswerter sei sie (z. B. Risiko, Aufregung und Kick-Erlebnisse anstelle von monotonen Tätigkeiten)." *(Schubarth 2000, S. 49)* Ein Täter ist demnach jemand, der eine geringe Selbstkontrolle bezüglich seiner individuellen Bedürfnis innehat, was in seinem Verhalten zum Ausdruck kommt:

„Treten nämlich kurzfristige Interessen mit langfristigen in Konflikt zueinander, dann orientieren sich diejenigen, denen es an Selbstkontrolle mangelt, in ihren Handlungen an den Bedürfnissen des Augenblicks, während Personen mit größerer Selbstkontrolle in ihren Handlungsentscheidungen eher die langfristig zu befürchtenden Sanktionen antizipieren (...). Verbrechen findet statt, wenn (B x E+) – (S x E-), wobei B das Ausmaß der Belohnung ist und E+ deren Eintrittswahrscheinlichkeit. S ist die Höhe der Sanktion und E- die Wahrscheinlichkeit der Sanktion." *(Lamnek 1994, S. 139f)*

In welchem Zusammenhang die Begriffsbestimmungen devianten Verhaltens stehen und welche einzelnen Handlungen mit ihnen einhergehen, zeigt das nachfolgende Schaubild auf:

Schaubild: *Zweidimensionales Modell für Störungen des Sozialverhaltens (in: Steinhausen 2000, S. 198)*

Devianz bedeutet auch aggressives Verhalten gegenüber Menschen und Tieren; Zerstörung von Eigentum; Betrug oder Diebstahl; schwere Regelverstöße.

Bei einer Störung des Sozialverhaltens handelt es sich um ein stets wiederholendes Verhaltensmuster, dass die Verletzung grundlegender Rechte anderer sowie wichtiger, altersrelevanter Normen und regeln umfasst. Bei einem derartigen

Verhaltensmuster handelt es sich *nicht* um Reaktionen auf das soziale Umfeld des Betroffenen!

Wie *Fiedler* (1997) in seiner Abhandlung angibt, stellt deviantes Verhalten eine Persönlichkeitsstörung dar. Deviante Personen umschreibt er als Psychopath. Psychopathen weisen extreme Störungen im Sozialverhalten und im Beziehungserleben auf, wobei derartigen Störungen zuweilen krankhafte Züge implizieren. Laut Fiedler treten Störungen des Sozialverhaltens und des Beziehungserlebens in zwei Formen hervor: Zum einen als subjektiv empfundenes Leiden mit Leistungs- und Beziehungsversagen, zum anderen als eine mehr oder minder starke Tendenz, Normen und Regeln systematisch zu verletzen. Artet solches Verhalten in extreme Formen destruktiven und unverantwortlichen Handelns aus, so verwendet die Psychiatrie den Terminus „Soziopath" zur angemessenen Umschreibung der Störung. Bereits am Anfang des 19. Jahrhunderts versuchte die neuzeitliche Psychiatrie die nosologische[1] Einordnung gestörter Persönlichkeiten. Man suchte nach begründbaren Unterscheidungskriterien von psychopathisch-krank-hafter und intendiert-verantwortbarer Dissozialität. und Kriminalität, also der Frage nach der Schuld(un)fähigkeit. Im Laufe der Zeit entwickelte sich der „Kodex der Devianz", der zur Beurteilung psychischer Auffälligkeiten herangezogen wird. Im 20. Jahrhundert nahm die Psychiatrie wesentlichen Einfluss auf die forensische Psychologie und in die Thematik der forensischen Begutachtung. Aus diesem Grunde prägen Begriffe wie „unreife Persönlichkeit", „Triebtäter", oder „gemeingefährlicher Psychopath" bis heute den Sprachgebrauch der Rechtssprechung.

In der Rechtssprechung findet außerdem der Ausdruck *„schädliche Neigungen"*[2] Erwähnung *(§ 17 Abs. 2 JGG)*[3]. *Ostendorf* (1997) bezeichnet den Ausdruck der schädlichen Neigungen als provozierend. Seines Erachtens wird hiermit eine *„biologische Zuneigung zum Verbrechen"* unterstellt und vom Betroffenen als Kränkung empfunden werden kann. Außerdem beinhaltet die Umschreibung schädliche Neigungen hohes Stigmatisierungspotenzial und steht in Ver-

---

[1] **nosologisch / Nosologie:** Systematische Beschreibung von Krankheiten
[2] **Schädliche Neigungen:** Neigung ist allgemein das Streben in eine bestimmte Richtung. Im Strafrecht ist Jugendstrafe zu verhängen, wenn wegen der schädlichen Neigungen des Jugendlichen, die in der tat hervorgetreten sind, Erziehungsmaßregeln oder Zuchtmittel zur Erziehung nicht ausreichen.
(vgl.: Köbler 1995, Juristisches Wörterbuch, S. 267)
[3] **JGG: Jugendgerichtsgesetz**

§ 17 Form und Voraussetzung
(1) Die Jugendstrafe ist Freiheitsentzug in einer Jugendstrafanstalt.
(2) Der Richter verhängt Jugendstrafe, wenn wegen der **schädlichen Neigungen** des Jugendlichen, die in der Tat hervorgetreten sind, Erziehungsmaßregeln oder Zuchtmittel zur Erziehung nicht ausreichen oder wenn wegen der Schwere der Schuld Strafe erforderlich ist.

bindung zur Typenlehre. Aufgrund der bei schädlichen Neigungen stets zu verhängenden Jugendstrafe von unbestimmter Dauer muss die Rechtssprechung konkretisieren und, vor allem, wenn als Tatursachen nicht bloß auf Erbanlagen erkannt werden darf. „Es muss sich mindestens um, sei es anlagebedingte, sei es durch unzulängliche Erziehung oder ungünstige Umwelteinflüsse bedingte Mängel der Charakterbildung handeln, die ihn – sc.[4] den Angeklagten – in seiner Entwicklung zu einem brauchbaren Glied der sozialen Gemeinschaft gefährdet erscheinen und namentlich befürchten lassen, dass er durch weitere Straftaten deren Ordnung stören würde." *(Ostendorf 1997, S. 197 Rdn. 3)*

Auch *Schneider/Schneider* (1995) sehen in derartiger Bezeichnung nicht eindeutig definierbare Verhaltensweisen eines Beschuldigten. Schädliche Neigungen lägen auch nach ihrer Ansicht vor, wenn infolge erheblicher Anlage- oder Erziehungsmängel die Gefahr besteht, dass der Täter ohne langfristige Erziehungsmaßnahmen weiterhin die Gemeinschaftsordnung stören wird. Schädliche Neigungen sind demzufolge in der Tat abzuurteilen, in der sie ihren Ausdruck gefunden haben.

Schädliche Neigungen ist ein nicht eindeutig definierbares Kriterium im juristischen Kontext; weder durch psychologische noch psychiatrische noch sozialwissenschaftliche Gesichtspunkte eindeutig fixierbar. Infolge dieser Unbestimmtheit besteht die Gefahr, dass der Ausdruck fehlverwendet wird und willkürlich zugeschrieben werden kann. „Zum anderen unterstellt der Begriff in seiner individualistischen Ausrichtung, dass es ein stabil verankerte charakterliche, gar biologisch begründete Zuneigung zum Verbrechen gibt."
(Schneider/Schneider 1995, S. 233)

Unter Betrachtung der durch Gesetz geforderten Sanktionierung in Form von Jugendstrafe darf angezweifelt werden, ob der Aufenthalt in einer Jugendstrafanstalt sozialisierend auf den Täter einwirken kann, um seine schädlichen Neigungen auszugleichen. Aus diesem Grunde unterliegen „biologisch vorbestimmte Verhaltensweisen" und deren Sanktionierung mit Jugendstrafen einer Paradoxie, da sie eine charakterliche Unfähigkeit zur Einsicht der begangenen Taten impliziert, welche auch mit Zuchtmitteln keinesfalls revidiert wird.

Wie oben bereits aufgeführt, empfindet ein Beschuldigter die ihm zugeschriebene Charaktereigenschaft der schädlichen Neigungen als Kränkung. Persönlichkeitsstörungen, welche die schädlichen Neigungen im engeren Sinne ausdrücken soll, gehören wie andere Eigenschaften zur Person dazu. Keine Person jedoch würde sich selbst die Bezeichnung *gestörte Persönlichkeit* zuschreiben. „Dies dürfte schon deshalb nicht zu erwarten sein, als im Grenzbereich zwischen Persönlichkeitseigenart und Persönlichkeitsstörung intendierte Devianz selten unterstellt werden kann. Es handelt sich zumeist wohl lediglich um eine sozial unangemessen extremisierte Verhaltensgewohnheit, die vom Betroffenen selbst mög-

---

[4] **sc.**: scilicet = nämlich

licherweise gar in bester interpersoneller Absicht eingesetzt wurde und wird."
(Fiedler 1997, S. 7)

Das vom Betroffenen internalisierte Verhaltensmuster des devianten Handelns sieht er in der Regel nicht als störend, abweichend oder normverletzend an. Es entsteht eine *Ich-Syntonie*[5] der Persönlichkeitsstörungen. Je länger jedoch der Betroffene in seinen Handlungsmustern Einsicht und Mitverantwortlichkeit zu zeigen in der Lage ist und unter dem Zustand der interaktiven Beziehungsschwierigkeiten leidet, desto höher wird die Bereitschaft, psychologische Hilfe in Anspruch zu nehmen. Wie hieran deutlich erkennbar wird, unterliegt die Beurteilung der Interaktionsdevianz ausschließlich außerperspektivischen Sichtweisen, wobei der Betroffene sein Verhaltensmuster eher als Eigenschaft ansieht und nicht als Störung in seinem Persönlichkeitsgefüge. Relevant zur Erkennung der eigenen *devianten Identität* ist die kritische Rückmeldung von außen. Derartige Kritik löst unter Umständen beim Betroffenen Akzeptanz der eigenen Persönlichkeitsstörungen aus, sofern sie ein vorhaltsfreies und klar definiertes vortragen erfährt. Aber nicht immer wird der Betroffene einsehen, dass er Verhaltensmuster in sich vereint, welche verändert werden müssten. Erkennt der Betroffene in bestimmten Situationen kritische Bemerkungen an, stoßen diese in kontextübergreifenden Situationen auf seine Ablehnung, weil er die Zusammenhänge von Tat und Kritik nicht einwandfrei zuordnen vermag.

Letztendlich unterliegen auch Dissozialität und Delinquenz Störungen des Sozialverhaltens. Störungen des Sozialverhaltens unterliegen mannigfachen Zusammenhängen in sozialen Kontexten. Außer den sozialen Gegebenheiten kommt die psychische Konstitution des Einzelnen hinzu; ebenso die Entstehung aggressiver Tendenzen. Welche Ausdrucksformen *aggressives Verhalten* in sich birgt, zeigt das nachfolgende Kapitel.

---

[5] **synton:** In gefühlsmäßiger Harmonie mit der mitmenschlichen Umwelt (in „**Syntonie**") bzw. mit der eigenen Wesensart („ichsynton"). *(vgl. Roche Lexikon Medizin, 1998)*

Tabelle: Risiko- und Schutzfaktoren im Zusammenhang mit Störungen des Sozialverhaltens
(in: Steinhausen 2000, S. 200)

	Individuum	Familie	Soziale Umwelt	Gesellschaft
Risikofaktoren	- Genetische und neurophysiologische Faktoren (z.B. komorbide HKS) - Prä- und perinatale Risikofaktoren - Schwieriges Temperament - Männliches Geschlecht - Belastende Lebensereignisse -Zeuge von Gewalt - Drogenmissbrauch - Lernstörungen - Niedriges Selbstbewusstsein	- Disharmonie der Partner (Trennung / Scheidung) - Vernachlässigung / Misshandlung - Dysfunktionale Erziehung - Mangelnde Problemlösungsfertigkeiten und Kommunikation - Psychische Störungen, speziell Alkohol- und Drogenmissbrauch - Kriminalität einschließlich Duldung von Delinquenz - Ökonomische Belastungen - Familiengröße/dichte Geburtenfolge	- Wohndichte - Mangel an sozialen Diensten - Soziale Desintegration - Schlechte Schulen / niedriges Bildungsangebot -Dissoziale Freunde / Jugendbanden - Hohe Kriminalitätsbelastung - Verfügbarkeit von Drogen	- ökonomische Strukturveränderungen - Arbeitslosigkeit - Armut - Reduzierte Sozialhaushalte - Ghettoisierung Unkritische Gewaltdarstellung in elektronischen Medien - Kulturelle Begünstigung von Gewalt
Schutzfaktoren	- Autonomie - Soziale Kompetenz - Problemlösefertigkeiten - Reflexivität / Impulskontrolle - Anpassungsfähigkeit - Selbstwert - Intelligenz - Sensibilität / Empathie - Altruismus - Höheres Bildungsniveau	- Stabile Partnerschaft - Fürsorge und Unterstützung - Emotionale Zuwendung und Disziplin - Belastbarkeit und positive Kommunikation - Hohe Erwartungen - Stabile finanzielle Verhältnisse - Familiengröße < 4 Personen - Genügend Wohnraum	- Versorgung und Unterstützung - Dichtes Netz sozialer Dienste und Angebote - Soziale Integration / Bürgerbeteiligung - Hohe Erwartungen - Niedrige Kriminalitätsbelastung, fehlender Drogenhandel	- Versorgung und Unterstützung - Ökonomische Sicherheit - Soziale Integration / Bürgerbeteiligung - Wirksame Sozialpolitik - Strikte Gesetzanwendung - Vermittlung von Gewaltlosigkeit (Medien)

1.2 Aggression

Definitionen des Aggressionsbegriffs:

Aggression: Unter Aggression versteht man gezielte und beabsichtigte schädigende Handlungen gegen Personen oder Gegenstände (Vandalismus). Es muss vorsätzlich geschehen!

Aggressivität: Aggressivität drückt im Gegensatz zur Aggression keine einzelnen Handlungen aus, sondern eine Verhaltensdisposition. Einer Person, die sich ständig aggressiv verhält, wird Aggressivität zugeschrieben. Aggressives Verhalten kann in verschiedenen Formen auftreten:
Aggressives Syndrom: Körperliche Aggressionen, Bedrohung anderer, Trotzreaktionen, provokatives Verhalten oder Ruhelosigkeit.
Delinquentes Syndrom: Lügen, Diebstahl, Schuleschwänzen, Regelverstöße.

„*Aggression* beim Menschen wird definiert als körperliches oder verbales Handeln, das mit der Absicht ausgeführt wird, zu verletzen oder zu zerstören. **Gewalt** ist Aggression in ihrer extremen und sozial nicht akzeptablen Form."
(Zimbardo 1995, S. 425)

„*Aggression:* Die Aggression entsteht im psychoanalytischen Sinne in Affektsituationen. Sie ist der direkte Ausbruch der Aggressivität

Aggressivität: Aggressivität ist als latentes Verhaltensmuster in jedem Menschen vorhanden; jedoch von Mensch zu Mensch in unterschiedlich hohem Maße.

Destruktivität: Die Destruktivität ist immer auf die Zerstörung einen Objektes hin ausgerichtet. Sie gilt als das Misslingen einer adäquaten aggressiven Entwicklung"
(Varbelow 2000, S. 7)

Tabelle: Verschiedene Ausdrucksformen aggressiven Verhaltens
(in: Petermann 2000, S. 188)

Ausdrucksformen aggressiven Verhaltens (Dichotomien)	Erläuterungen
feindselig versus *instrumentell*	• mit dem Ziel, einer Person direkt Schaden zuzufügen • mit dem Ziel, indirekt etwas Bestimmtes zu erreichen
offen versus *verdeckt*	• feindselig und trotzig, eher impulsiv und unkontrolliert (z.B. Kämpfen) • versteckt, instrumentell oder eher kontrolliert (z.B. Stehlen oder Feuerlegen)
reaktiv versus *aktiv*	• als Reaktion auf eine wahrgenommene Bedrohung oder Provokation • zielgerichtet ausgeführt oder impulsiv
affektiv versus „*räuberisch*"	• unkontrolliert, ungeplant und impulsiv • kontrolliert, zielorientiert, geplant und versteckt

Fälschlicherweise besetzen wir die Aggression mit negativen Merkmalen. Der Begriff Aggression per se steht keinesfalls für negative Eigenschaften, sondern beinhaltet ausschließlich Neutralität. Vom lateinischen Begriff „aggredi" bzw. „ad gredi" abgeleitet, bedeutet er soviel wie herangehen, auf etwas zugehen. Im alltäglichen Umgang der Menschen untereinander gehört Aggression zu einer Verhaltensform, die in sämtliche Lebensbereiche hineingreift. Aggression bindet ein Potential energetischen Vorkommens in jedem Menschen. In welcher Weise der Einzelne die ihm zur Verfügung stehende Energie umsetzt, bleibt ihm überlassen, solange er sie nicht gegen Dritte oder Gegenstände unerlaubt einsetzt. Das breite Delta, in welchem die „aggressive Energie" münden kann, umspannt Verhaltensweisen wie überlebensnotwendige Willenskraft, ein Ziel zu erreichen, bis hin zur Inhumanität in Form von gewissenloser Gewalttätigkeiten mannigfacher Ausführungen. Demzufolge kann der Aggressionsbegriff negativ wie positiv besetzt werden. Deklarieren wir positive in konstruktive und negative in destruktive Aggression, entstehen die nachfolgend konträren Ansichten:

konstruktive Aggression	destruktive Aggression
Als konstruktive Aggression sehen wir solches Verhalten an, das eine Person anwendet, um sich zu behaupten, zu schützen, einen Angriff abzuwehren oder um Fähigkeiten zu entwickeln, die zur Umsetzung persönlicher Ziele vonnöten sind. Konstruktive Aggression benötigt der Mensch zum Aufbau seines Selbstvertrauens, seiner Motivation und dessen, was er unter Kompetenz versteht. Konstruktive Aggression vermag ihm hilfreich bei der Durchsetzung seiner gesteckten Ziele in Verbindung mit der Wahrung seiner Bedürfnisse und seiner ihm durch die Gesellschaft verliehenen Recht. *Konstruktive Aggression ist von Geburt an im Menschen vorhanden; sie ist überlebenswichtig!*	Destruktive Aggression tritt zu Tage, wenn wir einem Wutausbruch unterliegen, wenn wir jemanden Bedrängen, wenn wir jemanden tätlich angreifen, wenn wir uns illegale Rechte einfordern wollen, die dem Gegenüber widersprechen, wenn wir uns an anderen rächen usw. Destruktive Aggression benötigt *immer* einen externen Auslöser und geht mit negativen Gefühlswallungen einher. Somit stellt destruktive Aggression stets eine Reaktion auf ein inadäquat bzw. aversiv persönlich empfundenen äußeren Reiz dar. Mitunter entwickelt sich in einer Person ein so immenser Emotionsdruck, dass in ihm der Drang wächst, in zerstörerischer Weise diesem Druck verlustig zu werden. *Destruktive Aggression gebraucht zu ihrer Entstehung in jedem Fall einen vorhergehenden Auslöser; destruktiv aggressives Verhalten fußt auf Erfahrung bzw. zugefügtem Leid!*

Jeglichem Aggressionsausdruck liegt ein emotionales Empfinden zugrunde. Des Weiteren hängt destruktiv aggressives Vorgehen in hohem Maße von situativen Faktoren ab. Je nach augenblicklicher Verfassung, in der sich eine Person befindet, reagiert die sich provoziert fühlende Person in anderer Ausprägung. Im Falle einer momentan recht ausgeglichenen bis heiteren Stimmung reagiert der oder die Betroffene in verhaltener bzw. milder Weise auf Aversionen des sozialen Umfeldes. Staute der oder die Betroffene jedoch auf Dauer negativ empfundene Emotionen auf, kommt es unter Umständen zu einer explosionsartigen Entladung des Emotionsstaus. Hierzu zählen mitunter aufgestauter Frust oder unverarbeitete Wut. Derartiges Frustverhalten ist Grundlage der von *Dollard et al.* 1939 aufgestellten **Frustrations-Aggressions-Hypothese**. Sie besagt, dass auf jegliche erlittene Frustration stets mit Aggression reagiert wird. Aufgrund der nicht klar umrissenen Aussage und der mangelhaften Beweiskraft des Zusammenhangs von Frustration und Aggression wurde die Frustrations-Aggressions-Hypothese nicht als Erklärungsmuster jeglichen aggressiven Verhaltens aufrecht erhalten. *Adler (1909)* und *Freud (1920)* gingen davon aus, Aggression sei ein angeborener

Trieb. Hieraus entwickelte sich die sogenannte *Triebtheorie*. Die Triebtheorie besagt, aggressives Verhalten sei dem Menschen angeboren wie der Sexualtrieb o.ä. *Freud* postulierte seinerzeit zwei Triebe, die das Leben prägen: Der Todestrieb, der alles Lebendige zum Tode führen will, und der gegensätzliche Lebenstrieb. Auch die Freudsche Triebtheorie ließ sich nicht dazu benutzen, das Aggressionsverhalten klar zu begründen, da die körperliche Quelle derartigen Verhaltens nicht erkennbar war. Seit *Bandura* 1963 die **Lernpsychologischen Ansätze** aufgriff, versuchen Wissenschaftler in der Aggression erlernte Verhaltensweisen zu entdecken. Die Lernpsychologischen Ansätze basieren auf zwei unterschiedlichen Lerneffekten: Dem *Klassischen* bzw. dem *Operanten Konditionieren*. Spielt das Klassische Konditionieren in Form von Situationen oder Personen, mit denen man frühere negative Erfahrungen verbindet, nur eine kleine Rolle beim Entstehen aggressiver Verhaltensweisen, wird dem Operanten Konditionieren ein gewichtigerer Anteil zugesprochen. Erkennt ein Kind, dass es sich in bestimmten Situationen infolge aggressiver Handlungen einen Vorteil verschaffen kann und / oder seinen Willen durchzusetzen in der Lage war, wird es bei nächster Gelegenheit ebenso sein aggressives Verhalten wiederholen. Einzig das Erkennen des Nichterfolges derartigen Handelns vermag das Kind wieder von seinem Verhalten abzubringen.

Als weiteres Schlagwort der Entstehung aggressiven Handelns bietet sich das **Modelllernen** an, also das Lernen von anderen. Besonders gravierend ist in diesem Kontext das Beispiel der Medien in Form von Filmen. Auf des Zusammenspiel von medialer Darstellung und Gewalt gehen wir später noch detaillierter ein. Modelllernen beschränkt sich jedoch nicht nur auf den Medienkontext, sondern zudem auf die Art und Weise des Zusammenlebens in der Familie bzw. des sozialen Umfeldes des Kindes. Erfährt das Kind ausschließlich aggressiv besetztes Vorleben der Bezugspersonen, wie etwa das Durchsetzen partnerschaftlicher Belange infolge aggressiver Handlungen gegeneinander, besteht die Gefahr der Manifestation im kindlichen Erfahrungsschatz. Selbst abwertende Bemerkungen über Minderheiten oder bestimmten Gruppen gegenüber können vom Kind ohne eigene Meinung angenommen und über Jahre hinweg aufrecht erhalten werden.

Aggressive Handlungen, woher sie letztendlich auch entstammen, besitzen in allen Fällen eine wichtige Funktion für den Handelnden. Sie dienen ihm/ihr zur erhofften Wiederherstellung des persönlichen seelischen Gleichgewichts, unabhängig davon, ob das (Re)Agieren hierzu von Nutzen war. Bedenken wir die Tatsache, dass besonders bei Wutausbrüchen oder Aggressionen als spontanes „Gegenargument" die Folgen nicht bedacht werden, folgt unter Umständen recht bald die Ernüchterung infolge inadäquater Reaktionen nach außen. Selbst das Bereuen und die erschreckende Erkenntnis, dass man mit den gezeigten Verhaltensweisen meist nicht das Erhoffte erreichen konnte, vielleicht sogar die Situation eskalieren ließ, vermag das Wiederholen solcher Ausbrüche nicht zu unterbinden.

Aggressionen im schulischen Kontext
Kinder und Jugendliche sind in der Lage, mit aggressiven Verhaltensweisen ihr schulisches Umfeld zu leiten und zu manipulieren. Einerseits versuchen sie, eigene Interessen durchzusetzen, oder aber ihre eigene Hilflosigkeit nach außen tragen. Zuweilen suchen sie mit aggressivem Verhalten nach Anerkennung und zur Stärkung ihres eigenen Selbstbewusstseins. Gerade im schulischen Kontext bewirkt derartiges Verhalten die Fähigkeit zur Verringerung der gewaltfreien Regelung konflikthafter Situationen. Oftmals signalisiert aggressives Verhalten von Kindern und Jugendlichen inadäquate Stimuli des sozialen Umfeldes, auf die mit den für sie einfachsten und schnellsten Mitteln reagiert werden soll, eben durch Verhaltensauffälligkeiten. Auf spezifische Aggressionsmodelle und Auslösefaktoren im schulischen Kontext gehen wir im Verlauf des Textes noch detailliert ein.

1.3 Gewalt

Gewalt ist allgegenwärtig und prägt die Geschichte der Menschheit. Gewalt findet in verschiedensten Ausprägungen statt; von der Einschüchterung bzw. Erniedrigung einer Person **(psychische Gewalt)** bis zu handgreiflichen Tätlichkeiten mit oder ohne Waffen **(physische Gewalt)**. *Pilz* (1994) schreibt der Gewaltforschung ähnliche Präzisierungsschwierigkeiten der Begriffsbestimmungen zu wie der Aggressionsforschung. *Pilz* bezieht sich in seinem Aufsatz zur Gewalt auf *Galtung*, der 1975 eine „Typologie der Gewalt" aufstellte:

Schaubild: Typologie der Gewalt
(in: Pilz 1994, S. 262)

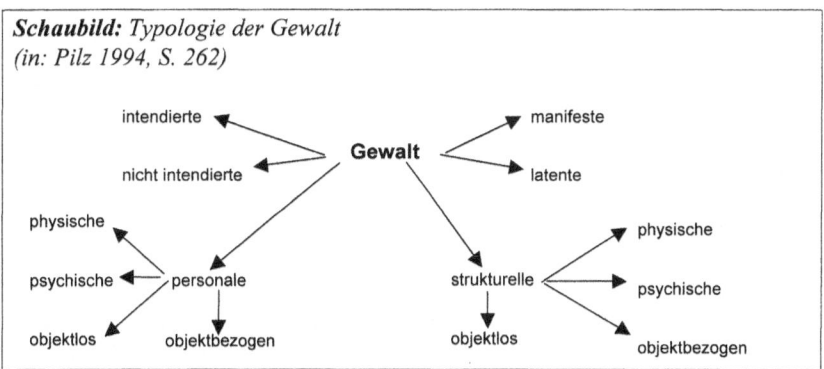

„Die weitest reichende Differenzierung von Gewalt nimmt Galtung (1975) vor, wenn er zwischen *physischer* und *psychischer* Gewalt, zwischen *negativer* und *positiver* Einflussnahme, zwischen *objektbezogner* und *objektloser*, zwischen *personaler* und *struktureller* Gewalt, zwischen *manifester*[6] und *latenter*[7] sowie *intendierter*[8] und *nicht-intendierter* Gewalt unterscheidet. (...) Für Galtung (1975, 9) liegt dann Gewalt vor, wenn Menschen so beeinflusst werden, dass ihre aktuelle somatische und geistige Verwirklichung geringer ist als ihre potentielle Verwirklichung"*(Pilz 1994, S. 262)*

Laut *Galtung* liegt Gewalt – um es auf den Punkt zu bringen – dann vor, wenn es sich um eine vermeidbare Schädigung und Beeinträchtigung grundlegender Bedürfnisse handelt; vermeidbar und beeinträchtigen sind jedoch sehr subjektive Begriffe.

---

[6] **manifestieren:** offenbar werden, sichtbar
[7] **latent:** versteckt, verborgen; (der Möglichkeit nach) vorhanden, aber (noch) nicht in Erscheinung tretend, nicht offenkundig
[8] **intendieren:** etwas planen, beabsichtigen, vorhaben, auf etwas hinzielen

Die Definitionen des Gewaltbegriffs sind recht umfassend. Wir verweisen in diesem Zusammenhang auf den oben zitierten Aufsatz von *Pilz* und versuchen im Verlauf dieses Kapitels mit der allgemeinen Ansicht des Gewaltbegriffs zu operieren.

Wie eingangs angemerkt, unterscheiden wir zwischen psychischer und physischer Gewalt, was wiederum subjektive Ansichten impliziert. Vermag das Spotten über die eigene Person den einen kalt zu lassen, empfindet der andere es als tiefgehende seelische Störung. Trotzdem ist Gewalt ein nicht unerheblicher Bestandteil sozialer und gesellschaftlicher Strukturen. In nahezu allen Lebensbereichen werden wir mit ihr konfrontiert. Bereits von Kindesbeinen an unterliegt der Mensch äußerlichen Gewalten. Erzieherische Maßnahmen gehen stets in Form von Gewalt einher, sowohl psychischer wie physischer. In der Regel stößt gewaltbesetztes Handeln auf einen ebenfalls gewalttätigen Widerstand. Der Widerstand muss allerdings nicht unbedingt gegen den Aggressor selbst gerichtet sein und reaktiv erfolgen. Es besteht die Möglichkeit des Kumulierens im Zusammenhang mit einem späteren Abreagieren gegenüber einer bestimmten Gruppe, aus welcher der Aggressor entstammte oder einer willkürlichen Person, gegen Gegenstände (Vandalismus) oder gegen die eigene Person (Autoaggression). Beim Aufgreifen erzieherischer Maßregelungen besteht ein Anknüpfungspunkt an das oben genannte Modelllernen in aggressiven Kontexten. Erfährt ein Kind im Laufe seiner Erziehung Gewalt in welcher Form auch immer, wird es das erfahrene Verhalten mit großer Wahrscheinlichkeit zur Durchsetzung späterer Wünsche gebrauchen (instrumentelle Aggression). Ein Kind, das mit Schlägen „erzogen" wurde, neigt dazu, selbst mit körperlicher Gewalt gegen seine Widersacher vorzugehen. Inwieweit Personen bestimmte Situationen als Gewalt erleben, hängt von ihrer Konstitution, ihrer momentanen Befindlichkeit, deren Lebensgeschichte und sozialen Bedingungen ab. Gewalt ist also ein sehr subjektiver Faktor, der je nach Interpretation eine Handlung bestimmt. Außer der sozialen Komponente des Gewaltempfindens muss zusätzlich der kulturelle Hintergrund herangezogen werden. Gerade in einigen Krisengebieten wachsen die Kinder unter permanenter Gewaltausübung auf, so dass sie die Gewalthandlungen als etwas alltägliches ansehen und sie nicht als Schädigung empfinden.

Damit Gewalt entstehen kann, müssen drei Bedingungen zusammentreffen: **Gewaltdisposition**, **Auslöser** und **Gelegenheit**. Die Gewaltdisposition unterliegt meist entwicklungsbedingten Faktoren, den Auslöser stellt ein momentaner Konflikt und die Gelegenheit ergibt infolge situativer Begebenheiten wie nicht zu befürchtende Strafen oder das Nichtvorhandensein regelnder Kontrollinstanzen.

(In: Griffel 2000, S. 23)

Wie wir gesehen haben, benötigt die Entstehung von Gewalt einen aktuellen Konflikt. Dieser Konflikt kann sowohl auf psychischer wie auch situativer Begebenheiten basieren.

Was ist ein Konflikt?
Vom Lateinischen „confligere" (zusammenschlagen) abgeleitet, bedeutet Konflikt Streit, Zwiespalt, Zerwürfnis oder (militärische) Auseinandersetzung. Widerstreit der Motive, Wünsche oder Bestrebungen. Was als Konfliktsituationen beschrieben wird, ist mannigfaltig. Aus diesem Grunde beschränken wir uns auf das nachfolgende Erklärungsmodell des Konfliktverlaufs:

Schaubild: *Modell des Konfliktverlaufs*
(in: Zuschlag/Thielke 1998, S. 41)

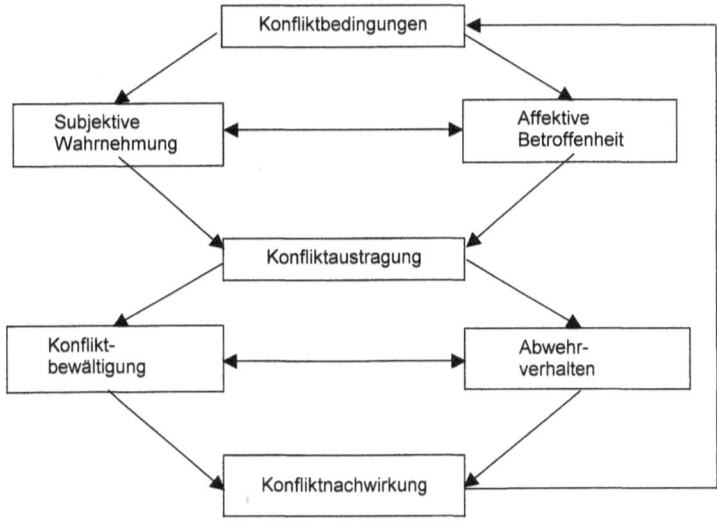

Besondere Beachtung verdienen

Subjektive Wahrnehmung: Die Konfliktursachen, der aktuelle Konflikt, Aktion und Reaktion, der Konfliktverlauf, Zielsetzung und mögliche Ereignisse werden jeweils subjektiv und unter Umständen von allen am Konflikt Beteiligten unterschiedlich wahrgenommen. Das hängt z. B. von Persönlichkeitseigenschaften und Lebenserfahrungen des Betroffenen ab.

Affektive Betroffenheit: Sie ist abhängig von der gefühlsmäßigen Ansprechbarkeit („dickes Fell", „dünnhäutig", „nahe ans Wasser gebaut", „gehr über Leichen" usw.)

Abwehrverhalten: Angriffe reizen zur Verteidigung oder zum Gegenangriff. Innere Abwehr (z. B. Widerwille) (z. B. giftige Angriffe, Schreien, Schimpfen) sind verschiedene Manifestationen.

Konfliktnachwirkung: Durch Konflikte können Beziehungen belastet oder auch geklärt und verbessert werden. Die Nachwirkungen richten sich sowohl auf die weitere Abwicklung des durch den Konflikt betroffenen Problems als auch auf die künftige Voreinstellung und das Vorgehen bei der Bewältigung neuer Konflikte. Positive wie negative Lernergebnisse können Nachwirkungen entfalten.

Tabelle: *Theorien für* **Gewalt** *und* **Konsequenzen** *für die Gewaltprävention*
(Schubarth 2000, S. 64)

Theorie	Kurzcharakteristik	Konsequenzen für die Prävention
Triebtheorien	Aggression wird auf spontane Impulse im menschlichen Organismus zurückgeführt	aggressive Impulse kanalisieren, Ausleben emotionaler Spannungszustände ermöglichen, Raum für Aktivitätsbedürfnisse geben
Frustrationstheorien	Aggression entsteht reaktiv durch Frustration	Verbalisierung von Ärgergefühlen, Veränderung der Interpretationsweisen, Entwicklung von Frustrationstoleranz und Affektkontrolle, Entspannungsübungen
Lerntheorien	Aggression beruht auf Lernvorgängen	Kritik an aggressiven Modellen, erwünschtes Verhalten bekräftigen, unerwünschtes hemmen, Erlernung alternativer, prosozialer Verhaltensweisen
Kognitive Motivationstheorie	Aggression als Folge der Interaktion von Person und Situation bzw. eines Aggressionsmotivs	Motive und Verlauf der Aggression rekonstruieren, für die Folgen von Aggression sensibilisieren
Psychoanalytische Theorien	Aggression als Ausdruck komplizierter Störungen der gesamten Persönlichkeit (z.B. Traumatisierung in der Kindheit)	Erkennen der verborgenen Ängste, Einzelfallhilfe leisten, Vertrauen und Gefühl der Geborgenheit schaffen, Anerkennung fördern, Selbstwertverletzungen vermeiden
Soziobiologische Theorien	Aggression als biologischer Vorgänge im Organismus	keine
Anomietheorie	Abweichendes Verhalten entsteht durch „Anpassung" an widersprüchliche kulturellen Ziele und sozialkulturellen Verhältnisse	Verbesserung der Lebensumstände, Abbau sozialer Ungleichheiten, gerechte Chancenstrukturen, Förderung besonders Benachteiligter

Theorie	Kurzcharakteristik	Konsequenzen für die Prävention
Subkulturtheorie	Abweichendes Verhalten als „Anpassung" an Anforderungen der Gesamtkultur und Subkultur	Herauslösen aus antisozialen Gruppen, alternative Integrationsangebote
Theorien differenziellen Lernens	Abweichendes Verhalten wird in Abhängigkeit von Bezugspersonen und Situationen erlernt	Einfluss negativer Lernmodelle reduzieren, positive Lernmodelle (Vorbilder) fördern
Etikettierungstheorien	Abweichendes Verhalten entsteht durch gesellschaftliche Definitions- und Zuschreibungsprozesse	Vermeidung von Etikettierungen, Verstärkung der positiven Seiten der Persönlichkeit
Entwicklungspsychologische Ansätze	Aggression ist abhängig vom kognitiven, moralischen und psychosozialen Entwicklungsstand	gezielte Förderung der sozio-moralischen Entwicklung von Kindern und Jugendlichen in Schule und Jugendarbeit
Entscheidungstheorie	Aggression als Entscheidung für den gebrauch von Zwangsgewalt	Erlernen von alternativen Formen der Konfliktlösung
Schulbezogener psychoanalytischer Ansatz	Gewalt als Folge gescheiterter schulischer Anerkennung	Identitäts- und Selbstwertentwicklung der Schüler fördern, z.B. durch Gestaltung positiver Interaktionsbeziehungen
Individualisierungstheorie	Gewalt als Folge von Modernisierungsprozessen und damit verbundenen Erfahrungen von Desintegration und Verunsicherung	Schattenseiten von Individualisierung abfedern, Beratung und Hilfe, Mitsprache und Partizipation fördern, solidarische Erfahrungen und soziale Integration ermöglichen
Schulbezogener Anomieansatz	Gewalt als Folge der anomischen Struktur der Schule	Stärkung des Sozialen in der Schule, Schule als positiver sozio-emotionaler Raum
Handlungstheorie	Devianz als soziales Handeln, um Mangellagen zu verarbeiten	demokratischen Umgang mit Jugendlichen fördern, auf Macht verzichten
Selbstkontrollansatz	Delinquenz als Folge mangelnder Selbstkontrolle	Förderung der Selbstkontrolle in Familie und Schule durch soziale Kontrolle

Theorie	Kurzcharakteristik	Konsequenzen für die Prävention
Materialistisch-interaktionistischer Ansatz	Delinquenz als eine Folge von durch Macht beeinflusster Zuschreibung	Vermeidung von Etikettierung, Förderung sozial Benachteiligter
Zwei-Komponenten-Modell	Aggression als Bewältigung von Stress	Entwicklung von Kompetenzen zur (Selbst) Reflexion und friedfertigen Konfliktlösung
Geschlechtsspezifische Ansätze	Gewalt als Form männlicher Lebensbewältigung und als „gelebte Männlichkeit"	Abbau patriarchalischer Strukturen, Kritik herrschender „Männerbilder", geschlechtsreflektierende pädagogische Arbeit
Sozialisationstheoretischer Ansatz	Gewalt als Form „produktiver Realitätsverarbeitung", Nichtpassung von Komponenten und gesellschaftlicher Anforderungen	Verbesserung der Lebensbedingungen, Entwicklung sozialer Handlungskompetenzen, Schule als sozial-emotionales Handlungsraum gestalten
Schulbezogener sozialökologischer Ansatz	Gewalt als Verarbeitungsform der Beziehungen zwischen schulischer Umwelt und Schüler	Gerechte Chancenstruktur, Entwicklung von Schulqualität, von Schul- und Lernkultur, Schulentwicklung als permanenter Prozess

2. Institution Schule und Gewalt – ein Interaktionsphänomen!?

Um die Konfliktthematik in den schulischen Kontext einzubinden, beginnen wir dieses Kapitel mit schulischen Konfliktsituationen. Was schulische Konflikte sind, lässt sich nicht pauschal erklären. Auch sie unterliegen der Interaktion von Lehrkörpern, Schülern und anderen in der Schule beschäftigten Personen:

Schaubild: Phasen eines Konfliktprozesses im schulischen Kontext
(in: Knopf 1996, S. 37)

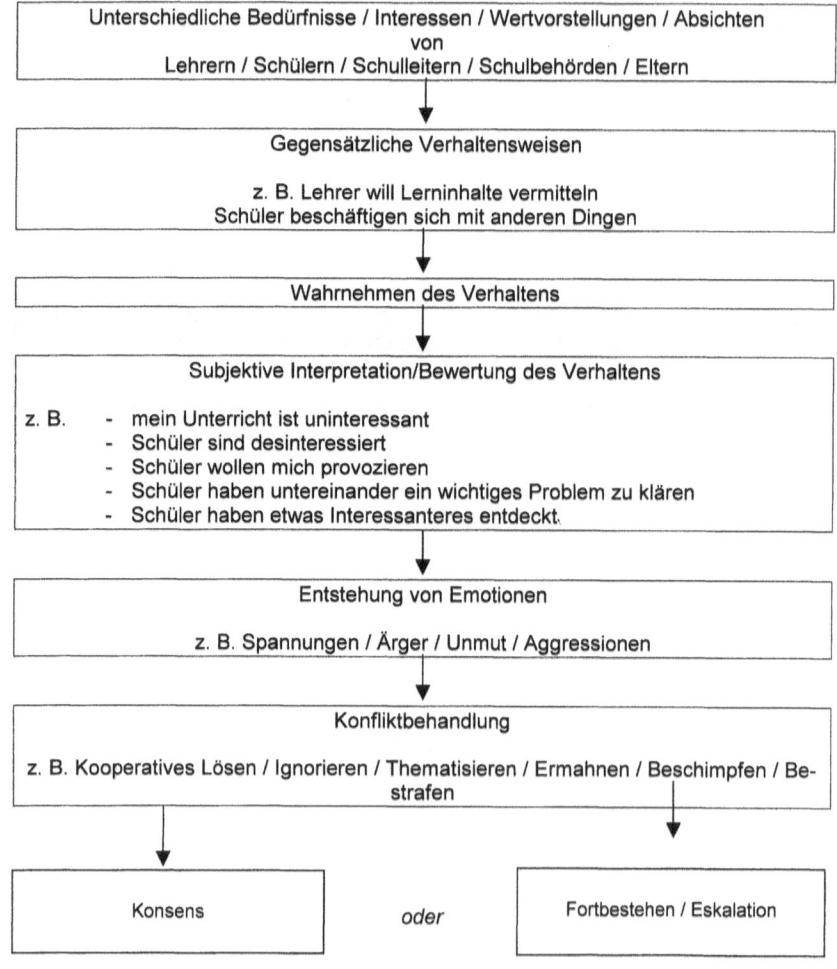

Schulische Konflikte gehören zu den alltäglichen Begebenheiten in Schüler-Lehrer-Beziehungen. Vermögen die Konfliktparteien ihre Positionen konstruktiv einzusetzen, können Konflikte auf beiden Seiten fördernde Funktionen übernehmen. Das, was Lehrer und Schüler als Konfliktsituation definieren, findet meist keine Übereinstimmung. Stellen Konfliktauslöser nach Lehrermeinung Disziplinschwierigkeiten der Schüler dar, sehen Schüler das Konfliktpotential in der Lehrerpsyche verborgen *(Knopf 1996)*. Wie bereits im Kontext der Gewalt angesprochen, handelt es sich auch im Kontext der Konflikthandlungen um rein subjektive Auffassungen von Situationsmomenten. Außer der erfahrungsgemäßen Einstellung kommt noch der momentane Gefühlszustand, der in erheblichem Maße die Konfliktsituation mitprägt. Des Weiteren ist es relevant, wer die Konfliktparteien bildet. Steht ein ohnehin „schwacher" Lehrkörper einem „dominanten" Schüler gegenüber, besteht die Gefahr, dass der Lehrkörper aus seiner schwachen Position verhaltener reagiert, obwohl ein hartes Durchgreifen anstehen müsste. Konflikte im schulischen Bereich unterliegen zudem der Intention und dem erhofften Ziel. Aus diesem Grunde können adäquate Reaktionen schulischer Konflikte nicht in „Trockenübungen" einstudiert werden, sondern bedürfen situationsbedingter Interpretation und entsprechender Interaktion mit dem Gegenüber.

Bestehen somit unter bestimmten Voraussetzungen Interaktionsmöglichkeiten zwischen Personen (Schüler – Schüler; Schüler – Lehrer...), die ein Konfliktfeld für gewalttätiges Klima fördern oder schlimmstenfalls den Konflikt eskalieren lassen? Also hausgemachte Gewalt? Wie eingangs bereits erwähnt, stützen wir uns in dieser Arbeit nicht auf reißerische Berichte der Regenbogenpresse, kommen jedoch nicht umher, etwaige schwerste Körperverletzungen, Morddrohungen bis hin zum verübten Mord von Schülern an Lehrern wenigstens zu tangieren. Wie sich in den vergangen Monaten zeigte, stieg die Zahl der trittbrettfahrenden Schülern rapide an, nachdem in zwei Fällen Lehrer durch Schülerhand zu Tode kamen. Welche charakteristischen Eigenschaften ein Schüler in sich wohnen hat, der eine solche Tat letalen Ausgangs zustande bringt, können wir hier nicht aufzeigen. Interessant wäre jedoch die Erkenntnis, ob das schulische Milieu fördernd auf mehr oder minder schwere Gewalttaten Einfluss zu nehmen in der Lage ist. Wenn ja, wäre man von schulischer Seite aus demzufolge ebenso imstande, erfolgreich zu intervenieren?

Vorweg eines: Die Schule wirkt keinesfalls gewaltauslösend, sie *kann* unter Umständen bei solchen Schülern als eine Art Katalysator dienen, die mit einer Disposition zur Gewalt und Aggression vorbelastet sind. Möglicherweise bestünde die Chance, bereits im Kindergarten auf Kleinkinder in Bezug auf eventuell aufkeimende Verhaltensstörungen wie Aggressionen oder oppositionelles Verhalten positiv regulierend Einfluss zu nehmen, damit der „Gewaltkeim" frühzeitig erstickt würde.

„Die Grundannahme ist, dass Gewalt das Ergebnis der subjektiven Verarbeitung von Wechselbeziehungen zwischen innerschulischen Umweltbedingungen und individuellen Personenmerkmalen ist." *(vgl. Schubarth 2000, S. 60)*

Untersuchungen von *Holtappels* und *Tillmann* zeigten, dass für schulische Gewalthandlungen sowohl schulexterne wie auch schulinterne Ursachen ausschlaggebend sind. Lehrer gehen in der Regel ausschließlich von importierten Gewaltursachen aus; hausgemachte Kausalzusammenhänge von gewaltauslösenden Phänomenen werden schlichtweg negiert. In welchem Ausmaß schulexterne und schulinterne Auslöser quantitativ aufkommen, vermag man nicht zu gewichten, geht aber davon aus, dass die externen Gründe etwas höher platziert stehen. Als außerschulische Gründe bezeichnen *Holtappels* und *Tillmann* ein restriktives (einengendes) Erziehungsklima, die Einbindung in aggressiv auftretende Peergroups sowie häufigen Konsum von Porno-, Horror- und Gewaltvideos. Unter solchen Bedingungen aufwachsende Kinder zeigen in Schulen besonders häufig aggressives und gewalttätiges Verhalten. Als innerschulische Gründe nennen sie wesentliche sozialklimatische Faktoren mit der Ausgrenzungsgefahr von Schülern: Mangelnde oder gar fehlende Anerkennung bei Mitschülern, etikettierendes (abstempelndes) und restriktives Verhalten der Lehrer, schülerisches Konkurrenzdenken und selbst empfundenes Außenseitertum steigern die Wahrscheinlichkeit, aggressive Verhaltensweisen zu entwickeln. Restriktives Erziehungsverhalten seitens der Lehrer und dem Gewalthandeln der Schüler liegt ein interdependenter (voneinander abhängender) Aufschaukelungsprozess zugrunde. Schülerisches Gewalthandeln führt zu massiven Lehrerreaktionen, die wiederum gewaltförmige Reaktionen von Schülerseite hervorrufen.

Sanders und *Krannich* verweisen in ihrer Abhandlung auf eine Studie von *Bründel* und *Hurrelmann*. Ihrer Meinung nach sind 5-10% aller Schulkinder in Täter-Opfer-Konflikte verwickelt, jeder zehnte wird von Mitschülern verfolgt und attackiert. Auch sie sehen einen wesentlichen Faktor der Schülergewalt als „Importgut" an.

„Kinder, die bis zu ihrem Schuleintritt – aus verschiedenen Gründen – gelernt haben, ihre Probleme und Konflikte nicht sozial kompetent, sondern durch aggressives Verhalten zu lösen, zeigen diese ungünstigen Verhaltensweisen wahrscheinlich auch in der Schule."(Krannich, Sanders 1999)

Solche Kinder erfahren bereits zu Grundschulzeiten eine Ablehnung Gleichaltriger und neigen dazu, ihre schulischen Misserfolge mit oppositionellem und verweigerndem Verhalten zu bewältigen. Derartige Umstände verführen die Kinder, sich später aggressiven Jugendlichen anzuschließen. Wie wir bereits zu Beginn des Kapitels aufzeigten, sehen auch *Sanders* und *Krannich* die Gewalt und Aggression im schulischen Kontext als interaktives Phänomen an. Sie zeigen in ihrer Abhandlung vier interaktiv wirkende Faktoren auf, die zu aggressivem und gewaltbereitem Handeln beitragen können:

Schulisches Leistungsversagen
Leistungsschwäche wirkt sich in der noch infantilen Entwicklungsphase in Form eines labilen Selbstwertgefühls aus. Benotungen führen unweigerlich zu Einschränkungen möglicher späterer Berufswünsche, was einen Selektionsprozess auslöst, dem das Kind nichtgewachsen ist; das Zurücksetzen in eine untere Schulklasse, Schulwechsel oder Versetzung in eine neue, wenig attraktive Schule dürfen als weitere aggressionsfördernde Indikatoren angesehen werden. Daraus resultierende aggressiv-gewalttätige Verhaltensweisen sehen die Schüler dann als adäquates Mittel an, ihr Selbstwertgefühl aufzubessern. Weiterhin zählen Langeweile und Unterforderung durchaus zu den belastenden Risikofaktoren.

Vernachlässigung kindlicher Bedürfnisse
Schon aufgrund kindlicher Bedürfnissen und der Einschränkung des natürlichen Bewegungsdrangs besteht seitens der Schule eine Vernachlässigung. Des Weiteren wirken schulorganisatorische Rahmenbedingungen wie der 45-Minuten-Rhythmus der Schulstunden sowie nachhaltig fehlende Mitbestimmung über Lerninhalte negativ auf die Entwicklung des Kindes. Lerninhalte werden reduziert und reproduktiv auf die Kinder eingeworfen, so dass sie hierzu keinen Bezug finden, ja ansatzweise sogar kognitiv und einseitig einengend wirken. Somit stehen Kinder vor dem Problem, Lernprozesse und -inhalte weit ihrer eigenen Realität zu erfahren. Diese nicht existierende Beziehung zwischen Lerninhalten und Lebenswirklichkeiten bieten keine ausreichende eigenständige Auseinandersetzung bezüglich individueller Lebensbedingungen. Derartige Eintönigkeiten fördern unter Umständen gewalttätiges Handeln.

Konkurrenz statt sozialer Kompetenz
In der heutigen Zeit ist die Schule der wohl bedeutsamste Erfahrungsraum kindlich sozialer Entwicklung. Positiven wie negativen Sozialisierungsprozessen sieht sich das Kind ausgesetzt. Es erfährt Leistungsorientierung und den damit verbundenen Selektionsprozessen, was durchaus in Form von Entsozialisierung des Einzelnen einher gehen kann. Infolgedessen schmälern sich Möglichkeiten, soziale Kompetenzen zu erwerben; zuweilen gerät mitunter auch die Entwicklung kommunikativer Kompetenzen ins Abseits. Mangelnde psychisch-soziale Kompetenz und das Fehlen individueller Fertigkeiten, psychische Belastungen adäquat verarbeiten zu können, lassen dem Kind nur wenig bzw. keinen Handlungsspielraum der gewaltfreien Abreaktion(en).

Schulklima
Bietet das schulische Milieu keine entspannende Atmosphäre, keine Identifikationsmöglichkeiten und Chancen, gestalterisch tätig zu werden, kann die Entwicklung eines positiven Schulklimas stagnieren. Ein positives Schulklima ist jedoch der Schlüssel gewaltmindernder Umstände. Berücksichtigung muss weiterhin die Anzahl der Schüler finden *(Petermann 1998)*. Je größer die Anzahl der Schüler, je verworrener die Architektur der Schule, je länger die Verweildauer der Jugendlichen im Schulgebäude, desto größer die Wahrscheinlichkeit des Auftretens aggressiver Handlungen. Herrscht in einer Schule bereits ein erhöhtes Aufkommen von Vandalismus respektive Sachbeschädigungen, sinkt die Schwelle der Schüler, selbst zerstörerisch zu handeln. Nochmals wollen wir auf die architektonische Komponente im Schule-Gewalt-Kontext eingehen. Infolge der immer weiter sinkenden Ausgaben im Bildungsbereich schließen die Kommunen kleine Schulen, woraufhin die Jugendlichen Schulen müssen, die aufgrund ihrer Dimension unübersichtlich erscheinen und eine soziale Überschaubarkeit nicht mehr zulässt. Unüberschaubarkeit führt unweigerlich zur Anonymität. Anonymität erleichtert aggressive Handlungen, die Täter bleiben in den meisten Fällen unerkannt, so dass sie nicht mit den Folgen ihrer Handlungen konfrontiert werden. Ein Fehlen von Sanktionen beflügelt die Täter mitunter zu immer schwereren Vergehen. Den jeweiligen Täter aufzuspüren, bleibt mitunter Glückssache. Gerade die Tatsache der Einsparungen im Bildungsbereich verursacht Lücken in der früher gut strukturierten Infrastruktur im Bereich der Schulstandorte. Wurden vor einigen Jahren die Schüler noch auf Schulen im ländlichen Bereich verteilt, besteht heute sozusagen ein enormes Pensum an Lernfabriken, unüberschaubare Schülerzahlen stehen immer weniger Lehrern gegenüber. Infolge der Massenunterrichtung in den einzelnen Klassen, geht der einzelne Schüler vom Lehrkörper gesehen unter, er entschwindet in der Anonymität der Schülermenge. In derartigen Fällen besteht kaum die Möglichkeit, eine Schüler-Lehrer-Beziehung aufzubauen, geschweige denn aufrecht zu erhalten.
  Auch *Horn/Knopf (1996)* legen die Vermutung nahe, dass die Größe der Klasse und Schule und das Aggressionsaufkommen einander bedingen. In einer Untersuchung hierzu befragte man Schulen verschiedener Größenordnungen. Untersucht wurden Schulen mit bis zu 200 Schülern (kleine Schulen), 200 bis 500 Schülern (mittlere Schulen) und mehr als 500 Schülern (große Schulen). Auf einer fünfstufigen Skala erreichten kleine Schulen einen Gewaltscore von 2.19, mittlere Schulen 2.37 und große Schulen 2.30.
  Wie bei der Schulgröße besteht möglicherweise auch ein linearer Zusammenhang zwischen dem Aufkommen gewalttätigen Verhaltens und der geographischen Schullage. So postulieren einige Wissenschaftler, dass in Großstadtschulen weitaus mehr gewalttätige Handlungen vorgenommen werden als in Dorfschulen. Folgendes Ergebnis einer Erhebung an Schulen in verschiedenen Örtlichkeiten widerlegt das Postulat:

Schullage	Gewaltscore
- ländlicher Bereich	2.21
- Kleinstadt (- 15.000 Einw.)	2.31
- mittlere Stadt (15-50.000 Einw.)	2.27
- größere Stadt (50-100.000 Einw.)	2.31
- Großstadt (> 100.000 Einw.)	2.35

Zu den innerschulischen Bedingungen bedarf es noch der Hinzuziehung außerschulischen Einflüsse *(Holtappels 1999)*. Er postuliert, dass Ausgangsfaktoren aggressiven und gewalttätigen Verhaltens in Schulen unter anderem auf gestörte Familienverhältnisse, Trennung bzw. Scheidung, Armut und Deprivation, ungünstige Wohnverhältnisse sowie restriktivem elterlichen Erziehungsstil zurückzuführen sind. Im Besonderen gehen wir im Schule-Gewalt-Kontext nachfolgend auf elterliche Erziehungsstile ein. Gewaltbilligung und Gewaltbereitschaft stehen im unmittelbaren Zusammenhang mit elterlicher Kontrolle und aggressiver Strenge, was in Prügeln, Bedrohungen mit Waffen oder anderen gewalttätigem Schülerverhalten einhergeht. Schüler, die ihre Erziehung als hart, streng und zuweilen ungerecht empfinden, neigen in der Regel eher zu Vandalismus; elterliche Zuwendung in Form empathischer Unterstützung und Zuwendung wirken sich hingegen dämpfend auf vandalistisches Verhalten bzw. psychisch-verbale Aggressionen Dritten gegenüber aus. Auf einen Nenner gebracht lässt sich Folgendes postulieren: *Je besser die soziale Bindung zwischen Kindern und Eltern ausgeprägt ist, desto geringer die Bereitschaft der Kinder, Gewalt zu billigen oder selbst auszuführen.*

Zum Abschluss des Kapitels gehen wir noch kurz auf das Zusammenwirken von Peergroups und Gewalthandlungen ein. Für Kinder und Jugendliche ist die Peergroup als relevanteste Identitätsbildung anzusehen. Sie finden ihre soziale Rolle und Abgrenzung von der Erwachsenenkultur, was auch die Leistungsforderungen und das Leistungsverhalten in der Schule berührt. In der Peergroup finden Jugendliche soziale Anerkennung sowie das Gefühl, etwas zu gelten; psychische Stabilisierung und Integrierung zeigen sich als weiteres Merkmal. Finden Kinder in ihrer Familie keinen psychischen Rückhalt oder Förderung, begeben sie sich unter Umständen recht weit in die Fänge ihrer Gleichaltrigengruppe. Sie internalisieren deren Werteaufkommen und alternativen Orientierungen. Einerseits könnte die Peergroup als soziales Auffangbecken elterlich vernachlässigter Kinder dienen, ihnen sozusagen entgangene Nestwärme vermitteln, andererseits allerdings den Nährboden für gewalttätiges Handeln bieten. Dies geschieht besonders in den Fällen, in denen die Peergroup in abweichenden und gewaltbilligen Handlungsmustern in Erscheinung treten. Es findet dahingehend eine plausible Erklärung, als dass Schüler mit Peergroupanbindung weitaus häufiger zu Gewaltanwendung neigen denn solchen, die in organisierten Vereinen ihren Freizeitkonsum abdecken *(Varbelow 2000).* Als wichtigen Aspekt gewaltbereiter Schüler stellt sich die Gewaltbereitschaft der Peergroupmitglieder per se da. So zeigen Schüler im Peergroupkontext bei Gewaltsituationen, beispielsweise bei Schlägereien, erhöhte Werte an Gewaltbilligung oder -bereitschaft (Anfeuern, Zusehen, Mitmachen). Daraus folgt: Je größer die Anbindung an gewaltorientierte Gruppen, desto stärker die eigenen, zur Gewalt tendierenden Einstellungen *(Tillmann u.a. 1999).*

Obgleich das Thema des Medienkonsums in Bezug auf Gewaltentwicklung bereits tangiert wurde, gehen wir noch einmal darauf ein. Es zeigt ein Diskussionskriterium kontroversester Ansichten. Dass die Zunahme von gewaltverherrlichenden und -billigenden Filmen zunimmt, steht außer Frage. Welche Wirkung sie auf den Rezipienten haben, leider nicht. Hierfür liegen verschiedene Forschungsbefunde vor. Die Auswirkung derartiger Filme auf das Gewaltverhalten konnte bis dato nicht eindeutig belegt werden. *Funks* Studie, gewalttätiges Handeln von Schülern einerseits und der Konsum gewaltverherrlichender Filme oder Computerspiele andererseits, können durchaus korrelieren. Je höher deren Konsum, desto stärker die Neigung zu Gewaltbilligung und -verhalten. Mädchen neigen im Gegensatz zu Jungen kaum dazu, ihr Verhalten infolge rezipierter Gewaltmedien beeinflussen zu lassen. Belegen scheinen Forscher jedoch eines zu können (glauben): Hoher Konsum von Sex-, Horror- und Kriegsfilmen steigern die Gewaltbereitschaft der Jungen, Mädchen sind hingegen anfällig bezüglich Horrorfilmen, zumindest was das verbal-aggressive Verhalten anbelangt.

Stärkste Zunahmen gewalttätiger Handlungen von Kindern und Jugendlichen treten dann auf, wenn sie sich mit der Heldenrolle eines Protagonisten identifizieren. Gewaltverherrlichung und die Tatsache, Gewalt lässt sich anwenden, eigene Ziel durchzusetzen, beeinflussen „labile" und anfällige Gemüter und reizen zu instrumentell-aggressiven Handlungen.

Gewalt und Aggressionen unterliegen im schulischen Kontext zwei wesentlichen Aspekten: innerschulischen und außerschulischen Kausalzusammenhänge. Welche der beiden Faktoren letztendlich zum Auslöser gewalttätiger oder aggressiver Verhaltensweisen führt, ist einzelfallabhängig. Konstatieren können wir letztendlich: Besteht seitens des Schülers nicht eine Gewaltdisposition „von Haus aus", ist es eher unwahrscheinlich, ausschließlich infolge schulinterner Einflüsse aggressiv zu handeln.

Modellannahmen – Bedingungsgefüge für schulische Gewalterscheinungen
(Tillmann, Nowitzki, Holtappels, Meier und Popp 1999, S. 55)

Außerschulischer Sozialisationskontext		
Familie	*Peergroup*	*Mediennutzung*
- soziale Herkunft - Familienstruktur - Häusliches Erziehungsklima	- Cliqueneinbindung - Wertklima in der Freundesgruppe	- Konsum - Konflikte

Individualmerkmale	Einstellungen zu Gewalt	Gewalthandlungen	Devianz	Interaktioneller Schulkontext
- Alter - Geschlecht - Nationalität - schulische Leistungsposition	- Gewaltbilligung - Mangelnde Selbstbeherrschung	- Wahrnehmung von Gewalt - Täter-Selbstreport - Opfer-Selbstreport - Reaktionen in Konfliktsituationen	- Schuldevianz - Delinquenz	- Typisierung als Abweichler - Versager-Erlebnisse

Sozial-ökologischer Schulkontext		
Schulstruktur	*Sozialklima*	*Lernkultur*
- Schulform - Schulzweig - Jahrgang - Schulgröße	- Mitbestimmung - Restriktivität - Lehrer-Schüler-Beziehung - Schüler-Schüler-Beziehung	- Schulraumqualität - Lebensweltbezug - Schülerorientierter Unterricht - Förderndes Lehrerengagement - Leistungsdruck - Erfolgschancen

3. „Aggressionsparteien" im schulischen Kontext
3.1 Schüler versus Schüler

Um einen Einstieg in das weite Feld der aggressiven Handlungen zu bekommen, beginnen wir mit dem devianten Verhalten im Grundschulalter. Unter der Überschrift *„Kleine Biester"* wird in der Zeitschrift „Psychologie heute" aufgezeigt, wie bereits im Alter von unter zehn Jahren bei Mädchen eine niederträchtige Art der Aggression zum Vorschein kommt: Aggression in Form von Liebesentzug[9]. In welch hinterhältiger Art solche Aggressionen zu Tage treten, vermag man Kindern in den jungen Jahren noch nicht einmal zutrauen. Sie versuchen systematisch Freundschaften zu zerstören und andere Kinder hinter dem Rücken der Anderen schlecht zu machen. Durch derartige Machenschaften sind die Mädchen in der Lage, bei ihren Opfern Depressionen, Unterwürfigkeit und Angst zu verursachen. Das Ausmaß ihres Handelns ist ihnen in der Regel nicht bewusst, so dass die Opfer im weiteren Verlauf ihres Lebens noch an den Folgen zu leiden haben. Langzeitlich betrachtet haben sie Schwierigkeiten, stabile Partner- und Freundesbeziehungen aufzubauen und aufrecht zu erhalten; unmittelbar wirkt sich infames Verhalten auf ihre eigenen sozialen Fähigkeiten, sprich dem Selbstwertgefühl aus.

Im Gegensatz zu den verdeckten und schwer von außen zu erkennenden Aggressionen der Mädchen, stellt sich das körperlich aggressive Verhalten der Jungen deutlicher dar. Mädchen neigen aus dem Grund eher zu der hinterhältigeren Art aggressiven Ausdrucks, da körperliche Gewalt, wie bei den Jungen vermehrt auftretend, bei ihnen wenig Anklang findet. Umschreibt man das eben aufgeführte Verhalten der Mädchen mit dem Begriff Mobbing, kommt im Bereich der Jungenaggression vermehrt der Begriff des Bullying auf. Beschränkt sich das weibliche Mobbingverhalten auf soziale Ausgrenzungen des Opfers seitens der Aggressorin und deren Eingeweihten, wirkt sich das Bullyingverhalten der Jungen in hohem Maße anders aus: Hinzu kommt die Komponente der körperlichen Gewalt in Bezug auf das Bullying-Opfer. *Krumpholz-Reichel* weist auf einen wesentlichen Unterschied im Opferverhalten zwischen Jungen und Mädchen hin[10]: Hat der Ausschluss aus einer Jungengruppe den Verlust der Akzeptanz des gesamten Jungenaufkommen zur Folge, finden Mädchen, die als Mobbing-Opfer herhalten mussten, bei anderen Mädchen erneut Anschluss. Weil Jungen infolge des Bullyings nicht in der Lage sind, soziale Kompetenz zu erwerben, leiden sie an den Folgen meist bis ins hohe Alter. Sie fallen in allen Jungencliquen aus der Rangordnung! Ist ein Junge seiner Rangstelle verlustig geworden, fällt es ihm in der Regel schwer, sozial wieder Fuß zu fassen und sich in das männlich-gesellschaftliche Gefüge erneut zu integrieren. In einer Studie über das Langzeit-

---

[9] Vgl.: Zeitschrift Psychologie heute; Ausgabe August 1998; Seite 11 (ohne Autor)
[10] Vgl.: Krumpholz-Reichel, Anja; *Ist Bullying männlich?*; in: Psychologie heute; Ausgabe Januar 1998; Seite 14

verhalten von Bullying-Opfern fand man heraus, dass männliche Opfer auch nach Jahren an mangelnden Selbstwertgefühlen leiden und somit weit unter den Selbstwertgefühlen von Männern aus der Kontrollgruppe lagen.

Dass nicht ausschließlich Langzeitfolgen aus dem Bullyingverhalten der Mitschüler entstehen, wird ersichtlich an messbaren schulischen Leistungen. Auswirkungen zeigen sich allerdings nicht nur bei den Opfern, sondern auch bei den Tätern. Belasten psychische Aggressionen das Opfer in mentaler Weise in Bezug auf seine Konzentrationsfähigkeit in schulischen Dingen, bestehen meist bei den Tätern schulische Defizite von vorn herein. Kinder mit mangelnder sozialer Kompetenz besitzen in der Regel nicht die nötige Fähigkeit, sich in die Klassengemeinschaft zu integrieren. Somit fehlen ihnen nicht unbedingt intellektuelle Fertigkeiten, sondern menschliche. Täter bauen unter Umständen kein oder lediglich ein schlechtes Verhältnis zu den Lehrern auf, was außerdem auf das Verhältnis zu den Mitschülern Auswirkungen zeigt. *Glomp* beschreibt es in ihrer Abhandlung über das Lernverhalten unsozialer Kinder folgendermaßen[11]: *„Folgen hatten in erster Linie gegenteilige, also unsoziale Verhaltensweisen. Solche Kinder hatten weniger Freunde, ein konfliktreiches Verhältnis zur Lehrerin und wurden von den Mitschülern insgesamt nicht akzeptiert. Besonders diese Ablehnung durch die Klassengemeinschaft und in gewissem Maße auch noch die gestörte Beziehung zur Lehrerin beeinflussten wiederum die Beteiligung am Unterricht. Zwischenmenschliche Reibereien belasten Kinder anscheinend so stark, dass indirekt auch die schulischen Leistungen darunter leiden."*

Unterentwickelte soziale Fähigkeiten sind eine wenig bekannte Tatsache in Bezug auf Aggressionsentstehung. Auf Grund des Nichtlernens sozialer Fähigkeiten können Verhaltensstörungen ausgeprägt bleiben und wie folgt in Erscheinung treten:

- ✘ Mangel an motorischer Ruhe/Entspannungsvermögen,
- ✘ undifferenzierte Selbst- und Fremdwahrnehmung,
- ✘ unangemessene Selbstbehauptung,
- ✘ Mangel an kooperativem Verhalten,
- ✘ unzureichende Selbstkontrolle,
- ✘ Mangel an positivem Einfühlungsvermögen.

Nicht nur die soziale Komponente vermag das Leistungsverhalten der Kinder zu beeinflussen, sondern auch das aus dem Bullying-Verhalten entstehende Angstgefüge beginnt sich zuweilen zu manifestieren. Laut *Koch* leiden in Deutschland etwa 15% aller Grundschulkinder und 10% aller Jugendlichen unter Angststörungen. Bei bis zu 6% der Kinder bleibt es nicht bei einer Angststörung, sie entwickeln hieraus nach und nach eine Schulphobie, die sich unter Umständen bis

---

[11] Vgl.: Glomp, Ingrid; „Unsoziale" Kinder lernen leichter; in: Psychologie heute; Ausgabe April 1999; Seite 14

zur totalen Schulverweigerung ausweiten kann. Eine andere Art der Erscheinungsform von angstgestörtem Verhalten bei Kindern, ist bei Jungen auffällig aggressives und bei Mädchen introvertiertes, schüchternes Verhalten. Bei kritischer Betrachtungsweise fällt in diesem Kontext auf, aus dem Angstverhalten der Kinder kann sich durchaus ein neues Bullying-Verhalten anderen Kindern gegenüber entwickeln kann. Hier jedoch *nicht* aus Bosheit oder Feindseligkeit, *sondern* als eine Abart katharsischer Wirkungsweisen.

Betrachten wir die beiden Gegenspieler **Täter** und **Opfer** im Bullying-Konflikt, stellt sich die Frage, inwieweit beide einer Typisierung unterliegen. Die Persönlichkeitsstruktur eines typischen **Täters** (Bullies) ist durch geringere Ängstlichkeit geprägt. Bullies sind sehr selbstsicher in ihrem Auftreten, verfügen über recht passable verbale Fähigkeiten und zeigen ein erhebliches Streben nach Dominanz und Überlegenheit, wobei sie keinen besonderen Anlass für sein schikanierendes Verhalten benötigen. Zudem sind sie meist den Bullyingopfern körperlich überlegen, empfindet für diese keinerlei Mitgefühl und sehen Aggression per se als adäquates Verhalten an. Aufgrund ihres nach außen hin selbstsicheren Auftretens ziehen sie die Bewunderung anderer auf sich, so dass sie stets von einer Schar „Bewunderern" umgeben sind *(Varbelow 2000)*. Der typische Täter fällt im Unterricht zumeist durch schwache Leistungen und aggressives Grundverhalten auf. Er ärgert unentwegt Mitschüler und Lehrer, provoziert, stört fortwährend den Unterricht und weist erhöhte Disziplinierungsdefizite auf. Also Problemschüler, die zumeist das Attribut verhaltensgestört einerseits und minderbegabt andererseits zugeschrieben bekommen müssen *(Würtz u.a.1996)*.

Ein wesentliches Verhaltensschema des Täters ist es, **Macht** über das Opfer zu besitzen. Macht impliziert unweigerlich die Kontrolle über andere. Welche charakterlichen Eigenschaften haben Jugendliche bzw. Menschen insgesamt, die Kontrolle respektive Macht über andere ausüben wollen? An dieser Stelle treffen wir auf zwei konträre Standpunkte: Einige Wissenschaftler schreiben „Machtneurotikern" Selbstschwäche, ängstliches und unsicheres Verhalten zu; andere wiederum, wie *Olweus* (1996), halten Gewalttäter für ungewöhnlich wenig ängstlich und unsicher. Des Weiteren bedarf es einer Untergliederung in Täter, welche die Initiative (aktive) ergreifen und Täter, die aus verschiedenen Gründen mitmachen (passive). Aktiven Tätern dürfte demzufolge eine geringe Ängstlichkeit und Unsicherheit zugesprochen werden, passiven eher das Gegenteil.

„Steckbrief I" – **Merkmale eines typischen Gewalttäters / einer typischen Gewalttäterin** *(in: Gallschütz 1996, S. 106)*

1. Merkmale der Persönlichkeit
- positive Einstellung zur Gewalt und zur Anwendung von Gewaltmitteln als andere Schüler
- Impulsivität
- Temperament (aktiv, hitzköpfig, leicht zu verärgern, niedrige Frustrationstoleranz)
- starkes Bedürfnis, über andere Macht auszuüben, andere zu beherrschen und zu unterdrücken
- wenig Mitgefühl mit Gewaltopfern („Die haben's doch nicht anders verdient.")
- positive Meinung von sich selbst, kein geringes Selbstwertgefühl, glaubt an seine Stärke
- durchschnittliche oder geringere Ängstlichkeit und Unsicherheit als andere
- abgeschwächtes Verantwortungsgefühl
- hat ein (positiv eingeschätztes) Vorbild hinsichtlich seines gewalttätigen Verhaltens

2. Körperliche Merkmale
- Jungen, die gewalttätig sind, sind körperlich stärker als Jungen im Allgemeinen und als ihre Opfer im Besonderen

3. Merkmale erlebter Erziehung
- emotionale Grundeinstellung der Eltern (v.a. der ersten Bezugsperson) charakterisiert durch fehlende Wärme und Anteilnahme
- Toleranz und Liberalität in der Erziehung in dem Sinn, dass keine deutlichen und verbindlichen Grenzen bezüglich aggressiver Verhaltensweisen gesetzt werden und Inkonsistenz in der Kontrolle
- machtbezogene Erziehungsmethoden durch die Eltern mit den Charakteristika körperlicher Züchtigung und heftiger Gefühlsausbrüche

4. Schulische Merkmale
- durchschnittlich oder etwas unterdurchschnittlich beliebt, Beliebtheit nimmt in den oberen Klassen weiter ab und liegt dort deutlich unter dem Durchschnitt
- deutlich beleibter als das Opfer
- meist von 2-3 engeren Freunden umgeben, die auch als Helfer oder Ausführer benutzt werden

- in der Grundschulzeit kein Zusammenhang mit Schulleistungen, in den oberen Klassen häufig unterdurchschnittliche Leistungen und negative Einstellung zur Schule und ihren Anforderungen

„Steckbrief II" – Entsehungsbedingungen von Gewalttäterschaft
(in: Gallschütz 1996, S. 109)

	Bedingungsbereiche				Bezeichnung
	Familiale Situation[1]	Schulische Situation[2]	Personmerkmale[3]	Soziale Integration[4]	
Typ 1	+	+	+	+	Der/Die dennoch Gewalttätige
Typ 2	-	-	-	-	Der/Die Chancenlose
Typ 3	+	+	+	-	Der/Die Verführte
Typ 4	-	+	+	+	Der/Die Familiengeschädig-
	-	-	+	+	te
Typ 5	+	-	+	+	Der/Die Schulversager/in

[1] **Familiensituation** mit beispielsweise den Merkmalen: Verhältnis zur Mutter/zum Vater, Geschwisterverhältnis, Familienatmosphäre, Erziehungsbemühungen, Aufgaben im Haushalt, Tätigkeit der Mutter/des Vaters...
[2] **Schulische Situation** mit beispielsweise den Merkmalen: Schulleistung, Einstellung zur Schule, Schulbummelei, Verhältnis zu Lehrern, Wünsche an die Lehrer, Klassenwiederholung(en)...
[3] **Personmerkmale** mit beispielsweise den Kategorien: körperliche Charakteristika, Charakter/Selbstbild, Berufswunsch/Zukunftsplan, Einstellungen zu gesellschaftlichen Veränderungen und Verhältnissen...
[4] **Soziale Integration** mit beispielsweise den Merkmalen: Zugehörigkeit zu Freizeitgruppen, engster Sozialkontakt zu..., Verhältnis zu Mitschülern, Freizeit, soziale Vorbilder/Modelle...

Der „Steckbrief II" entstand infolge analysierter Einzelfallstudien von Haupt- und Realschülern der 5. bis 10. Klasse an Sekundarschulen. Durch Benennung ihrer Lehrer und eigenen Beobachtungen verglich man verhaltensähnliche Schüler/innen, die mehr oder minder aggressiv hervortraten. Die Plus-Minus-Bewertung resultiert aus den Bewertungen einzelner Ausprägungen in den Bedingungsbereichen der Einzelkriterien. Eine positive Bewertung (+) lässt das jeweilige Merkmal des Schülers/der Schülerin erkennen, eine negative Bewertung (-) symbolisiert das Gegenteil. In der Spalte „Soziale Integration" kann ein Minus bedeuten, dass der Schüler entweder sozial in keine Gruppe integriert ist, oder aber er gehört einer Gruppe an, die gesellschaftlich als unerwünscht gegenübersteht.

Typ 1: Der/Die dennoch Gewalttätige
Was bei dieser Kategorie auffällt, ist das Gewalttätigwerden trotz sämtlicher positiver Voraussetzungen. Die Probanden sind familiär gut gestellt, haben eine hohe schulische Situation, weisen kaum personale Verhaltensauffälligkeiten auf und leben in einer recht hoch angesetzten sozialen Integration. *Gallschütz* schreibt jener Tätergruppe einen hohen Level an Informationsverdichtung zu. Er verweist in diesem Kontext auf die Betrachtung derjenigen Fälle, deren Probanden individuelle Verhaltensbesonderheiten aufwiesen. Gemeinsamkeiten lagen unter anderem darin, dass keine intendierten (beabsichtigten), sondern unterschiedlich verursachte reaktive Gewaltsituationen vorlagen.

Typ 2: Der/Die Chancenlose
Der/Die Chancenlose ist mit allen negativen Alltagsgegebenheiten vorbelastet. Bei ihm/ihr kann nicht mehr unterschieden werden, welcher Faktor letztendlich ausschlaggebend für sein/ihr gewalttätiges Verhalten anzusehen ist. Die „Chancenlosen" hat kaum Chancen – daher die Titulierung – aggressiven oder gewalttätigen Verhaltensweisen zu entkommen, es besteht sogar die Gefahr der Manifestation des auffälligen Verhaltens, wenn die Sozialisation weitere wesentlichen Defizite aufzeigt. Deswegen liegt ein besonderer Schwerpunkt auf dem Merkmal „Soziale Integration". *Gallschütz* differenziert hierbei in zwei Gruppen: Schüler, die sozial isoliert dastehen und aus der Isolationssituation heraus gewalttätig handeln, und Schüler, die in gewaltpraktizierenden Gruppen integriert sind.

Typ 3: Der/Die Verführte
„Verführte" kommen in der Regel aus geordneten Familienverhältnissen und haben wenig Schwierigkeiten bei den an sie gerichteten schulischen Anforderungen. Ihr Manko liegt vor allem im Freizeitbereich verankert, weil sie mitunter Kontakte zu Gleichaltriegen pflegen, die in ihrer Freizeit aber mitunter auch in der Schule zu gewalttätigen und aggressiven Handlungen neigen.

Typ 4: Der/Die Familiengeschädigte
Bei den Familiengeschädigten steht eine als defizitär erlebte Familiensituation im Vordergrund, wobei unter Umständen eine negative schulische Problemlage hinzukommt. *Gallschütz* umschreibt diese Form der Gewalttäter/innen als Fehlentwickelte im Bereich der primären Sozialisation, die ihre Situation durch gewaltauffälliges Verhalten zu kompensieren versuchen.

Typ 5: Der/Die Schulversager/in
Ungenügende Schulleistungen und Disziplinlosigkeit gehen bei Schulversagern einher. Sie bedingen einander und schaukeln sich gegenseitig auf. Soziale Anerkennung, die sie durch schulische Leistungen nicht einfordern können, versuchen sie infolge disziplinlosen Verhaltens auszugleichen. Selbst ein intaktes Familiengefüge vermag es nicht, den/ die Schulversager/in schulisch korrekt zu integrieren. Aufgrund der als negativ erfahrenen sekundären Sozialisation glauben sie, derartige Defizite in gewalttätigen Handlungen kompensieren zu können.

Obgleich wir die **Opfer**situation als solche oben im Ansatz anrissen, zeigen wir an dieser Stelle ihre Situation en detail abermals auf. Im Gegensatz zum Täter, der im Interaktionsgefüge des Bullying seine offensichtliche „Macht" nach außen trägt, wird das Opfer in seine zuweilen ausweglose Situation hineingedrängt. Ebenso wie die Täter, weisen Opfer zumeist parallele Verhaltensweisen und Eigenarten auf. Differenzieren müssen wir jedoch dahingehend, als dass die eine Gruppe der Opfer ihre Situation schweigend und leidend hinnimmt und die andere Gruppe zur Gegenwehr neigt. Die Opfertypen, die sich ihrer Rolle schweigend und leidend fügen, entwickeln eine Art Opferkarriere. Obgleich sie wütend und traurig sind, ertrinken sie in ihrer Hilflosigkeit. Ein Erkennen von Opfertypen fällt dem Lehrkörper schon deshalb schwer, *weil* sie eben meist still leiden und weniger auffallend sind als Tätertypen *(Grützemann 1996).*

Olweus (1996) beschreibt den Opfertyp als ängstlicher und unsicherer als den gemeinen Schüler. Sie wirken nach außen zumeist vorsichtig, empfindsam und still bzw. ausgesprochen zurückhaltend. Auf Angriffe reagieren sie in jungen Jahren hochgradig weinerlich und zeigen verstärktes Rückzugsverhalten. Verheerende Folge des Opferseins ist das Schwinden jeglichen Selbstwertgefühls. Sie entwickeln eine negative Grundeinstellung, sehen sich selbst als Versager, halten sich für dumm und wenig anziehend. Meist steht das Opfer allein da bzw. hat keine Freunde, denen es sich anvertrauen kann.

Aufgrund des isolierten Standes in der Klassengemeinschaft besteht für das Opfer die Gefahr, unter Umständen die gesamten Mitschüler als Gegner zu bekommen. Schikaniert der Bullie sein Opfer zunächst allein oder mit einer kleinen Schar von Mitschülern, versucht er sukzessive den Rest der Klasse in seine Schikanierungen einzubinden. Tragende Funktion muss weiterhin dem Kehrkörper zugesprochen werden. Duldet dieser aggressives Verhalten in seiner Klasse infolge einer laissez-fairen Grundhaltung, dient jenes Gewährenlassen als idealer Nährboden schikanöser Handlungen *(Varbelow 2000).*

Grützemann (1996) unterscheidet in seinem Aufsatz den Opfertyp in *passiven* und *provokativen*. Passive Opfertypen weisen die oben erwähnte Unterwürfigkeit sowie Ängstlichkeit auf, provokative Opfer hingegen sind schnell aggressiv erregbar und ordnen sich ähnlich den Tätern nur schwer sozialen Rollen unter. Ebenso verfügen provokative Opfer über mangelnde schulische Fähigkeiten, erscheinen ungepflegt oder aber schmücken sich im Gegenteil mit teurer Kleidung bzw. Prestigeobjekten. Derartiger Markenbesitz wiederum weckt den Neid der „Besitzlosen", was gewalttätige Übergriffe gegen sie wahrscheinlicher macht. Provokatives Verhalten des Opfers ist in der Regel zumeist die subjektive Auffassung des Täters, weil er es als Provokation erkennt. Somit können gute schulische Leistungen oder andere Begabungen ebenso Neid provozieren wie materielle Objekte, ohne dass derartige Provokation vom Opfer gewollt ist.

Nicht immer wird das Opfer zum Opfer, weil es bestimmte Eigenschaften (nicht) aufweist, sondern vielmehr in die Rolle eines Sündenbocks gedrängt wird. Sündenböcke lassen den Angreifer als aufgewertet dastehen.

Die Merkmale unterschiedlicher Sündenböcke *(Grützemann 1996, S. 157)*
1. Die Opfer erfahren generelle Ablehnung aufgrund individueller Ablehnung oder Zugehörigkeit zur gegnerischen Gruppe.
2. Die Opfer-Personen werden in Zusammenhang gebracht mit Frustrationsursachen *(Ausländer als unterstellte Ursache für Arbeitslosigkeit der eigenen Eltern)*.
3. Das Opfer wirk wehrlos und der Angriff ist risikoarm.
4. Das Angreifen der Opfer kann moralisch gerechtfertigt werden *(Vietnamesen unversteuerte Schwarzzigaretten wegzunehmen, ist in Ordnung, denn deren Handlung ist ja kriminell)*.

Die Entwicklung zum wiederholten Opfer *(Grützemann 1996, S. 161)*

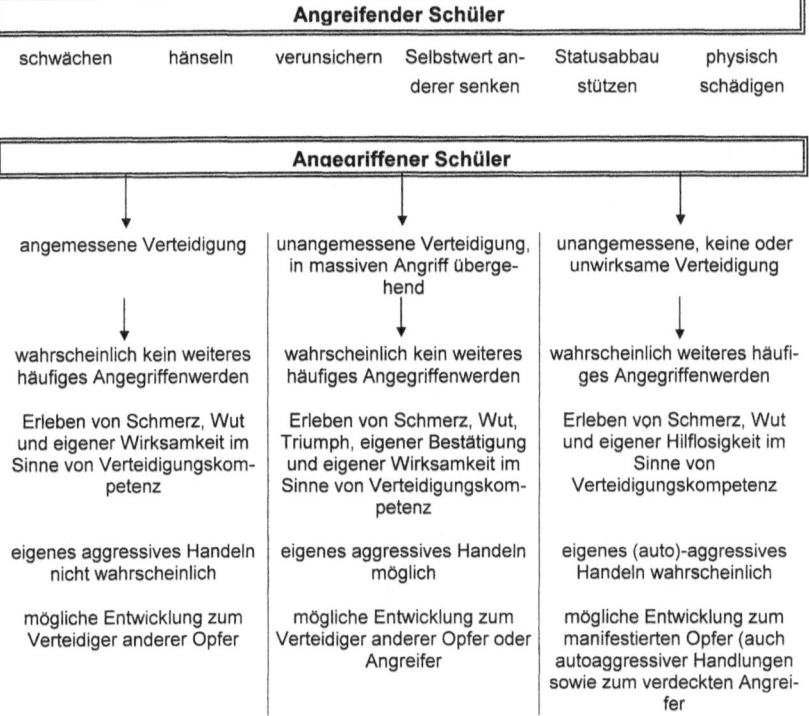

Was heißt es, Opfer zu sein?

Zieht man Erkenntnisse empirischer Erhebungen heran, leiden kindliche Opfer gewalttätiger Übergriffe eher an psychischen als an physischen Schmerzen. Derartig erniedrigende Situationen, in denen unter Umständen selbst von Dabeistehenden nicht eingegriffen wird, kann traumatische Formen annehmen. Die Betroffenen verlieren ihr Vertrauen in das soziale Umfeld und nehmen sich möglicherweise selbst ihre eigene Akzeptanz, sie lehnen sich selbst ab. Die daraus resultierenden Folgen können psychosomatische Beschwerden sein, das Streben nach Zurückgezogenheit und sogar zu Autoaggression (Selbstverletzung) führen. *„Selbstverletzungen stellen jedoch keine Art der Selbstbestrafung dar, sie sind vielmehr ein Mittel, seelische Spannungen abzubauen. (...) ...Selbstverletzung die einzige Möglichkeit der Selbstfürsorge, die geradezu eine überlebenswichtige Funktion übernimmt; sogar zur Suizidprophylaxe scheint die Selbstverletzung dienlich."* (Varbelow 2000, S. 154/155) Dem Hass gegen die eigene Person ist letztendlich nur durch die Hilfe von anderen entgegenzutreten.

Grützemann hält es für legitim, die hypothetische Frage nach der „Lust am Leid" aufzugreifen, denn es bestünde die Möglichkeit des Opfers, aus seiner sozialen Rolle heraus eigene Vorteile zu erzielen. *„Krankheitsgewinn"*, so der Terminus der medizinischen Psychologie. Krankheitsgewinn umschreibt im Großen und Ganzen die Vorteile, die vorrangig mit einer verschlechterten Befindlichkeit einhergehen. Beispielsweise genießt das Opfer die erhöhte Zuwendung infolge seiner Verletzung bei einer Schlägerei, oder es wird aufgrund der Verletzung krankgeschrieben. Geht das soziale Umfeld des Opfers auf derartiges Zuwendungserschleichen ein, entsteht seitens des Opfers ein Art Machtfaktor. Wird das Opfer zukünftig erneut attackiert, versucht es unter Umständen erst gar nicht der Konfrontation zu entgehen, obwohl es ihm möglich wäre. Die spätere Zuwendung von Mitschülern, Pädagogen und Eltern lässt den Schmerz erträglicher werden. Derartig (re)agierende Schüler leiden oftmals an mangelnder Zuwendung von außen und sehnen sich nach emotionaler Wärme.

Obgleich die Täter- bzw. Opferrolle bis hierher strikt getrennt aufgezeigt wurde, besteht die Gefahr eines Rollenwechsels auf Gegenseitigkeit. Selbst wenn ein(e) Schüler(in) lange Zeit die Rolle des Opfers einnahm, kann es aus dieser Position in die Täterrolle schlüpfen. Anders herum kommt es durchaus zum Tausch der Täter- in die Opferposition. Solche Ursächlichkeiten liegen darin begründet, dass jegliche Positionierung der Rollen auf Interaktionsgefügen fußt. Auch gruppendynamische Zusammenhänge dienen als Rollentauschbegründung. Es besteht beispielsweise die Möglichkeit, ein Schüler, der einer sogenannten Tätergruppe angehört, wechselt aufgrund von Mitleid mit dem Opfer die Seiten, setzt er sich der Gefahr aus, fortan als Opfer herzuhalten und dementsprechend drangsaliert zu werden. Beim Wechsel von der Opfer- in die Täterrolle bildet oftmals das

Phänomen der Angstaggression einen Hauptfaktor. Aus Gründen des Selbstschutzes von Leib und Leben aktiviert der Körper Kräfte, die vormals nicht vom Opfer aktiviert werden konnten. Bestehen seitens des Angreifers keinerlei reaktive Handlungsmöglichkeiten und das Opfer ist in der Lage, den Täter kräftemäßig zu überbieten, schlägt die Täter-Opfer-Rolle um. Gleiches geschieht, wenn ein Opfer auf lange Zeit von Stärkeren schikaniert wurde, und sich seinerseits Schwächere sucht, um sie als Opfer zu missbrauchen; sozusagen als Aggressionsventil für erlittene Attackierungen. Gleiches gilt zudem für den Bereich des Bullying, in dem aus der Opferposition ad hoc in die Täterposition gewechselt werden kann, solange das Opfer eines noch schwächeren Gliedes im Schüleraufkommen vorfindet.

Gewaltverhalten von Mädchen und Jungen

Guggenbühl differenziert das unterschiedliche Gewaltverhalten von Jungen und Mädchen. Neigen Jungen eher zu körperlichen Gewalthandlungen, beschränken sich bei Mädchen normalerweise die Aggressionen auf nicht offene brutale Gewaltformen. Außer den qualitativ verschiedenen Gewaltformen beiderlei Geschlechts, besteht auch ein Unterschied beim Tolerieren von Gewalthandlungen. Liegt das Toleranzniveau bei Jungen sehr hoch, erkennen Mädchen eine unverhältnismäßig hohe Gewaltausübung bereits in Form kleinerer körperlicher Reibereien, was dazu führt, dass sie sich schneller bedroht und angegriffen fühlen. Im Gegensatz zum Gewaltverhalten der Jungen, setzen Mädchen ihre feindlichen Aggressionen gezielter ein. Sie treffen die psychische Ebene ihre Kontrahentin, indem sie eine subtile Form von Verleumdungstaktik anwenden.

Olweus (1996) schreibt der körperlichen Stärke eine wesentliche Rolle bei Gewalttätigkeiten unter Jungen zu. Opfer als Gruppe zusammengefasst weisen wesentlich weniger körperliche Kräfte auf als die Gruppe der Täter. Täter hingegen besitzen in der Regel größere Körperkräfte als der Durchschnittsjunge – vor allem aber als das Opfer; nicht jeder Junge, der über ein hohes Maß an Kraft verfügt, neigt zu Gewalttätigkeiten Schwächeren gegenüber. *Olweus* postuliert, dass im Regelfall kein Zusammenhang zwischen Körperkraft und Aggression besteht.

„Was den gewalttätigen Jungen jedoch auszeichnet, ist die Kombination eines aggressiven Reaktionsmusters und körperlicher Stärke. Dementsprechend zeichnet sich das Gewaltopfer durch die Kombination eines ängstlichen Reaktionsmusters mit körperlicher Schwäche aus." (Olweus 1996, S. 46)

Eine weitere Verbindung besteht zwischen der Körperkraft und der Beliebtheit bei Gleichaltrigen, ebenso bedingen körperliche Schwäche und Unbeliebtheit. *„Offensichtlich ist körperliche Stärke sehr wichtig für den Grad der Beliebtheit eines Jungen. Und Beliebtheit verringert die Gefahr, gemobbt zu werden." (Olweus 1996, S. 46)*

Olweus' Aussagen bezüglich der Korrelation von körperlicher Stärke und Beliebtheitsgrad gibt Anlass zur Kritik. Dass Körperkraft und Beliebtheit in enger Verbindung stehen können, ist nachvollziehbar. Er geht jedoch unseres Erachtens von einer eindeutig rein subjektiven Betrachtungsweise aus. Die Beliebtheit eines „starken Jungen" rührt oftmals aus der Angst der körperlich schwächeren Schüler. Diesen Punkt spricht *Olweus* nicht an. Derartiges Verhalten könnte als „Unterwürfigkeit zum Selbstschutz" definiert werden. In vielen Fällen kommt es zu einem Mitläufereffekt, der lediglich auf Basis einer Angstbeziehung zum körperlich Stärkeren basiert. Derartige Gnadenoffenbarung unterliegt demzufolge nicht der Beliebtheit im klassischen Sinn.

3.2 Aggressionen im Schüler-Lehrer- und Lehrer-Schüler-Kontext

Betrachtet man einen weiteren Aspekt der Schulpolitik, den des Lehrermangels, kommt man nicht umhin zu erkennen, dass die Anzahl der unterrichtenden Lehrer von Jahr zu Jahr abnimmt, zumindest jedoch stagniert. Erschwerend hinzu kommt das ständige Anwachsen von Lehrern im höheren Alter. Bedingt durch die Tatsache der Lehrerüberalterung und dem Verzicht von Neueinstellungen der Nachwuchslehrer, fällt es heutigen Schülern ohnehin schwerer, freundschaftlichere Kontakte zur Lehrerebene zu bekommen. Gleichsam verhält es sich, wenn man die Lehrerperspektive einnimmt. Unterrichte ein Lehrkörper in früherer Zeit lediglich eine überschaubare Anzahl von Schülern und Klassen, verteilt sich seine Arbeit heute auf verschiedene Schulebenen. Hinzu kommt erschwerend, dass durch die steigenden Arbeitsanforderungen, der Zeitdruck seitens der Lehrer ständig ansteigt, was wiederum eine zusätzliche psychische Belastung darstellt. Integriert man die psychische Konstitution eines Lehrers in den Schüler-Lehrer-Kontext, sind Missverständnisse beider Parteien bereits vorprogrammiert. Mögliche Maßregelungen von Lehrerseite aus nimmt ein Schüler mitunter persönlich, obwohl das auslösende Moment beim Lehrer psychischer Herkunft war. Permanent belastende Spannungen zwischen Lehrern und Schülern fördern Respektlosigkeit, der Lehrer verliert seine Autorität. Infolge anhaltender Respektlosigkeiten verschieben sich die Gewaltenteilungen der Schüler-Lehrer-Ebene, das heißt, es entwickelt sich ein Forum für aggressionsgeladene Spannungen. Lässt sich der Lehrer nunmehr seine Inkompetenz den Schülern gegenüber anmerken, bleiben die Schüler nicht lange unversucht, diese Schwäche gnadenlos auszunutzen. Unter bestimmten Voraussetzungen erfährt der Lehrer seitens der Schüler gewalttätige Attacken, gerichtet gegen dessen offensichtliche Wehrlosigkeit. Selbst Schüler, die dem Lehrer loyal gegenüberstanden, entwickeln in Verbindung mit gruppendynamischen Verhaltensweisen Aversionen, sie erkennen ihm seine Autorität ab. Beschränken sich die Attacken der Schüler zu Beginn noch auf verbale Aggressionen, kommen zuweilen Handgreiflichkeiten bis hin zu Drohungen gegen Leib und Leben vor.

Befassten wir uns bis eben mit der Schwäche des Lehrers als Hilflosigkeit, kann diese Hilflosigkeit ebenso in eine konträre Richtung ausschlagen: Unverhältnismäßige Strenge. Strenge, oftmals Fassade errichtet und vor sich hergetragen; sozusagen als Schild der Unnahbarkeit. Schüler mit schwacher Sozialisation und daraus resultierender Unsicherheit neigen mithin dazu, in das Verhalten des Lehrers aggressive Impulse zu interpretieren; sie sehen sich als Ziel negativer Sanktionen, ohne nachvollziehbare Begründung.

Weiß und *Krumm* weisen in diesem Zusammenhang auf enorme Defizite bezüglich der Erforschung von Lehrern als Gewaltauslöser unter der Subsumierung „Machtmissbrauch von Lehrern – Kränkungen von Schülern durch Lehrer" hin: „Erst in einer vor kurzem erschienenen qualitativen Arbeit über Mobbing in der

Schule hat ein Schulleiter zusammengestellt, „was Lehrer Schülern antun können". Er hat seine Lehrer beobachtet und ihnen im Lehrerzimmer zugehört."
(Weiß, Krumm 2000, S. 57)
Vielfach werden wichtige Punkte wie Ignorieren, Vernachlässigen, ungerechte Behandlung, bestimmte Form der Nachrede, Einreden fehlender Begabungen, Beschämung wegen Persönlichkeits- oder Herkunftsmerkmalen, Lächerlichmachen, Bloßstellen oder Belasten mit Schuldvorwürfen nicht beachtet.

Singer (1996) schreibt Lehrerinnen und Lehrern das Attribut ängstlich zu – wenn auch meist heimlicher Art. Lehrkörper stehen vor permanenter Bedrohung in Form verbaler Angriffe, über körperliche Attacken bis hin zu dem Punkt, in dem sie von den Schülern nicht anerkannt oder körperlich attackiert werden. Anstatt ihre Ängste offen vor sich und anderen zuzugeben, unterdrücken sie ihre Emotionen und erkennen sie nicht als Gefahrensignal an. Sie denken lediglich daran, was sie tun müssen und nicht darin, wie es ihnen in ihrer derzeitigen Situation geht. Derartige Fehlentscheidungen lähmen ihr Handeln, indem sie ihre Ängste negieren und nicht als fruchtbaren Nährboden wider die Schüleraggressionen einsetzen. Gerade im Unterricht stehen sie zwangsläufig den bereits erwähnten Disziplinschwierigkeiten ihrer Schüler – zuweilen ohnmächtig – gegenüber. Die Frage nach ihren persönlichen Fähigkeiten wird laut. Was kann ich tun, damit mich die Schüler anerkennen und akzeptieren? Wie erreiche ich das Quantum an Ordnung, das ich zum Unterrichten brauche? Muss ich mich verstellen, um angenommen zu werden?...*Singer* verweist auf zwei Gegebenheiten, die allgemein Angst auslösen können:
- bestimmte Ereignisse sind nicht vorhersehbar; das schafft Unsicherheit
- die Situation und die Verhältnisse sind nicht kontrollierbar

Weiterhin verweist *Singer (1996, S. 12f.)* auf folgende Aspekte hin:
- LehrerInnen können sich nicht darauf verlassen, dass sie ihnen wohlgesonnen sind. Schon die Frage „Mögen mich die Schüler" kann Angst machen; deshalb wird sie so bewusst selten gestellt. Akzeptieren und Respektieren mich die Kinder oder lehnen sie mich ab?
- Lehrer wissen wenig über Kinder und Jugendliche, über deren entwicklungspsychologische Situation, ihre Lebensinteressen und speziellen Schwierigkeiten. Besonders mangelt es LehrerInnen an Einsichten und Handlungswissen über schwierige Schüler und der möglichen Beziehungsaufnahme zu diesen. In ihrer Ausbildung lernen sie viel über Sachen, aber wenig über Menschen.

Regeln für richtiges und adäquates Verhalten bzw. Handeln in bestimmten Situationen können nicht gelernt werden, da sie einmaligen Konfliktsituationen unterliegen. Lehrer verhalten sich in Konfliktsituationen oftmals so, wie wenn sie nicht unmittelbar betroffen seien. Sie schreiben das Fehlverhalten ausschließlich dem Schüler zu. Er muss in seiner Rolle als „Untergebener" den Anweisungen des Lehrkörpers folgen und die Disziplinierungsmaßnahme anerkennen. Die Macht des Lehrkörpers unterliegt somit bürokratischen Regelungen. Das Situationsgefüge der Lehrer und Schüler ist demnach gekennzeichnet durch Macht, Übermacht, Ungerechtigkeit und Unzufriedenheit. Hieraus resultieren Spannungen, die seitens der Lehrer infolge einer Reihe von Sanktionsmaßnahmen geschlichtet werden sollen bzw. können. Eine derartige Unverhältnismäßigkeit der Machtpositionen hält eine ständige Konfrontation zwischen Schülern und Lehrern aufrecht. Reagieren Lehrer auf bestimmte aversive Reize mit inadäquaten Sanktionen, erfahren sie unter Umständen ein erhöhtes Maß an schülerischer Aggression: Aggression ruft Aggression hervor. Besonders schwierig erweisen sich Konfliktsituationen, in denen sich Schüler und Lehrer als Feindbilder gegenüberstehen. Schüler erkennen im Lehrer ihr Feindbild, Lehrer im Schüler. In den Augen mancher Lehrer sind Schüler desinteressiert und wollen nichts lernen. Aus Schülersicht haben die Lehrer kein gesteigertes Interesse, Unterricht so zu gestalten, dass er produktiv ist und trotzdem Spaß macht. Schüler sind faul und wollen bequem ihre Schulzeit absolvieren, Lehrer sind faul und wollen ihren Job angenehm und ohne übermäßige Anstrengungen durchziehen. Schüler und Lehrer warten nur darauf, sich gegenseitig eins auszuwischen.

Ungerechte Leistungsbeurteilung

Beim Hineinversetzen in die Lage der Schüler ist es leicht nachvollziehbar, dass das Klassenklima bzw. die Schüler-Lehrerbeziehung nur dann im Einklang steht, wenn die Notengebung auf einer von beiden Seiten aus angemessenen Gerechtigkeit basiert. Vergibt der Lehrer vielmehr seine Benotungen zu einseitig, womöglich nach Sympathiewerten, fühlt sich die Schülerschaft zu Recht um ihre eigenen Leistungen betrogen. Dieses kann zur Folge haben, dass Schüler die Notenvergebung des Lehrers als kränkend empfinden und somit unter Umständen zur Frustration neigen. Psychoanalytisch betrachtet ist die Frustration ein Erlebniszustand, der auf einen oder mehrerer unbefriedigter Triebe zurückgeht, aufgrund exogener Umstände. Frustration ist zudem ein Warnsignal für Aggressionsausbrüche mit dem Ziel einer körperlichen Reaktion in Form aggressiver Ausbrüche. *(Varbelow 2000).*

Frustration → Ärger → aggressives Verhalten
↑
auslösende Reize

Heckhausen (1989), Seite 321

Vermag ein solches Verhalten vom Lehrer dem Schüler gegenüber in Bezug auf eine subjektive Notengebung frustrierend wirken, ist dieses ein Aggressionsauslöser, der ohne Weiteres vermeidbar wäre. Demnach ist die objektive Notenvergabe von Schülerseite aus eine nicht manipulierbare Handlung des Lehrers, so dass, wenn hieraus aggressive Tendenzen entstehen, eher der Lehrer als der Schüler für gewalttätige Handlungen die Verantwortung tragen muss. „Frustration führt leicht zu Aggressionen, wenn der Frustrierte über mehr Macht als der Kommunikationspartner verfügt, der für die Frustration verantwortlich gemacht wird. Da Lehrer meist „am längeren Hebel" sitzen, können sie sich „Vergeltung" erlauben." *(Weiß, Krumm 2000, S. 65)*

Ebenso wie die Notenvergabe verhält es sich mit dem Frustrationsumstand der Schüler durch *Leistungsfremde Faktoren:* Willkürliches Verhalten des Lehrers bei der Vergabe von Noten oder Punkten beim Vergessen der Hausaufgaben, beim Schreiben in nicht angemessener Schriftqualität, Wählen eines anderen, dem Lehrer nicht genehmen Lösungswegs, Störungen im Unterricht. *Krumm* und *Weiß (2000)* sehen hierin inadäquate Sanktionen, die auf einer fehlerhaften Notenvergabe beruhen und dem gemeinen Schüler erspart bleiben müsste. Weitere Konfliktpunkte sind unter Anderem: Rechthaberei, Vorurteile und Vergeltung des Lehrers, pädagogisch fragwürdige Kriterien und Maßstäbe, unklare Leistungsforderungen sowie das Abweichen von angekündigten Vorgaben seitens des Lehrers.

Wie kamen *Krumm* und *Weiß* auf diese spezifischen Faktoren der Frustrationsentstehung im Schüler-Lehrer-Kontext? Im Rahmen einer Erhebung unter circa 2000 Studenten aus Deutschland, Österreich und der Schweiz, die ihre persönlichen Erfahrungen mit kränkendem Lehrerverhalten beschreiben sollten, interpretierte man die oben aufgezeigten Angaben.

Beispielsweise berichteten die Studenten von einem Französischlehrer, der seine Notenvergabe ausschließlich durch Würfeln herbeiführte; einem Deutschlehrer, der Lügengeschichten als Aufsatzthema gab und hinterher utopische Vorstellungen mit schlechten Noten ahndete; Lehrer, der Noten abrundete mit der Begründung, der Schüler sei nicht so gut wie der Test es aussagte; oder, einem Lehrer, der eher nach der Häufigkeit der mündlichen Teilnahme beurteilte, als dass er die Richtigkeit der Antworten zur Beurteilung heranzog.

Davon ausgehend, dass es sich bei der Befragung um einzelne Schülerschicksale handelt und solche Ereignisse nicht einer Generalisierung unterzogen werden sollten, verweisen wir in diesem Zusammenhang auf die Validität derartiger Erhebungen. Zudem stellen diese Ausführungen Selbsterfahrungen dar, wie sie jeder Mensch in seiner schulischen Laufbahn mehr oder weniger erlebt. Inwiefern der Einzelne hieraus negative Zustände erfährt, hängt einerseits von seinem eigenen Leistungsgefüge und andererseits von seiner psychischen Konstitution ab.

Verfällt der eine Schüler auf Grund einer (ungerechten) schlechten Notengebung in den oben beschriebenen Zustand der Frustration, vermag ungerechtes Lehrerverhalten einem anderen Schüler kaum etwas ausmachen. In diesen Kontext muss unweigerlich das Lernverhalten und die Leistungsmotivation des einzelnen Schülers einbezogen werden. Neigen lernwillige, leistungsmotivierte Schüler eher dazu, die Diskussion mit dem Lehrer zur Verbesserung ihrer Leistungen zu suchen, sehen lernunwillige Schüler keinen Handlungsbedarf, das Gespräch mit dem Lehrer aufzugreifen; sie resignieren infolge ihrer Gleichgültigkeit! Letztendlich muss auch bei den leistungsmotivierten Schülern bedacht werden, ob sie ihre Leistungen von sich aus zu verbessern versuchen (intrinsische Motivation), oder ob sie vom Elternhaus oder anderen Idealen zu guten Leistungen gebracht werden (extrinsische Motivation). Zwar ist die Wirkung die gleiche, sie basiert jedoch auf unterschiedlichen Ausgangsmotiven.

Außer der Vergabe von schlechten Noten an Schüler mit einem angespannten Verhältnis zum Lehrer kommt es vor, dass ein besonderer „Makel" seitens des Schülers Ziel verbaler, inadäquater Bemerkungen des Lehrers wird. Makel wie Geschlecht, Frisur, Religion, Herkunft, Beruf oder Arbeitslosigkeit des Vaters, Kleidung, fehlende Begabung, Schwerfälligkeit, Dialekt, Unsportlichkeit und dergleichen. Andererseits kommt es in Schulen zu Ungerechtigkeiten, da Lehrer oftmals Lieblingsschüler auserkoren, bei denen sie andere Maßstäbe ansetzten und schulische Prioritäten zu deren Gunsten auslegt.

Wurde bis dato der Lehrer als „Bösewicht" hingestellt, der zuweilen die Schüler in seiner autoritären Eigenschaft als Lieblingsziel persönlicher Attacken ansah, lässt sich das Blatt auch wenden. Man kann ohne Weiteres davon ausgehen, ein Lehrkörper wird in der Regel von Schülerseite aus eher in die Opferrolle gedrängt, als dass er selbst zu schikanierenden Verhaltensweisen neigt. Gemessen am quantitativen Aufkommen der Verhältnisse von Schülern zu Lehrern und einer Art gruppendynamischen Verhaltens in der Klassen- bzw. Schülergemeinschaft, sieht sich der Lehrer in einer geschwächten Position. Besonders dann, wenn seine Autorität ohnehin untergraben scheint und er Schwächen gegenüber den Schülern preisgibt. Fehlt ihm in solch einer misslichen Lage zudem der Rückhalt seiner Kollegen oder etwaiger Unterstützung von außen, wird er zum „Freiwild". Wie weit Schüler gehen (können), zeigt sich an immer wieder durch die Medien ziehende Berichte von tätlichen Angriffen von Schülern gegen Lehrer. UND: Das ist lediglich die Spitze des „Gewaltberges" im „Lehrer-Schüler-Krieg". Greifen die Medien in den meisten Fällen ausschließlich auf besonders gewalttätige Zwischenfälle zurück, so dass tatsächlich nur die Spitze angesprochen wird, präsentiert die Autorin *Gelling-Rothin (2000)* eine andere – rücksichtslose – Form der Gewalt gegen Lehrer:
Extremes verbales Schikanieren!

Gelling-Rothin sieht beträchtlichen Interventionsbedarf in Bezug auf verbale sexistische Übergriffe von männlichen Schülern gegen ihre Lehrerinnen. Zahlenmäßig ausgedrückt: 82%, mehrheitlich Ausländer, von denen besonders türkische Schüler infolge ihrer eigenen familiären Erfahrungen Frauen (Lehrerinnen) aus kulturellen Gründen nicht als Autoritätspersonen anerkennen. Ebenso wie *Gelling-Rothin* sieht auch *Hurrelmann (1999)* die Lage ausländischer Schüler in den Schulen. Er postuliert zudem eine ungünstige gesellschaftliche und wirtschaftliche Ausgangssituation des Ausländeranteils, was sie aus ihrer subjektiven Sichtweise als uneingeschränkte Verlierer der Wettbewerbsgesellschaft dastehen lassen. Derartiges Empfinden fördert aggressives und gewalttätiges Handeln; sie sublimieren somit ihre empfundene Deprivation bzw. Demoralisierung. Ausländische Schüler fühlen sich als „strukturelle Verlierer" der Wettbewerbsgesellschaft. Der Kreis solch „strukturellen Verlierer" beschränkt sich allerdings nicht ausschließlich auf den Ausländeranteil. Er impliziert deutsche Schüler aus sozialen Brennpunkten. Soziale Brennpunkte als Folge von Verarmung infolge existentieller Krisen. In verarmten Verhältnissen aufwachsende Kinder erfahren seitens ihrer Eltern wenig positive Zuwendung, mit der Folge, dass sie durch das elterliche Vernachlässigen bis hin zum Misshandeln, oder die Kinder verwahrlosen. Da Kinder aus unintakten Familienverhältnissen selten soziale Kompetenzen erwerben, sind sie dementsprechend nicht in der Lage, sozial kompetent zu handeln – sie werden zuweilen aggressiv oder gewalttätig gegenüber ihrem sozialen Umfeld, besonders im Sozialisationsort Schule. Zudem mangelt es ihnen an Respekt vor Autoritätspersonen (Lehrern). Am Häufigsten attackieren Jungen im Alter von 13 bis 15 Jahren ihre Lehrerinnen. Paradoxer Weise gilt diese Art der Belästigung im schulischen Bereich nicht als verfolgbare, im öffentlichen Leben aber als eine strafbare Handlung. Ähnlich unverständlich stellt sich die Meldepflicht körperlicher Gewalt unter Schülern bzw. von Schüler gegen Lehrer dar. Sind körperliche Gewaltakte offiziell anzuzeigen, bleiben verbale Übergriffe ungeahndet. *Gelling-Rothin* konstatiert weiterhin eine zunehmende Herabsetzung der schülerischen Gewaltschwellen den Lehrerinnen gegenüber, welche in den meisten Fällen als rein sexistische Ausdrucksformen einhergehen. Infolge derartiger verbaler Übergriffe steigt die Zahl der gesundheitlich angeschlagenen Lehrerinnen um ein Vielfaches an, die Quote der Frühpensionierten nimmt zu. Experten hingegen weisen darauf hin, Lehrerinnen werden heutzutage immer dünnhäutiger. Offizielle Studien zu verbal-sexistischer Gewaltproblematik liegen bis zum heutigen Tage noch nicht vor; die Dunkelziffer der Lehrerinnen mit Burnout-Syndrom schätzt man jedoch auf etwa 25%.

Kasper (1998) sieht die Risikofaktoren im Mobbingbereich besonders in Schulen mit strengen Regeln und hochautoritären Lehrern. *Kasper* bezeichnet dieses Zustandekommen von Mobbing als Kette kollektiver systematischer Angriffe gegen eine Lehrperson. Schüler rächen sich hiermit an einem System, das ihnen zuwider ist – und den schwächsten Punkt stellt das Kettenglied Lehrer dar. Die Schule respektive die Schulleitung schwebt in ständiger Gefahr, kollektive feindselige Aktionen gegen Lehrer zu erfahren, wenn sie sich nicht mit den Problemen und Anliegen der Schüler auseinandersetzen. Doch nicht nur in Schulen mit rigiden Verhaltensregeln tritt Mobbing von Schülern gegen Lehrer auf. Stellt eine Schule nur geringe Ansprüche an ihre Schüler, sozusagen als schwache Institution per se, richten Schüler ihre aggressiven Tendenzen gegen Lehrer ein, die wider die eigentliche Labilität der Schule härtere Anforderungen an die Schüler stellt. „In jedem Fall aber wird eine Lehrerin oder ein Lehrer nur dann zum Opfer systematischen Psychoterrors durch Schüler, wenn das Umfeld Kommunikationsdefizite aufweist." *(Kasper 1998, S. 66)*

Bei einigen stichprobenartigen Befragungen unter Lehrerinnen in Nordrhein-Westfalen kam man zu der Erkenntnis, dass ein neutrales Reagieren auf verbale Attacken schwer fällt. Nach den Entstehungsursachen derartiger verbaler Übergriffe befragt, kritisierten die Lehrerinnen die Erziehungspraktiken zu Hause. Eltern sähen die Schule als den Ort an, der für die Erziehung der Kinder zuständig erscheint, sie delegieren sozusagen ihre Erziehungsaufgabe an die Institution Schule. Erschwerend hinzu kommen laut Aussagen der Lehrerinnen das Fernsehverhalten und der damit verrohende Umgangston innerhalb der Schülerschaft.

Was besonders nachdenklich stimmt im Kontext der verbalen Attacken gegen Lehrerinnen, ist das Überhörtwerden ihres Leidens von Direktorenseite aus. Viele von ihnen ignorieren die Klagen der Attackierten und negieren sie. Nach den Gründen solch einer verharmlosenden Einstellung der Direktoren gefragt, fürchten sie um „den guten Ruf" ihrer Schule.

Nachdem wir in diesem Kapitel über Aggression und Gewalt im schulischen Kontext einerseits die differenten Aggressionsformen von Mädchen und Jungen im Kindesalter aufzeigten, andererseits zu den internen Auslösern der Schulgewalt Stellung bezogen, sehen wir an dieser Stelle die Möglichkeit, eigene Gedanken zu den Thematiken darzulegen. Beschränken werden wir uns dahingehend, dass wir ausschließlich Anmerkungen zur Gewalt im Schüler-Lehrer sowie im Lehrer-Schüler-Kontext vornehmen werden.

Zu welchen subtilen Aggressions- und Gewaltformen Schüler neigen können, um ihre Lehrer – hier speziell Lehrerinnen – zu diffamieren, ist geradezu erschreckend. Wie im Text geschildert, erfährt man gerade soviel, wie durch die Presse publiziert wird. Erst bei Hinzuziehung fachspezifischer Literatur wird klar, inwieweit die Lehrerschaft psychischen Belastungen ausgesetzt ist – und wie hilflos, ja geradezu ohnmächtig sie ihren „Peinigern" gegenüberstehen. Erschreckend in diesem Zusammenhang finden wir im Besonderen die Tatsache, dass die Lehrerinnen selbst von der Schulleitung auf Grund eines zu befürchtenden

Gesichtsverlustes im Stich gelassen werden[12]. Obgleich eine derartige Aussage bei uns eher ambivalente Eindrücke hinterlässt, fehlt uns bei der mangelnden Rückendeckung des Lehrerkollegiums und der Schulleitung vollends das Verständnis. Bestünde somit die Möglichkeit das Lehrerverhalten in der Weise zu interpretieren, als dass die – latente – Angst um die eigene Stellung im Rahmen immer stärkeren Stellenabbaus zu solch großem Ignorantentum führt? Somit erwächst zusätzlich zur Aggression im Schüler-Lehrer-Kontext eine neue: Lehrer-Lehrer – jeder gegen jeden! Aus dieser Feststellung entsteht nunmehr unseren Erachtens eine völlig neue Fragestellung: Wie unsozial können Schüler sein, die mit niedrigsten Mitteln eine Lehrergemeinschaft zu teilen vermögen? Oder andersherum: *Wie unfähig stellen sich Lehrer dar, die nicht in der Lage sind, ihre eigene Situation zu erkennen und ihre Interessen durchzusetzen?*

Nicht nur befremdend, nein geradezu beängstigend finden wir zwei der im Text von *Gelling-Rothin* aufgeführten Tatsachen: Zum Einen das Nicht-verfolgtwerden sexistischer Sprüche in der Schule, und zum Anderen die In-Schutz-Nahme der türkischen Schüler! Beides dürfte in einer regelkonform geführten Gesellschaft nicht in Erscheinung treten. Bezögen wir die Tatsache, dass türkische Kinder in ihren Familien selbst Aggressionen und Gewalt erfahren lediglich auf sie, hintergingen wir uns im Endeffekt selber. Auch deutsche Kinder leben zuweilen unter ständiger Androhung bzw. als Zielscheibe von Gewalt. *Kultur als Legitimation gewalttätigen Handelns vorzugeben, ist wohl ein wenig zu simpel...!*

---

[12] Das Phänomen der Negierung gewalttätigen Verhaltens von Schülern gegen Lehrer spiegelt sich in einer momentan laufenden Forschungsarbeit von *Varbelow* mit dem Arbeitstitel „Aggression und Gewalt von Schülern gegen Lehrer" wider. Beim Vorsprechen in Schulen im Südhessischen Raum gab die *Mehrheit* der Rektoren an, dass derartiges Verhalten in ihrer Schule nicht vorkomme, sie können deshalb keine Auskünfte geben. Infolge nachdrücklicher Recherchen zur dieser Thematik trat bis dato hervor, erfahren sehr wohl Lehrer durch Schüler hochgradige Bedrängungen und Belästigungen. Nach ersten(!) Auswertungen kann postuliert werden, *Lehrer leiden sehr häufig* unter Schülerschikanierungen und stehen vor der Schwierigkeit, von Schulleitungsseite keine Rückendeckung zu bekommen. Eben darin, so vermuten wir, liegt der Negierungsschwerpunkt. Es wird ein **Tabu thematisiert**, welches von Schulleiterebene und zuweilen wohl auch von Schulaufsicht und Kultusministerien nicht angenommen wird. Von adäquaten Präventionsmaßnahmen, die durch derartige Untersuchungen herrühren könnten, ganz zu schweigen.

4. Schulische Interventions- und Präventionsmöglichkeiten

Die Anzahl von Interventionsmöglichkeiten bei aggressiven und gewalttätigen Handlungen scheint mitunter unüberschaubar. Natürlich bestehen Einschränkungen allein schon dahingehend, dass für verschiedene Altersklassen unterschiedliche Verfahren angewendet werden müssen. Weiterhin stellen wir nicht therapeutische Ansätze in den Focus, sondern beschränken uns auf die Möglichkeiten, die gewaltpräventiv in Schulen zum Tragen kommen könnten. Um den Rahmen der vorliegenden Arbeit einzugrenzen und das am weitesten verbreitete Aggressionsphänomen anzuschneiden, beschränken wir uns auf die subtilste Form der Gewalt unter Schülern: das Bullying [13]. Zudem besteht hierbei keinerlei Altersbezogenheit, das heißt, es kommt unter Grundschülern ebenso vor wie unter Schülern der Oberstufe.

Ein Name taucht bezüglich der Anti-Bullying-Programme im Schulkontext immer wieder auf: *Olweus*. Olweus entwickelte im skandinavischen Raum als erster Interventionsprogramme für Schulen mit aggressiver Kontaminierung. *Olweus* integriert in sein Programm zu den eigentlichen Protagonisten, Opfer nebst Täter, zusätzlich die unmittelbar am Geschehen Beteiligten, Zuschauer, Lehrkräfte und Eltern. Begonnen wird in Olweus' Anti-Mobbing-Programm in Form eines Pädagogischen Tages. Er beginnt mit der Befragung von Schülerinnen und Schülern sowie einer intensiven Einbeziehung der Eltern. Es werden hierbei entsprechende Beschlüsse abgefasst und notwendige Voraussetzungen für ein langfristig, aktiv-engagiertes Handeln aller Schulbeteiligten beschlossen.

Im Mittelpunkt des Programms stehen *Verhaltensregeln auf Klassenebene*. Zusammen mit Schülern und Lehrern werden konkrete sowie zentrale Regeln aufgestellt, die explizit Klassenregeln gegen Gewalt beinhalten. Die aufgeführten Regeln müssen vorab gemeinschaftlich diskutiert, begründet, formuliert und fortlaufend regelmäßig in der Klassengemeinschaft besprochen werden. Aus diesem Grunde ist die Involvierung der Klassengemeinschaft von unabdingbarer Relevanz. Es erhöht die Wahrscheinlichkeit, eine Internalisierung der aufgestellten Regeln zu erlangen, und die Klassengemeinschaft macht sie sich als Gesetz zu Eigen. Oberstes Gebot des Regelwerkes ist das Verbot, andere körperlich zu bedrohen bzw. gegen sie zu intrigieren (mobben). Alle Verhaltensregeln bedürfen der Niederschrift und beziehen sämtliche – Dritte schädigende – Verhaltensweisen wie treten, schlagen, spucken, beleidigen etc. mit ein. Olweus ist weiterhin sehr daran gelegen, den Schülern altruistische Akzente zu vermitteln. Gemeinschaftlich sollen sich die Schüler hinter das/die Opfer stellen, um ihnen Hilfe im Falle einer gegen sie gerichteten Gewaltaktion zukommen zu lassen. Bereits im

---

[13] *Bullying:* Seine (überlegene) Kraft und Macht rücksichtslos einzusetzen, um Schwächere zu erschrecken, zu unterdrücken, zu schädigen oder zu verletzen. Gleichzusetzen mit dem Terminus Mobbing, welcher im Kontext des Schikanierens am Arbeitsplatz eingeführt aus dem Englischen übernommen wurde.

Anfangsstadium des Anti-Mobbing-Programms kommen Hilfeleistungen auf den Plan, wie im Falle eines Eingreifens richtige Hilfe dargeboten wird. Unterschieden wird beispielsweise streng unter den Begriffen „petzen" und „einem Schwächeren helfen". In Grundschulen führte Olweus einen recht profanen Begriff ein: STOPP. Dieses „Stopp" besagt im kindlichen Zusammenspiel: Diese Sache macht mir keinen Spaß mehr, höre auf! Weiterhin ist es als Anzeichen für Lehrer zu deuten, hier möglichst bei Überschreitung persönlich gesetzter Grenzen zu intervenieren, vielleicht sogar zu sanktionieren. *Sanktion* gilt als weiteres Schlagwort des Programms. Einerseits müssen positive Sanktionen (Lob) ausgesprochen werden, wenn der/die Schüler positive Handlungen vollbringen (auch in Form von nicht negativen Verhaltensweisen!), andererseits muss konsequent negativ sanktioniert (bestraft) werden, wenn aggressives, regelwidriges Verhalten an den Tag gelegt wird. Verhängende Sanktionen beschließen Lehrer und Schüler in Gemeinschaftsarbeit, wobei jedoch zu beachten ist, dass die Sanktionen nicht zu hart, leicht anwendbar und nicht übermäßig feindlich sind; unangenehm – aber nicht psychisch verletzend. Bewährte Methoden adäquater Sanktionierungen stellen beispielsweise schriftliche Arbeiten oder inhaltsvolle Entschuldigungsprozeduren dar.

Um die aufgestellten Verhaltensregeln in den Alltag der Schüler einfließen zu lassen, bedarf es einer regelmäßigen Gesprächsrunde innerhalb der Klassengemeinschaft; positive Entwicklungen des Sozialverhaltens innerhalb der Schülergemeinschaft wird diskutiert. Kritik erfährt diese Methode dahingehend, als dass sich für einen externen Beobachter der Verdacht einstellt, mit der Aufstellung der Regeln sei die Arbeit der Schülergemeinschaft getan. Soll solch ein Zustand umgangen werden, ist es nötig, regelmäßige Gesprächsrunden der Klassengemeinschaft anzustreben, ohne dass es in eine Art inhaltsleere Pflichtveranstaltung abfällt. Olweus stellt eine Liste auf, aus der regelbezogene Inhalte erkenntlich werden:

✘ Aufarbeiten einzelner Vorkommnisse bezüglich eines Regeltrainings
✘ präzise Regelauslegung anhand realer Vorkommnisse
✘ Bewertung und Feedback aus Schülerreihen
✘ (positives!) Feedback der Lehrer
✘ eventuelle Regeländerungen infolge eigener, selbst gewonnener Erfahrungen
✘ Konfliktregulierung und mögliches Einüben klasseninterner Schlichtungsvarianten
✘ konkrete Diskussionen von Einzelproblemen der Klasse
✘ Begründungen der Einzelregeln an realen Beispielen

Als weitere Aspekte qualitativer Verbesserungen im Schulkontext sieht Olweus zum einen die Aufsicht in Schulpausen, zum anderen intensive und vor allem effiziente Gespräche zwischen Tätern und Opfern. Beim Mobben auf dem Schulhof, wo unterschiedliche Altergruppen aufeinandertreffen, erfährt das Anti-Mobbing-Programm eine Erhöhung der Diskussionsebene. Olweus sieht die

„Zentralorte" aggressiven Handelns vor allem in Fluren, Gängen vor den Klassenräumen und dem Pausenhof. An diesen Stellen stationierte Aufsichtspersonen vermögen unter Umständen schnelles und richtiges Intervenieren zu garantieren. Somit ist es schultechnisch möglich, frühzeitig schwächere Schüler vor stärkeren zu schützen oder gar von vorn herein zu stoppen bzw. unterdrücken. Nachfolgend die Erfahrungen, die Schulen unter Berücksichtigung der nahegelegten Aufsichtsverbesserung beobachten konnten:

- gründliche Schwachstellenanalyse zur Angleichung der quantitativen Aufsichtsstellung
- klar differenzierte Aufsichtsregeln für Lehrer, mit der Auflage, im Notfall entschieden einzugreifen und den Regelverletzer im Namen des Kollegiums zu recht weisen; Entschlossenheit zeigen
- zeitlich begrenzte Auszeitregelung bei leichten Verstößen
- funktioneller Informationsfluss zwischen Aufsichtslehrer und Klassenlehrer bei Verstößen oberhalb der Warnverstoßgrenzen
- Vermeidung längerer aufsichtsfreier Zeiten, pünktlicher Unterrichtsbeginn
- Einbeziehung älterer Schüler in die Aufsichtspflichten, vor allem beim Durchsetzen von Pausenordnungen
- Pausengestaltung in Form von Spielveranstaltungen
- Übertragung von Klassenregeln in eine Pausenordnung

Die im Einzelnen gewonnenen Resultate ergeben eine sinnvolle Möglichkeit der Prävention bzw. der unmittelbaren Intervention. Abschließend zeigen wir noch kurz die Vorteile von Olweus´ Anti-Mobbing-Programm auf:

- Entstehungsbedingungen werden am Modell klar erkennbar,
- strukturierter Handlungsfaden für die Schule,
- setzen sinnvoller Prioritäten einzusetzender Maßnahmen,
- es herrscht allen Schulbeteiligten gegenüber systemische Sichtweisen.

Um ein erfolgreiches Arbeiten der Schulen zu ermöglichen, erfordert Olweus´ Programm jedoch einiges an Eigeninitiative der Lehrer und Schüler:

- Aktives Engagement und Durchhaltevermögen – vor allem der Lehrkräfte – muss gegeben sein;
- kollegiale Konsensfähigkeit und Kooperation sind wesentliche Voraussetzungen des Programms;
- da das Programm lediglich so etwas wie Rahmenbedingungen bietet, müssen viele inhaltliche Aspekte in Eigeninitiative eingebracht werden;
- aufgrund der komplexen Maßnahmen ist eine zeitlich konsequente und kontinuierliche Durchführung des Programms unter Umständen schwierig durchzuführen.

Das von Olweus entwickelte Programm besticht durch seine einfache Strukturierung und die relativ unproblematische Umsetzung im Schulalltag. Besonders bemerkenswert erscheint der Aspekt der Einbeziehung von Schülern und Lehrern in die Suche nach Sanktionen regelwidrigen Verhaltens. Gerade das Einbinden der Schüler und das damit verbundene Nachdenken in Bezug auf aggressives Handeln und eventuell auf sie zukommende negative Sanktionen wirkt unter Umständen präventiv. Sofortige und unmittelbare Strafe nach einem regelwidrigen Verhalten einem Dritten bzw. einer Sache gegenüber packt die potentielle Aggressionsbereitschaft sozusagen an der Wurzel. Entschuldigungszeremonien zwischen Täter und Opfer nach unmittelbarer Konfliktsituation veranlasst den Täter möglicherweise, sich in die Opferrolle zu versetzen und auch aus dessen Perspektive zu betrachten. Vor allem aber: *Sanktionen werden sofort ausgesprochen!* Empirische Untersuchungen belegen, dass Strafen, die zeitlich weit ab von der eigentlichen Tat verhängt wurden, nicht mehr zu einem Lerneffekt führen, da sich der genaue Umstand der Tat für den Aggressor als nicht mehr nachvollziehbar darstellt. Er begreift den Grund der Bestrafung nicht mehr, die Tat ist kaum mehr greifbar.

Negativ erscheint uns die Frage der zeitlichen und organisatorischen Aufwendungen seitens der Schule. Aufgrund stetig sinkender Lehrerstellen verteilt sich die Lehrtätigkeit auf immer mehr Klassen, was zu einem erheblichen Zeitmangel der Lehrer führt. Pausen, die zur Erholung dienen sollen, mutieren unter Umständen zu Hetzjagden auf potentielle Aggressoren. Jedoch wären die Lehrer sicherlich bereit, solche Aufgaben zu übernehmen, wenn dadurch aggressionsgeladenen Spannungsfelder abgebaut werden könnten. Das Einbinden älterer Schüler hingegen schafft Verantwortungsbewusstsein, was der psychischen Entwicklung des Jugendlichen positive Impulse geben kann. Andererseits fehlt es einem Schüler möglicherweise an der notwendigen Autorität, andere Schüler in ihre Schranken zu weisen. Entpuppt sich der aggressiv auftretende Schüler als unbelehrbar und körperlich stärker als der als vermittelnde bzw. einschreitende Schüler, eskaliert unter Umständen die Situation. Besonders dann, wenn beide Parteien unversöhnlich gegenüberstehen, was seitens des einschreitenden Schülers nicht der Fall sein dürfte.

Eventuell initiierte Pausengestaltungen hingegen sehen wir äußerst positiv. Schüler finden angemessenen Ausgleich zum Unterricht, ein Miteinander wird vielleicht gefördert und das Gegeneinander verliert an Bedeutung...

5. *Aggressions- und Gewaltdefinitionen aus Sicht der Schüler / Jugendlichen*

Was verstehen Schüler unter den Begriffen Aggression und Gewalt? Gibt es so etwas wie ein subjektives Gewaltempfinden? Interpretieren Mädchen und Jungen in ihnen nicht eindeutige Situationen gleichermaßen aggressive bzw. gewalttätige Handlungen? Worin sehen Jugendliche die sukzessive Zunahme der Gewalthandlungen bzw. -bereitschaft im schulischen- oder außerschulischen Kontext verankert? Fühlen sich Schüler heutzutage in der Schule noch ausreichend von den Lehrkräften beschützt?

Vergegenwärtigen wir uns folgende, alltäglich Situation:
Zwei Schüler keilen sich umringt von einer Anzahl Mitschülern auf dem Pausenhof.

Jegliche Auslegung aggressiver und gewalttätiger Handlungen erfolgen nach dem Ursache-Wirkung-Prinzip, selbst wenn sie nur einen Teil des wahren Entstehungsgrundes aufzeigen. Jedes Verhalten entsteht aus einer Ursache heraus, welches vorausgehen muss, um bestimmte Wirkungen (Verhaltensänderungen) hervorzurufen. Sämtliches Handeln erfüllt unterschiedliche Funktionen. Es kann sowohl negative wie auch positive Reaktionen des sozialen Umfeldes hervorrufen. Hiervon betroffen ist im schulischen Kontext in der Kleinstgruppe der Klassenverband. Aber auch konkrete Situationen bestimmen die Reaktionen des sozialen Umfeldes. Möglicherweise interpretieren die umstehenden Mädchen in die oben genannte Rangelei eine massive gewalttätige Handlung, wohingegen die männlichen Zuschauer in dieser eher eine harmlose Form der Auseinandersetzung sehen. An diesem Beispiel ist gut zu erkennen, wie unterschiedlich Jungen und Mädchen solche nicht eindeutige Situation auslegen können.

Wie unterschiedlich derartige Sichtweisen auftreten und wo die Grenze der alltäglichen zur aggressiven Handlungsweise liegt, darüber gab eine eigens hierfür durchgeführte Erhebung unter Schülern verschiedener Schulformen[14] zur Thematik des selbst eingeschätzten Aggressions- oder Gewaltempfindens Aufschluss.

---

[14] Unterteilt in Hauptschüler, Realschüler und Gymnasiasten

Erhebungsbeschreibung

Im Gegensatz zu sonstigen Erhebungen mit quantitativen, sprich zahlenmäßig erfassbaren Daten, handelt es sich bei der vorliegenden um eine eher qualitative. Teilnehmende Schüler sollten zu insgesamt acht Einzelfragen in Form kleiner Texte Stellung zu ihrem subjektiven Gewaltempfinden beziehen. Die einzigen Einzelkriterien, welche die Schüler zu Beginn des Bogens angeben sollten, bezogen sich lediglich auf das Geschlecht, das Alter sowie der Angabe, wie sie ihre eigenen schulischen Leistungen beurteilen (schlecht, mittelmäßig oder gut). Bevor wir zu den Interpretationen der einzelnen Items übergehen, führen wir die Items dem Wortlaut nach auf:

- **1.** Beschreibe bitte, ab wann sich eine Person deiner Meinung nach aggressiv verhält!
- **2.** In welchen Situationen verhältst du dich selbst aggressiv? Was ist dafür ausschlaggebend?
- **3.** Wie reagierst du, wenn dich jemand durch Worte provozieren will?
- **4.** Wie reagierst du, wenn dich eine andere Person körperlich bedroht?
- **5.** Wenn sich bei dir einmal Wut aufgestaut hat, wie versuchst du sie abzureagieren?
- **6.** Wenn du versucht hast, deine Wut wie eben beschrieben abzureagieren, erfährst du hinterher eine Art seelische Erleichterung? Wie drückt sie sich aus?
- **7.** Gesetzt den Fall, du sahest einen Film mit gewalttätiger Handlung. Fühlst du dich im Nachhinein von der Handlung in deinem Verhalten beeinflusst? Reagierst du möglicherweise aggressiver als vor dem Film, oder beeinflusst dich der Film dahingehend, dass du ruhiger wirst und deine aggressiven Gedanken durch den Film vermindert wurden?
- **8.** Viele Forscher behaupten, Gewalt und Aggressionen unter Kindern und Jugendlichen steigen immer weiter. Nehmen wir an, die Aussage stimmt. Woher könnte deiner Meinung nach diese Zunahme kommen?

Fernsehen, ein Gewaltauslöser?

Bevor wir im Verlauf der Abhandlung spezifisch auf die Interpretation der Items eingehen, verweisen wir in diesem Kontext zunächst auf das Item der Aggressions- und Gewaltentstehung infolge des Rezipierens von Gewalt- bzw. Horrorfilmen. Auf Antworten dieses Items legen wir im Nachfolgenden einen gewissen Schwerpunkt, zumal es oftmals mit dem letzten Item in paradoxer Weise in Zusammenhang steht. Um die Paradoxie vorab schon ein Wenig aufzuzeigen, fügen wir an dieser Stelle einige Zitate an, die den Fragebögen *wörtlich* entnommen wurden[15]. *(Item 7.) „Ich fühle mich nach dem Film genauso wie früher." (Item 8.) „Durch gewalttätige Filme(...)." (männlich, 15 Jahre, Hauptschule) Derartiges Phänomen tritt sehr häufig in Erscheinung; (7.) „Sie haben keinerlei einfluss auf mich." (8.) „Kinder und Jugendliche schauen zu viele Horrorfilme (...)." (männlich, 15 Jahre, Hauptschule) (7.) „Mein verhalten verändert sich kein bisschen." (8.) „Durch Horrorvideos oder durch zu früh ausgestrahlte Gewaltfilme." (weiblich, 14 Jahre, Realschule) (7.) „Ein aggressiver Film beeinflusst mich überhaupt nicht." (8.) „Ich denke es kommen viel zu viele gewalttätige Filme im Fernsehen. Manche Kinder und Jugendliche beeinflusst es nicht aber viele reagieren mit Gewalt durch diese Filme." (weiblich, 17 Jahre, Gymnasium) (7.) „Solche Filme beeinflussen mich nicht." (8.) „Es kommen immer mehr Fernsehsendungen bzw. Filme die Gewalt ausstrahlen. Außerdem spritzt schon in jedem Computer- bzw. Videospiel Blut. Davon lassen sich dann viele Jugendlichen und auch schon die kleineren Kinder beeinflussen. (negativ.)" (männlich, 15 Jahre, Gymnasium)*

So und ähnlich äußerten sich etwa 38% der 270 befragten Schüler. Einerseits werden sie persönlich durch das Ansehen von Gewaltfilmen nicht beeinflusst (weder stimulierender noch beruhigender Art), andererseits schreiben sie ihren Altersgenossen zu, durch gewalttätige Szenen in Filmen Aggressionsbereitschaften aufzubauen und in körperliche Gewalt umzusetzen. Hier drängt sich nunmehr die Frage auf, woran die Jugendlichen merken, dass sie selbst keiner Beeinflussung unterliegen, anderen jedoch zutrauen, von Gewaltszenen angeregt zu werden!? Vordergründig findet derartiges Eigenverhalten dahingehend eine Begründung, indem die eigene Psyche einen Schutz- bzw. Verdrängungsmechanismus bereithält, der den Menschen in den Glauben versetzt, er wäre in der Lage, persönliche Beeinflussbarkeiten abzuwehren; das heißt, der Mensch ist eher dazu geneigt, von sich auf andere zu schließen. Verstärkt wird solches Verhalten zusätzlich durch das Aufgreifen publizierter Postulate, die eine steigende Gewaltbereitschaft infolge von Filmszenen bei Personen allem Anschein nach erkennen lässt. Natürlich besteht ein Zusammenhang zwischen dem Ansehen gewalttätiger Filme und einer eventuell anschließend auftretenden Gewalthandlung. Eine Erklärung findet sich jedoch dahingehend, als dass ein Mensch, der infolge eines Gewaltfilmes dementsprechend reagiert, bereits vorher eine potentielle Aggressions- bzw. Gewaltdisposition aufwies. Unter Berücksichtigung einer solchen Aussage fördert demnach bei gewaltdispositionellen Persönlichkeiten nicht nur das Rezipieren von Gewaltfilmen aggressive Handlungen, sondern die Gewalthandlung kann ebenso durch eine andere Situationen herbeigeführt werden.

---

[15] Sämtliche nachstehende Zitate sind wörtlich, d. h. ohne Korrekturen übernommen. Die Zahlen geben das jeweilige Item an.

Um bei der Thematik des Fernsehkonsums zu bleiben, gehen wir davon aus, dass, gerade auf Grund der meist übereinstimmenden, verneinenden Antworten der Befragten auf ihre Verhaltensänderung nach dem Ansehen von Gewaltfilmen, zumindest in Ansätzen eine kurzzeitige Änderung ihrer Gefühlslage auftritt. Verglichen mit Filmen, die den Rezipienten in beispielsweise Heiterkeit oder Traurigkeit versetzen können, vermögen gewalttätige Darstellungen das Ihrige bei einigen Personen auszulösen. Wir vermuten, aggressives Verhalten kann bei vorbelasteten Personen ebenso ausgelöst werden wie ein „humorvoller" Film, der eine Person mit Hang zur gezeigten Art Humor zum Lachen animiert, eine andere Person jedoch ernst bleibt, weil sie diese Art des Humors nicht teilen kann. Melancholische Filme reizen feinfühlige Menschen zum Weinen. Menschen mit weniger Feingefühl erkennen keinen Grund, hierdurch gefühlsmäßige Beeinflussung zu empfinden. Kurz gesagt: Ob eine Person durch Filme zum Ausbruch gefühlsgewallter Handlungen animiert wird oder nicht, hängt sozusagen von seiner psychischen Konstitution bzw. Veranlagung ab...!

Gewaltauslöser: hoher Ausländeranteil!
Als einen weiteren – bedenklich erscheinenden – Aspekt der Gewaltentstehung unter Jugendlichen stellt sich ein „zu hoher" Ausländeranteil dar; zumindest nach Meinung von ca. **31%** der befragten Schüler.
Beginnen werden wir wieder mit dem Aufzeigen einiger Darstellungen der Schüler in Zitatform; ausschließlich bezogen auf das Item „8":
„Durch den immer größer werdenden Einmarsch der Ausländer. Denn es wurde erwiesen, dass immer mehr Jugendliche nationalsozialistisch eingestellt sind."
(Hauptschule, männlich, 16 Jahre)
„Es gibt immer mehr Ausländer, die denken, sie seien die Könige im „Deutschen Land" und sie lassen ihre Wut an uns aus, wir müssen uns wehren!"
(Realschule, männlich, 16 Jahre)
„Das kommt dadurch, das die Ausländer hier alles machen dürfen und die Deutschen Jugendlichen immer ärger bekommen oder gleich als Rechter bezeichnet wird. (Realschule, männlich, 16 Jahre)
„Wegen den Ausländer. Die wollen sich meistens nur schlagen weil sie womöglich völlig dumm sind" (Realschule, männlich, 15 Jahre)
„Durch die hohe Anzahl Ausländern in Deutschland. Auf Partys sind es die Türken die Ärger machen, allgemein sind es alle Ausländer da es so schon wenig Ausbildungs/Arbeitsplätze in Deutschland gibt. Deshalb bin ich der Meinung das daran die Gewaltbereitschaft der Jugendlichen zunimmt." (Realschule, männlich, 15 Jahre)
„Gerade Ausländer sind sehr Gewalt bereit und provozieren Doitsche Staatsbürger." (Realschule, männlich, 15 Jahre)
„Durch die vielen Ausländer die von uns die Kohle kriegen und uns noch doof anmachen." (Realschule, männlich, 17 Jahre)

"Es liegt an den Ausländern, die in Deutschland die Macht übernehmen wollen." *(Gymnasium, männlich, 16 Jahre)*
"Seitdem die Mauer abgerissen wurde, stieg die Kriminalitätsrate, weil immer mehr Ausländer in Deutschland aufgenommen werden. Was keine rechtsradikale Äußerung sein soll." *(Gymnasium, männlich, 17 Jahre)*
"Wenn man das in meinem Alter so sieht mit den ganzen Ausländer und wie sie sich benehmen dann ist diese Aussage verständlich." *(Realschule, weiblich, 16 Jahre)*

Betrachtet man das Geschlechterverhältnis, fällt auf, es sind beinahe ausschließlich Jungen, die ausländerfeindliche Bemerkungen von sich geben. Infolge einer Erhebung unter Schülern kam ein ähnliches Quantitätsverhältnis zustande. Etwa 15% der befragten Schüler zeigten rechtsextreme Tendenzen und Rechtsextremismus; bei den Mädchen traten rechtsextreme Neigungen nur sehr selten in Erscheinung. (Zitat eigener Erhebung): [„Das die Deutsche vielleicht beleidigen und die Ausländer versuchen sich zu wehren." (Hauptschule, weiblich, 16 Jahre)]. Mädchen neigen im hohen Maße dazu, ausländische Mitschüler zu verteidigen und sich unter Umständen sogar schützend vor sie zu stellen. Ist Rechtsextremismus somit eine narzisstische Störung, die bevorzugt das männliche Geschlecht befällt? Ja! Die Wurzel des narzisstischen Übels liegt bereits in der Pubertät männlicher Jugendlicher verankert. Das vermehrte Aufkommen entstammt dem eigenen Erleben von Jugendlichen, die ihren Körper als unvollständig und mangelhaft empfinden. Die rechte Einstellung dient ihnen bevorzugt, sich als ganze „Kerle" zu präsentieren. Das Missempfinden gegen den eigenen Körper lenken sie sozusagen von sich auf eine Minderheit, und dieses sind oftmals Personen ausländischer Herkunft. Zudem überspielen Jugendliche mit rechten Tendenzen ihren eigenen Ängste und jagen sie anderen ein. Des Weiteren sind Feindbilder stets Ausdruck von Resignation. Beim Aufstellen von Feindbildern steht von vorn herein bereits fest, dass mit einem Feind keinerlei befriedigende Beziehung eingegangen werden kann. Das Aufnehmen von Kontakten zum Feinbild erscheint ohnehin aussichtslos, weil das Feindbild per se bereits das Beziehungsgefüge verändert. Der Fremdenfeindliche sucht nur noch nach negativen Eigenschaften, die er nunmehr dem Feindbild zuschreibt. Anderseits weckt ein Feindbild negative Erwartungen und beeinflusst das eigene Verhalten negativ. Fremdenfeindliche Jugendliche erwarten von ihrem ausländischen Feindbild ein bestimmtes Verhalten, was sein eigenes Verhalten wiederum beeinflusst. Es entsteht eine erhöhte Bereitschaft, eigene „Verteidigungsstrategien" aufzustellen, die in der Regel als Angriffshandlungen vollzogen werden. Aus diesem Grunde hat das Feindbild eine nicht unerhebliche Funktion in Bezug auf die psychische Ausgeglichenheit des Fremdenfeindlichen: Das Feinbild dient als Ventil aufgestauter Aggressionen. Sämtliche negativen Emotionen und die aggressiven Neigungen werden im Feindbild erkannt. Nicht der Angreifer ist der Böse, sondern das Feindbild – und das muss bekämpft werden. Indem das Feindbild abgewertet wird, wertet sich der Fremdenfeindliche selbst auf.

Doch nicht nur narzisstische Aspekte begründen rechte Tendenzen, es kommen noch weitere hinzu. Verbale und/oder direkte körperliche, verletzende Gewalt gegen Minderheiten haben zuweilen stimulierende Wirkungen, mit der Jugendliche ihr verzerrtes Selbstwertgefühl für einen gewissen Zeitraum zurecht rücken können. Die Theorie der psychischen Aspekte lässt sich durchaus fortsetzen, wenn folgendes Phänomen mit einbezogen wird: Das Über-Ich. Rechtsextreme Jugendliche schlüpfen in eine Art „Moses-Rolle". Wie Moses, der einen großen Teil von Gesetzesbrechern selbst umbrachte, sehen sich die Rechtsextremen als Ordnungsmacht mit der Aufgabe, die Verbrecher – hier Ausländer – zu bestrafen, bestrafen allein auf Grund ihres Daseins *(Varbelow 2000)*.

Nachdem wir bis hierher die Ursachen von Gewaltentstehung aus der Sicht der Jugendlichen aufführten, gehen wir im weiteren Verlauf des Textes auf das Item „1" ein: „Beschreibe bitte, ab wann sich eine Person deiner Meinung nach aggressiv verhält!"

Wie verschieden die Ansichten aggressiven Verhaltens von Jugendseite aus einhergehen, wollen wir zunächst wieder durch das Aufzeigen einiger Zitate hervorheben:

„Wenn Personen einen Streit nicht mit Worten austragen können, sondern Gewalt anwenden müssen." (Realschule, weiblich, 16 Jahre)

„Eine Person wird aggressiv, wenn sie beleidigend oder gewalttätig wird." (Gymnasium, weiblich, 16 Jahre)

„-böser Gesichtausdruck / -lautes Sprechen" (Realschule, männlich, 16 Jahre)

„Wenn er aufspringt mm schreit, . . . schubst. Wenn einer Sachen kaputt macht einfach so andere verletzt" (Hauptschule, männlich, 17 Jahre)

„Wenn er anfängt mit körperlicher bedrohung." (Hauptschule, männlich, 16 Jahre)

„Wenn die Person handgreiflich wird. Meist resultiert die Aggressivität daraus, dass sich jemand in seiner Ehre verletzt fühlt." (Gymnasium, männlich, 14 Jahre)

„Wenn sie körperliche Gewalt anwendet und mich öffentlich beleidigt bzw. erpresst." (Gymnasium, männlich, 16 Jahre)

„Wenn eine Person jemanden bedroht oder wenn mehrere auf eine Person losgehen dann ist das meiner Meinung nach aggressiv." (Hauptschule, männlich, 14 Jahre)

„Indem sie andere angreift oder anfängt andere zu beschimpfen." (Hauptschule, weiblich, 14 Jahre)

„Wenn die Person in Denken und Handeln eingeschränkt wird." (Hauptschule, männlich, 17 Jahre)

"Ich schätze, wenn mich jemand körperlich oder verbal angreift ist er aggressiv. Aber ich glaube wenn man einfach Leute beschimpft oder beleidigt ist das auch eine aggression." (Realschule, weiblich, 14 Jahre)
"Sobald jemand eine andere Person beschimpft." (Realschule, weiblich, 14 Jahre)
"Wenn irgendjemand eine andere Person beschimpft oder schlägt." (Realschule, weiblich, 14 Jahre)
"Wenn jemand nicht mehr durch Worte sich behaupten kann sondern dieses durch Schläge. Wenn er rumschreit und austickt." (Realschule, weiblich, 15 Jahre)
"Wenn sie körperliche Gewalt anwendet." (Realschule, männlich, 16 Jahre)
"Wenn eine Person gezielht andere Personen angreift Verbal oder körperlich" (Realschule, männlich, 16 Jahre)
"Wenn sie anfängt laut zu werden oder handgreiflich. Bei Aggressivität wird man oft auch unsachlich & beleidigend." (Gymnasium, weiblich, 16 Jahre)
"Eine Person wird aggressiv, wenn sie beleidigend oder gewalttätig wird, wenn sie schlechte Laune oder Probleme hat." (Gymnasium, weiblich, 16 Jahre)
"Eine Person verhält sich dann aggressiv, wenn sie selber versucht, andere Personen zu körperlicher Gewalt zu bewegen. Dazu braucht man eine Beleidigung, die sehr leicht eine Gewalt verursachen kann oder eben selber Gewalt. Da Aggression meiner Meinung nach eher etwas körperliches ist, gehören andere Beleidigungen da meiner Meinung nach nicht zu." (Gymnasium, männlich, 15 Jahre)

Das Gro der befragten Schüler ist sich offensichtlich dahingehend einig, dass aggressives Verhalten nicht nur auf körperliche Gewalt beschränkt ist, sondern bereits in Form einer negativen, verbalen Äußerung einhergeht. Einige der Befragten gaben zwar an, aggressives Verhalten impliziere stets eine körperliche Gewalthandlung, doch sehr viele sehen bereits die mündliche Beleidigung als einen Aggressionsakt an. Den Grund hierfür kann man unter Umständen erahnen, wenn man sich in die Lage eines Beleidigten hineinversetzt. Wie unschwer zu erkennen ist, ist jegliche narzisstische Kränkung ein gewalttätiger Akt auf die Psyche einer Person. Offen bleibt in diesem Kontext jedoch das spezifische Quantum des Ertragens von beleidigenden Äußerungen. Je nachdem, wie viel Aggressionspotential eine Person in sich trägt, ist sie entweder in der Lage, beleidigende Worte ohne jegliche Regung hinzunehmen, oder aber sie reagiert im höchsten Maße aggressiv; einerlei, ob verbal oder körperlich. Zwar hängt die Heftigkeit ihrer Reaktion ausschließlich mit der psychischen Konstitution zusammen, nur wäre es an dieser Stelle unsinnig zu erklären, inwieweit die Psyche im Laufe der persönlichen Entwicklung beeinträchtigt werden musste, um so zu reagieren, wie sie reagiert. Interessanter als eine derartige psychologische Untermauerung dieses Postulates erscheint uns das Aufzeigen persönlicher Verhal-

tensmuster befragter Schüler, wie sie eventuellen verbalen Drohungen gegenübertreten. Wie bereits zuvor, fügen wir auch hierzu wieder einige Zitate ein:
„Ich mache mir nicht viel drauß sonder drehe mich um und gehe. Ich lase mich nicht von irgendwelchen Blödmännern provozieren." (Hauptschule, weiblich, 14 Jahre)
„Ich höre nicht darauf und gehe weg." (Hauptschule, weiblich, 14 Jahre)
„Ich drehe ab und brülle zurück oder ich gebe ihm einen Faustschlag und dan ist schicht im Schacht." (Hauptschule, weiblich, 15 Jahre)
„Es interessiert mich nicht er soll doch sagen was er will." (Hauptschule, weiblich, 15 Jahre)
„Ich wehre mich mit Worten oder ich schlage zu." (Hauptschule, männlich, 14 Jahre)
„Wenn er nicht viel stärker ist als ich verprügel ich ihn." (Hauptschule, männlich, 16 Jahre)
„Ich konntere zurück oder ich kloppe drauf los." (Hauptschule, männlich, 15 Jahre)
„Ich äußere mich verbal dem anderen gegenüber. Wenn es zu weit geht äußere ich mich mit schlagfertigen Argumenten." (Hauptschule, männlich, 16 Jahre)
„Ich versuche mich auch mit Worten zu wehren, wenn es nichts bringt gehe ich weg." (Realschule, weiblich, 14 Jahre)
„Meißtens bin ich innerlich sehr verletzt aber ich schlage nie zu, weil das für mich unterstes Niveau ist." (Realschule, weiblich, 15 Jahre)
„Meist fällt mir dann nichts ein, was ich entgegnen könnte, weil das dann meist ziemlich überraschend kommt. Ich gehe dann einfach weg." (Realschule, weiblich, 16 Jahre)
„Ich lasse ihn links liegen und sage wenn du normal bist können wir weiterreden, aber nicht so." (Realschule, weiblich, 17 Jahre)
„Geht mir am Arsch vorbei. Wenns zuviel wird kriegt er was aufs Maul" (Realschule, männlich, 16 Jahre)
„Eigentlich gar nicht ausser es geht zu weit dann konter ich mit Worten zurück oder wehre mich körperlich." (Realschule, männlich, 17 Jahre)
„Ich provoziere ihn ebenfalls." (Realschule, männlich, 15 Jahre)
„Ich höre einfach weg." (Realschule, männlich, 15 Jahre)
„Ich provoziere zurück, werde aber auf keinen Fall handgreiflich." (Gymnasium, weiblich 16 Jahre)
„Zurück provozieren, ignorieren. Kommt auf die Person und meine Laune an." (Gymnasium, weiblich, 16 Jahre)
„Meistens ignoriere ich das, aber ich denke nachher drüber nach und dann muß ich mit einer Freundin oder meinen Eltern darüber sprechen." (Gymnasium, weiblich, 15 Jahre)
„Ich gebe kontra und bleibe ruhig bzw. versuche dabei ruhigzubleiben." (Gymnasium, weiblich, 17 Jahre)

„Ich provoziere auch oder ignoriere es. Auf jeden Fall sollte man sich nichts gefallen lassen." (Gymnasium, männlich, 16 Jahre)
„Kommt drauf an, im schlimmsten Fall drohen, schlagen." (Gymnasium, männlich, 16 Jahre)
„Ich versuche die Softi-Masche, damit sie merken, dass es keinen Sinn hat sich mit mir anzulegen." (Gymnasium, männlich, 15 Jahre)
„Ich provoziere zurück, und dann wird sich gepflegt geschlagen." (Gymnasium, männlich, 16 Jahre)

Überspitzt könnten wir behaupten: So viele unterschiedliche Antworten wie Befragte. Dass Übereinstimmungen auftreten, zumindest was die Einzelreaktionen anbelangt, ist offensichtlich. Immerhin 16% aller befragten Schüler könnten sich vorstellen, auf die in der Frage genannten Situation körperlich zu reagieren; unabhängig der Schulform und des Geschlechts. Wären wir eingangs gezwungen gewesen, eine Hypothese zu formulieren, hätten wir angenommen, Hauptschüler neigen eher dazu, auf verbale Aggressionen mit körperlichen Sanktionen zu antworten als Gymnasiasten; ebenso im Geschlechtervergleich. Beides unterläge nunmehr einer Falsifizierung. Interessant erscheint bei vielen Befragten der Aspekt der Ignoranz. Vereinzelte Schüler versuchen ihnen entgegengebrachte Verbalinjurien mit einfachem Überhören zu begegnen. Größtenteils wird versucht, einer direkten Konfrontation aus dem Wege zu gehen und sich eher verbal zu verteidigen.

Abschließend gehen wir auf die sogenannte „Katharsis-Theorie" ein. Ausdruck dieses Phänomens sollten die befragten Schüler in zwei unmittelbar aufeinander folgende Fragen geben:
   a) Wenn sich bei dir einmal Wut aufgestaut hat, wie versuchst du sie abzureagieren?
   b) Wenn du versucht hast, deine Wut wie eben beschrieben abzureagieren, erfährst du hinterher eine Art seelische Erleichterung? Wie drückt sie sich aus? Bekommst du womöglich wegen der Abreaktion im Nachhinein Gewissensbisse, weil du spontan und unüberlegt handeltest bzw. die falsche Form der Abreaktion wähltest?

   a) „Ich gehe in mein Zimmer, drehe die Musik voll auf und fange an meine Kuscheltiere zu misshandeln, oder ich schreie einmal mächtig laut."
   b) „Wenn ich mich abreagiert habe, bin ich sehr erleichtert, weil meine Wut dann verflogen ist." (Hauptschule, weiblich, 14 Jahre)

   a) „Ich verziehe mich in mein Zimmer und wenn ich nicht zuhause bin verkrieche ich mich irgendwo alleine in die Ecke. Aber wenn mir dann noch irgendeiner blöd kommt kann es auch sein das ich eine knalle."

b) „Wenn ich mich verkrochen habe, geht es mir danach meißtens besser aber wenn irgendjemandes eine knallt habe, habe ich danach meißtens ein Schlechtes Gewissen." (Hauptschule, weiblich, 14 Jahre)

a) „Ich schrei, öfter, eine Person an, die eigendlich selten etwas damit zu tun hat."
b) „Manchmal finde ich es falsch, was ich gemacht habe, aber es nicht mehr rückgängig zu machen." (Hauptschule, weiblich, 15 Jahre)

a) „Ich höre ziemlich laut Musik. In manchen Fällen lasse ich leider auch an anderen meine Wut aus."
b) „Wenn ich Musik höre geht es mir auf jeden Fall besser. Wenn jemand meine Wut zu spüren bekommt, tut es mir hinterher leid." (Hauptschule, weiblich, 16 Jahre)

a) „Ich mache Sport, weil es das beste Mittel ist, oder sage es der Person ins Gesicht und Rede mit ihr."
b) „Da man merkt das es einen danach viel, viel besser geht. Aber ich bekomme keine Gewissensbisse, weil ich vorher überlege was ich mache und das dan auch richtig ist." (Hauptschule, weiblich, 15 Jahre)

a) „Ich höre Musik, spreche mit meinem Vater über die Probleme, oder ich laufe ein paar Runden. Oder ich spiele Computerspiele (Kriegsspiele)."
b) „Wenn ich mich abreagiert habe bekomme ich nie Gewissensbisse. Besser fühle ich mich aber auch nicht." (Hauptschule, männlich, 13 Jahre)

a) „Ich schlage, haue, trete gegen meinen Boxsack so lange bis meine Wut weg ist."
b) „Nein, manchmal handele ich unüberlegt und dann geht vielleicht etwas Kaputt. Ich kann es nicht ausdrücken wie sie sich ausdrückt .Ich empfinde keine erleichterung sie ist einfach weg." (Hauptschule, männlich, 14 Jahre)

a) „Ich höre laut Musik und schlage auf irgendwas ein."
b) „Ich fühle mich erleichtert die Wut ist abgebaut." (Hauptschule, männlich, 14 Jahre)

a) „Ich packe mir einen Schwächeren und schlage auf ihn ein."
b) „Kein bisschen, es macht mir keine Gewissensbisse, es ist eine Art erleichterung." (Hauptschule, männlich, 15 Jahre)

a) „Wenn ich Wut habe dann fresse ich alles in mich hinein und dann geht es mir wieder gut."

b) „Nein das mache ich immer und ich fühle mich dann immer besser." (Realschule, weiblich, 13 Jahre)
a) „Ich werfe alles gegen die Wand was ich in die Finger bekomme."
b) Ich schreie dann immer meine Schwester an weil das erste nicht richtig geholfen hat. Aber gewissensbisse bekomme ich nicht." (Realschule, weiblich, 14 Jahre)

a) „Entweder rede ich mit meiner besten Freundin und rede mir alles was mich aufregt von der Seele. Oder ich reagiere mich beim Judo ab."
b) „Ich fühle mich befreiter weil ich alles raus lassen konnte! Vieleicht brodele ich innerlich nochein bisschen aber im normalfall fühle ich mich besser." (Realschule, weiblich, 14 Jahre)

a) „Ich rede mit jemanden über den Ärger!"
b) „Wenn ich mit jmdm. über die Sache rede teilt er mir so auch gleich seine Meinung mit. Nach dem Gespräch bin ich nicht mehr so sauer." (Realschule, weiblich, 15 Jahre)

a) „Trete gegen eine Tür oder Wand, wenn mich dann einer Anmacht, gibts gleich auf die Fresse."
b) Nein Gewissensbisse kriege ich nicht." (Realschule, männlich, 16 Jahre)

a) „Auf jeden Fall nicht an Schülern in der Schule. Zu Hause oder so (aber ohne Gewalt)"
b) „Da ich keine körperliche Gewalt anwende, brauche ich keine Gewissensbisse haben. Aber ich bin auch Erleichtert." (Realschule, männlich, 16 Jahre)

a) „Mit der Zeit legt sich das dann schon wieder, aber in der Zeit sollte man mich in Ruhe lassen."
b) Nein, auf keinen Fall" (Realschule, männlich, 15 Jahre)

a) „Ich treibe Sport oder höre laut Musik, Boxe gegen meinen Boxsack."
b) Ja ich fühle mich besser und bin dann ruhiger. Nein." (Realschule, männlich, 15 Jahre)

a) „Mit Sport oder darüber mit meinen Freunden reden. Im ganz krassen Fall, eine Runde zu heulen und erst dann die oben genannten Sachen.
b) „Ich fühl mich danach besser und habe wieder etwas Abstand gewonnen." (Gymnasium, weiblich, 16 Jahre)

a) „Ich kann meine Wut eigendlich meisten gut kontrollieren, wenn nicht, dann schreie ich rum, schmeiße Gegenstande durch die Gegend oder schlage bzw. trete auch mal irgendwo rein / gegen wo ich nicht soviel Schaden anrichten kann."

b) „ Dannach erfahre ich natürlich eine seelische Erleichterung ich fühle mich befreiter erleichteter & ausgelassener. Ein schlechtes Gewissen habe ich nie, da ich nicht völlig unüberlegt handle, sonder trotz allem meine Reaktionen noch steuern kann." *(Gymnasium, weiblich, 16 Jahre)*

a) „Ich bin schlecht gelaunt und verhalte mich verbal aggressiv, aber fast nie körperlich."

b) Ja, ich habe meistens ein schlechtes Gewissen und Erleichterung bringt es auch irgendwie nicht." *(Gymnasium, weiblich, 16 Jahre)*

a) „Ich spreche dann mit meinen Eltern darüber und erzähle ihnen dann alles was mich bedrückt. Mein Hund hilft mir dann immer darüber hinweg zukommen, indem ich mich um ihn kümmere."

b) Ja meistens fühle ich mich danach erleichtert und ich denke dass das eine gute Art der Abreaktion ist. Deshalb habe ich auch keine Gewissensbisse." *(Gymnasium, weiblich, 15 Jahre)*

a) "Manchmal lasse ich meine Wut an anderen Leuten aus oder ich schreie einmal laut. Wenn ich wütend bin werde ich zum Kettenraucher!"

b) „Ich fühle mich dann auf jeden Fall besser. Wenn ich die Wut an anderen Personen ausgelassen habe bekomme ich schon ein schlechtes Gewissen." *(Gymnasium, weiblich, 16 Jahre)*

a) „Ich trete gegen die Wand und höre ganz laut Musik. Und ich esse alles, was ich im Kühlschrank finde."

b) „Nachdem ich meine Wut abreagiert hast, fühle ich mich besser." *(Gymnasium, weiblich, 17 Jahre)*

a) „Ich höre laut Musik. Manchmal mache ich auch Dinge kaputt und schlage gegen die Wände."

b) Ich bin danach nicht erleichtert. Ich ärgere mich meist noch darüber, wenn ich irgendetwas kaputt gemacht habe." *(Gymnasium, männlich, 16 Jahre)*

a) „Ich rede mit Freunden, schreibe alles auf was mich ärgert und in extrem seltenen Fällen spiele ich ekelige Computerprogramme von meinem Bruderherz."

b) „In gewisser Weise, ja. Wenn ich höre oder verstehe, daß meine Wut berechtigt / unberechtigt war ist das gut zu wissen. Ich glaube, daß meine Methoden für mich die Richtigen sind." *(Gymnasium, männlich, 16 Jahre)*

a) *„Ich verbringe einen ruhigen Abend mit meiner Freundin, das bringt mich auf andere wunderschöne Gedanken und ich fühl mich viel besser. "*
b) *„Ja, irgendwie ist der Tag danach sehr beruhigend. " (Gymnasium, männlich, 17 Jahre)*

a) *„Ich versuche mich zu beruhigen und versuche auf andere Gedanken zu kommen. Z. B. gucke ich Fernsehen oder lese ein Buch / eine Zeitung. Manchmal streite ich mich auch grundlos mit meiner Schwester. "*
b) *„Manchmal weiß ich im Nachhinein, dass ich falsch reagiert habe und versuche mich in Zukunft besser unter Kontrolle zu haben. " (Gymnasium, männlich, 16 Jahre)*

Unterschiedlichste Arten der Wut- bzw. Frustrationsbewältigungsmethoden wurden von den Befragten aufgestellt. Bemerkenswert häufig zeigt sich in diesem Kontext ein Abbauen von Wut anhand von Computerspielen. Im Durchschnitt greifen etwa 1/3 aller männlichen Probanden zum Joystick, um unter Zuhilfenahme von „Ballerspielen" seelische Erleichterung zu finden. Inwieweit solche Spiele katharsische Wirkung hervorzurufen in der Lage sind, bleibt selbst unter den Befragten umstritten. Laut einer US-Studie der University of Missouri zeigen Personen, die häufig brutale Videospiele nutzen, auch im Alltagsleben aggressive Verhaltensweisen. Wie schon im Kontext des Gewaltfilmkonsumierens eingefügt, neigen auch im Gewaltspielkontext die Jugendlichen zu derartigen Spielen, die ohnehin bereits Aggressions- und Gewaltdispositionen aufweisen.

Was weiterhin die belastete Seele zu befreien vermag, ist das Schlagen oder Treten gegen irgendwelche Gegenstände, wobei zuweilen der Boxsack oftmals als Ziel herhalten muss. Wider vorliegenden psychologischen Forschungsergebnissen behaupten die Jugendlichen, dass sie nach dem körperlichen „Bearbeiten" ruhiger und entspannter werden, obgleich subjektives Empfinden hier möglicherweise vor dem objektiven steht. Amerikanische Psychologen brachten 700 Studenten in Situationen, in denen sie von anderen Studenten beleidigt wurden. Nach der Beleidigung konnten die Studenten auswählen, welche Aktivitäten sie zur Abreaktion ihrer Wut bzw. Frustration nutzen wollen. Unter anderem bestand die Möglichkeit, einen Punchingball zu nutzen. Nachdem die Probanden einige Zeit ihre Wut bzw. ihren Frust abreagierten, bekamen sie die Order, in einem Computerspiel gegen entweder den Beleidiger oder eine andere Person anzutreten. Ziel war die Überprüfung, ob und in welcher Stärke der Punchingball als Abreaktionsinstrument aggressive Schübe reduziere. Verblüffenderweise reagierten die Studenten, die sich zuvor am Punchingball „austobten" weitaus aggressiver als diejenigen, die andere Abreaktionsmodelle wählten, unabhängig davon, ob der Gegenspieler der zuvor beleidigende Student war oder eine fremde Person. *(Varbelow 2000)*

Viele der Schüler führten zudem auf, Sport in verschiedenster Form führte bei ihnen zum Abklingen frustrationsabhängiger Gefühlswallungen. Neben dem

Joggen oder Spazieren gehen war auch das Training mit Gewichten eine denkbare Alternative, wobei geschlechtsspezifisch keine großen Unterschiede auftraten. Was jedoch bei den Geschlechtern differenziert betrachtet werden kann, ist der Abbau seelischer Spannungen durch Gespräche mit den Eltern oder Freunden. Neigen weibliche Jugendliche eher zu solch einer „Gesprächstherapie", lassen männliche Altersgenossen in der Hauptsache ihrer Wut körperlich freien Lauf. In Majoritäten greifen sie schon einmal auf das eine oder andere menschliche Abreaktionsobjekt zurück, was in der Regel als Geschwister daherkommt. Eine andere, mit teilweise recht hoher Lautstärke verbundene Art der Abreaktion stellt das Musikhören dar. Hierbei wird dem unmittelbaren sozialen Umfeld kaum Beachtung beigemessen, was bei einigen der Befragten mit dem Adjektiv „laut" beschrieben wurde. Herrschte bei den Formen der Abreaktionsmethoden noch vorwiegend Übereinstimmung, stehen sich die Befragten in Bezug auf deren Wirksamkeit teilweise recht konträr gegenüber. Scheint es bei der einen Gruppe tatsächlich katharsisch zu wirken, bleiben andere wiederum mit ihrer aufgestauten Wut zurück; mitunter vielleicht auf noch höherem Frustrationsniveau, weil die gewählte Form der Abreaktion nicht fruchtete. Uneinigkeit ließ sich außerdem im Punkt eventueller Gewissensbisse verzeichnen. Gab einer der Befragten an, er hätte keinerlei schlechtes Gewissen, wenn er seine Schwester malträtierte, entschuldigte sich eine der weiblichen Befragten sogar bei ihrem Vogel für möglicherweise zugefügtes Leid. Interessant wäre im Kontext einer nicht praktikablen Katharsismethode zu erfahren, inwieweit eine sich daraus resultierende Frustration potenziert!? Lenkte die neu entstandene Frustration infolge versagender Abreaktionsmodelle die ursprüngliche Frustration ins Abseits und degradierte es sozusagen zur Ursache eines neuen, noch negativeren Erlebnisses...?

Dass jedes Individuum eine persönliche Einstellung zur Aggression und Gewalt in sich trägt, bedürfte unseres Erachtens nach keiner besonderen Untersuchung. Wie jedoch Individuen mit den verschiedenen Formen und Begegnungen auf der Aggressionsebene umgehen, trat im Großen und Ganzen recht plausibel hervor. Negativ bewerten wir trotz allem, was allerdings nicht nur vorstehende Erhebungsresultate betrifft, die rein hypothetische Fragestellung in Bezug auf fiktive Situationen. Es kann – und muss – stets davon ausgegangen werden, dass keine Person ohne reale Situation in der Lage ist, realitätskonform zu antworten. Jede noch so vehement beschriebene situationsabhängige Herangehensweise in eine fiktive Lage gibt das tatsächlich angewandte Verhalten wider.

Abschließend können wir allerdings ohne Bedenken konstatieren: Sämtlich befragte Jugendliche gaben sich – bis auf einige, wenige Ausnahmen – in hohem Maße Mühe gehabt zu haben, die Fragen durchgehend nachvollziehbar zu beantworten.

6. Konzepte schulischer Gewaltforschung
6.1 Ursachen der Gewaltforschung an Schulen

Einleitend zeigen wir einige Konzepte erziehungswissenschaftlicher und soziologischer schulischer Gewaltforschung auf. Das Thema „Gewalt an Schulen" zeigt momentan konjunkturell bedingte Tendenzen und hat seit Anfang der 90er Jahre schon aufgrund der rasant steigenden Anzahl an Presseartikeln an Brisanz zugenommen *(Tillmann, 1999)*. Infolge derartiger Presseartikel wird bei vielen Menschen der Eindruck erweckt, in deutschen Schulen herrschen mittlerweile amerikanische Verhältnisse, also eine Vorstufe von Gewaltanwendungen, die einen massiven Zuwachs verzeichnen und die Schulen immens befallen.

Die daraus resultierende Diskussion richtete ihren Blick auf Jugendliche als potentielle Gewalttäter. Ausgelebte Aggressionen, vor allem körperliche wie Zuschlagen, Bedrohen und Beschädigen werden gegen Dritte gerichtet. Somit stehen Schüler als potentielle Täter im Blickpunkt der Gewalt. Aber ebenso als potentielle Opfer. Somit beschränkt sich die Berichterstattung der Medien in Bezug auf Gewalt in der Schule auf Einseitigkeiten. Lehrergewalt oder von der Institution Schule ausgehende Gewalt werden lediglich behandelt – wenn überhaupt. *Tillmann* sieht von einer, wie es nennt, Medienschelte ab, denn ein gewisses Fünkchen Wahrheit lässt sich nicht von der Hand weisen. Dass schulische Gewalt betreffende Realitäten im gesellschaftlichen Kontext bedeutsame Dimensionen annehmen, steht außer Frage. Auf folgende zwei Komplexe wollen wir dennoch verweisen:

Einerseits besteht seit Anfang der 90er Jahre eine erhöhte Sensibilität der Bevölkerung bezüglich jugendlicher Gewaltanwendungen, vor allem seit dem Ansteigen ausländerfeindlicher und rechtsextremistischer Übergriffe, andererseits seien nach Lehreraussage die Schüler in den vergangenen Jahren zusehens schwieriger, gewalttätiger und zum Teil wesentlich aggressiver geworden. Lehrer sind ihrer daraus resultierenden Belastung kaum mehr gewachsen und fühlen sich hinsichtlich ihrer Erziehungsarbeit der Stagnation ausgesetzt. Unterrichtsadäquate Inhalte treten mehr und mehr in den Hintergrund. Lehrer erfahren persönliche Demotivierungen und die Zunahme diffuser Aggressionspotentiale zeigen den Pädagogen ihre psychischen sowie physischen Grenzen auf. Auf dieses Thema gehen wir im Verlauf der Arbeit noch detaillierter ein.

Obgleich – zu Recht – Kritik an den Medien, allen voran den Printmedien laut wurde, erweckte die Berichterstattung zumindest das Aufsehen der Schulbehörden, die ihrerseits Lehrerfortbilder rekrutierte und seit 1992 versucht, professionell zu intervenieren. Wie derartige Interventionsformen der Lehrerausbildung aussehen und ob sie letztendlich einen positiven Effekt nach sich ziehen, wollen wir hier nicht aufzeigen, da es sich als sehr komplex darstellt und mit dem Inhalt unserer Arbeit nur begrenzt im Zusammenhang steht.

6.2 Die Forschungslage

Bereits in den 70er und 80er Jahren führte man, wenn auch nur sporadisch, empirische Untersuchungen über Unterrichtsstörungen und Disziplinschwierigkeiten an deutschen Schulen durch. Sie erlangten aber niemals das Interesse, besonders diskutiert zu werden.

In den Jahren 1992/93, was nicht zuletzt den Medien zu verdanken ist, stellte man fest, dass es an aussagfähigen Daten der Gewalt an und in Schulen mangelte *(Tillmann 1999)*. Rufe nach notwendigen wissenschaftlichen Untersuchungen wurden laut, um deren Resultate mit denen vergangener Erhebungen zu vergleichen. Somit begann 1992 die wissenschaftliche Thematisierung des Gewaltproblems in der Schule. Bis heute beschäftigen sich in der BRD wenigstens 15 Arbeitsgruppen intensiv und ausschließlich mit dem Phänomen der Schülergewalt. Bis zum heutigen Tage liegen eine Vielzahl von Untersuchungsergebnissen vor, die sich jedoch in ihrer Mehrheit auf einzelne Regionen begrenzen. Drei Studien erheben jedoch Repräsentativansprüche, die sich wiederum aber auch nur auf das in die Erhebung involvierte Bundesland beschränkt. Valide Resultate repräsentativer Art können auf die gesamte deutsche Schülerpopulation nicht umgelegt werden.

Jetzt, da bereits einige Forschungsergebnisse vorliegen, nimmt das Medieninteresse an dieser Thematik zunehmend ab. Somit sinkt auch das Interesse der Rezipienten solcher Publikationen[16].

Primär dienen Gewaltforschungen unter Schülern natürlich nicht dem Medieninteresse, sondern der Wissenschaft, die ihrerseits nach angemessenen Möglichkeiten sucht, Gewalt und Aggressionen von vorn herein zu verhindern, oder aber auf ein Minimumm zu reduzieren. Hier steht demzufolge die pädagogische Bedeu-

---

[16] Wir verweisen in diesem Zusammenhang darauf, dass das uns vorliegende Buch zwar „erst" im Jahre 1999 erschien, aber, und nicht zuletzt aufgrund seines Umfanges, in den Jahren zuvor (1996) geschrieben wurde. Aus diesem Grunde teilen wir die Aussage, das Medieninteresse respektive das Interesse über Schülergewalt per se in der Bevölkerung sinke, nicht. Titelthematische und reißerische Schlagzeilen in der Presse versanken womöglich, doch nehmen sich mittlerweile viele, den Zeitungsmarkt gar überflutende pädagogische Zeitschriften der Gewaltthematik der Schulen an. Gerade die nicht auf exorbitant getrimmte Zurschaustellung des Themas lässt auf eine objektive Berichterstattung unter fundierten und adäquat recherchierten Quellen schließen. Zunehmend beteiligen sich auch namhafte Wissenschaftler als Autoren solcher Artikel. Somit unterliegt die Gewaltproblematik nicht mehr der Umsatz- und Auflagensteigerung der Zeitschrift zweifelhafter Redakteure, sondern dem „gesunden" Interesse einer Leserschaft, die eine objektive Berichterstattung erwartet und zu schätzen weiß. Zudem beinhalten die Texte nachvollziehbare und verständliche Interventionsmöglichkeiten für Schüler und Eltern, zuweilen gar für Lehrer. Der Forschung kann ein Abklingen des Medienrummels unseres Erachtens nur von Vorteil sein. Bedauerlich finden wir in diesem Kontext das Aufputschen von brutal in Erscheinung tretenden Einzelfällen, welche den Charakter einer gewaltmäßigen Generalisierung mit sich ziehen, weil die Medien wieder einmal das immense Gewaltpotential der deutschen Schülerschaft in den Focus ihrer Berichterstattung stellen müssen...

tung im Mittelpunkt. Um Gewalttätigkeiten zu unterbinden ist es daher von immenser Relevanz, einerseits die empirischen Erhebungen richtig einzuordnen und andererseits aus den Datenanalysen Kausalzusammenhänge der Entstehungsgeschichte aggressiven und gewalttätigen Handelns zu ziehen.

Vorliegende Studien versuchten zu ermitteln, welche Gewaltphänomene im schulischen Kontext besonders häufig in Erscheinung treten. Schüler wie Lehrer schätzen das quantitative und qualitative Aufkommen der Gewalt in Schulen in richtigen Dimensionen ein. Weiterhin kommen strafrechtlich verfolgbare Delikte recht selten vor, so dass sie lediglich einen schwindend geringen Prozentsatz der Schülergewalt ausmachen. Beschimpfungen und verbale Attacken hingegen sind im Schulalltag in großer Zahl an der Tagesordnung. Etwa 50% **beobachten** so etwas mehrmals wöchentlich oder sogar täglich [17].

Alle bekannten Studien weisen untereinander eine Besonderheit auf: Massive Geschlechtsunterschiede in Gewaltbeteiligung und in Gewaltbilligung. Körperliche Kraft durchzusetzen schreibt man eher der männlichen Rolle zu, was somit zu größeren Differenzen zwischen der männlichen und weiblichen Gewaltausübung führt, wobei sich bei Formen verbaler Attacken die Geschlechter mehr oder minder angleichen. Werden die Häufigkeiten auf einzelne Schulformen umgelegt, bildet die Sonderschule die Spitze der gewalttätigen Übergriffe, gefolgt von der Hauptschule. Gymnasien bilden das Schlusslicht aggressiver Übergriffe, Realschüler bewegen sich etwa in der Mitte zwischen Hauptschülern und Gymnasiasten. Ein weiterer Faktor erkennen wir im Bereich der Leistungen. So neigen schlechte Schüler eher zu Gewalthandlungen als gute Schüler; altersmäßig liegt die Gewaltspitze im Bereich von 13 bis 15 Jahren, wobei später ein Abfallen zu verzeichnen ist. Hält man an dieser Theorie fest, erkennt man zudem ein entwicklungspsychologisches Problem. Somit sind 13 bis 15-jährige Jungen mit Schulleistungsproblemen besonders prädestiniert, aggressiv und gewalttätig zu handeln. Des Weiteren bewegen sie sich überwiegend in Gruppen, die einen aggressiven Umgang untereinander und mit anderen pflegen. Gerade hierbei ist ein Abgleiten in die Delinquenz ein ausschlaggebender Faktor.

Eine bessere Datenlage nennt *Tillmann (1999)* die Erhebung eines kombinierten Längs- und Querschnittdesigns Bielefelder Forscher. Durch standardisierte Fragebögen erhoben sie in den Jahren 1986 bis 1996 in 7. und 9. Klassen Selbstangaben bezüglich der Häufigkeiten von Sachbeschädigungen, Körperverletzungen,

---

[17] Obwohl wir in Kapitel 2 (Methodenkritik empirischer und analytischer Gewaltforschung) auf Methodenfehler noch genauer eingehen werden, sei bereits an dieser Stelle der Begriff *beobachten* negativ bewertet. Setzen wir den Wert 50% in eine absolute Häufigkeit von z. B. n=100 um, so wäre es theoretisch wie praktisch möglich, dass diese 100 Personen alle dieselbe Situation beobachtet haben. So gesehen fächert sich *eine* gesehene Tat in eine Vielzahl angeblich gesehener Taten auf, sie potenziert sich sozusagen, was unter Umständen zu Überdramatisierungen Anlass geben kann. Paradoxer Weise kritisiert *Tillmann* das Vorgehen der Presse infolge übertriebener Darstellungen, lässt sich jedoch selbst zu derartigen Auslegungen hinreißen.

Diebstahl, Einbrüchen etc. Es wurde *nicht* nach Gewalt *in der Schule*, sondern nach Gewalthandlungen von Jugendlichen gefragt, wobei ein deutliches Anwachsen delinquenter Handlungen in allen Bereichen festzustellen war.

Holtappels hingegen fehlt für derartige Gewaltstudien eine theoretische Fundierung. Zum einen nahmen Dramatisierungen der öffentlichen Debatten erheblich ab und er erkennt die wohltuende Beeinflussung der Forschungsgruppen, zum anderen klaffen erhebliche Lücken zwischen der Ursachenforschung und dem Erkenntnisstand. Kurz: Viele Daten – wenig Erklärungsansätze! *(Holtappels 1999)*

7. Methodenkritik empirischer und analytischer Gewaltforschung

Im folgenden Kapitel zeigen wir einerseits methodenkritische Aspekte auf, die sich als durchaus nachvollziehbar erweisen, andererseits versuchen wir unsere Erhebungen im gleichen Atemzug in der Weise zu evaluieren, dass infolge dessen die Validität derselben eine positive Resonanz erfährt.

Methodenkritisch betrachtet *Krumm (1999)* die von 1990 bis 1996 durchgeführten Studien und bezieht sich hierin auf 39 „Gewalt-in-der-Schule-Texte". Primär geht er auf Studien ein, welche Gewalt in der Schule implizieren, Studien über Jugendgewalt an sich bleiben außen vor. Die Masse der Forscher deklarieren ihre Forschungen und deren Ergebnisse als Gewalt in der Schule, obgleich sie lediglich Gewalttaten erheben, die von Schülern ausgehen, unabhängig vom Ort des Geschehens. Außerdem werden Täter und Opfer zuhauf von Schülern gestellt. Von anderen Schulangehörigen als Tätern und Opfern ist recht selten die Rede. Bemängelt wird zudem, dass einige Studien auf Ursachen und Interventionsmöglichkeiten eingehen, andere hingegen lassen beides außen vor. Gerade für Nutznießer der Erhebungen, beispielsweise Lehrer, ist kein Zusammenhang zwischen den Kausalzusammenhängen erkennbar. Gerade Interventionsmaßnahmen *müssen* in den Focus gestellt werden.

Ein weiteres Manko liegt bereits in divergenten Auslegungen des Aggressions- und Gewaltbegriffs. Einige Forscher definieren Gewalt und Aggression als ein und dasselbe und subsumieren sie unter dem Terminus Aggressivität bzw. verwenden sie auf Gegenseitigkeit synonym[18]. Worin alle Forscher wahrscheinlich meinungsmäßig übereinstimmen, ist die Tatsache, dass sich hinter aggressivem und gewalttätigem Verhalten eine Schädigungsabsicht Dritter verbirgt. „Durchsetzung einer Absicht gegen andere durch irgendeine Form der Machtausübung. [...] Gewalttätiges Vorgehen bildet den Gegenpol zu argumentativem Aushandeln, in dem Beteiligte ihre Vorlieben, Ansprüche und Prinzipien vertreten können. Der Gewalttätige entzieht sich dem gemeinsam getragenen Einigungsprozess, allerdings keineswegs immer in egoistischem, sondern gelegentlich durchaus in einem kollektiven oder sozialen Interesse. [...] Gewalt hat hier große Verwandtschaft zu Rücksichtslosigkeit. Die Absicht zielt hier aber nicht auf Schädigung, sondern auf Durchsetzung irgendeines Zieles. So bleiben Schädigung und Normverletzung als zentrale Kriterien." *(Krumm 1999)*

Etliche Autoren fassen allesamt das, was sie zu untersuchen gedenken, unter dem Begriff Gewalt zusammen. Selbst profanste Streiche wie Lächerlichmachen, Lästern und Beschimpfen werden zusammen mit Körperverletzung und Erpressung

---

[18] Wir verzichten auf das Einfügen landläufiger Aggressions- und Gewaltdefinitionen im Hinblick auf die daraus noch verwirrender Textzusammenhänge. Wir übernehmen – zumindest in diesem Kontext – die von *Krumm* aufgezeigten Definitionen.

unter dem Gewaltbegriff subsumiert. Harmlose Termini wie deviantes oder oppositionelles Verhalten, normabweichende oder unerwünschte Verhaltensweisen scheinen von den Autoren nicht in Betracht gezogen zu werden, weil der Gewaltbegriff bei Lesern besser anzukommen scheint.

Methodische Schwächen entstehen zuweilen aufgrund einseitiger Erhebungsverfahren. So kann die Gewaltkontaminierung unter den Schülern entweder erfragt oder aber beobachtet werden. Befragungen sind weitgehend standardisiert. An der Befragungstechnik ist prinzipiell nichts auszusetzen, wenn die aufgezeigten Items qualitativen Vorstudien zugrunde liegen.

Aus dem eben genannten Grund griffen *wir* einen Fragebogen auf, der bereits 1972 und 1995 erfolgreich als Erhebungsinstrument eingesetzt wurde. Demnach können wir in den nachfolgenden Auswertungsbänden von einer erheblichen Validität ausgehen, wollen aber anmerken: Verstehen die von uns befragten Probanden unter dem Begriff Gewalt dasselbe, was wir als Erhebende unter diesem verstehen? Wir stehen insofern in unserer Befragung nicht vor einem *so* großen Problem, da der Begriff Gewalt in dem von uns herangezogenen Erhebungsbogen nur einmal vorkommt. Trotzdem, oder gerade deshalb, sind wir nunmehr dazu gezwungen, objektiv mit dem Gewaltbegriff zu operieren, besonders was unsere nachfolgende Auswertung betrifft. Selbstverständlich definieren wir vor der eigentlichen Auswertung das, was wir unter den Termini verstanden wissen wollen, um überhaupt objektiv unsere Resultate präsentieren zu können.

Krumm bemängelt in seiner Abhandlung die Vielzahl verschiedenster Gewalterhebungen. Zumal den meisten Autoren, die sich mit Gewaltuntersuchungen befassen, bereits erprobte und bewährte Items bekannt sind, werden die wenigsten wörtlich übernommen, was einen direkten Vergleich von unabhängig durchgeführten Erhebungen nicht zulässt. Gerade auf diesem Sektor wäre es von enormem Vorteil, zwecks Falsi- bzw. Verifizierung unmittelbare Vergleiche anzustellen. Wie wir an späterer Stelle explizit aufzeigen, stellen wir unsere Hauptschulerhebung einer bereits 1972 und 1995 durchgeführten Befragung an Nürnberger Hauptschulen gegenüber. In diesem Fall besteht die Möglichkeit eines direkten, aussagfähigen Vergleiches.

Auskunftspersonen stellen ihrerseits einen weiteren Risikofaktor in Bezug auf die Validität einzelner Erhebungen dar. In einigen Untersuchungen befragten Forscher vom Hausmeister über Sekretärinnen bis hin zu den Direktoren jede erdenklich potentielle Auskunftsperson. Solche Auskunftspersonen vermögen in keinerlei Hinsicht objektive Angaben zu unterbreiten. Selbst Häufigkeiten sind sie kaum in der Lage abzuschätzen. Direktoren scheinen sich als besonders ungeeignet zu erweisen, da sie ausschließlich die Spitze des „Gewaltberges" erkennen können. Kleindelikte, Streitereien, verbale Übergriffe und kleine instrumentelle Aggressionen bleiben meist vor den Türen der Direktoren. Selbst Lehrer, die näher an der Basis der Kindergewalt stationiert sind, vermögen nur in seltenen Fällen einen Überblick über Jugendaggressionen zu erhalten. Adäquate Auskunftspersonen sind und bleiben ausschließlich Betroffene: *Täter oder Opfer*. Krumm postuliert, dass wenn die Anonymität der Auskunft gebenden Personen gewahrt bleibt, Täter und Opfer den Kreis darstellen, der den höchstmöglichen Grad an Glaubhaftigkeit abgibt.

8. Einleitung zur Erhebung

Neigen Hauptschüler eher zur Delinquenz als Gymnasiasten? [19]
Entstanden ist die Fragestellung aufgrund der Ergebnisdarlegung von Lösel, Bliesener und Averbeck[20], die eine Befragung an Nürnberger Hauptschulen durchführten (1973 und 1995), und zwar zur Thematik der Delinquenz *(Schäfer, Frey 1999)*. *Tillmann (1999)* postuliert, Realschulen bewegen sich zwischen den beiden „Gewaltpolen" Hauptschule und Gymnasium.

Somit versuchen wir folgende zwei Hypothesen zu falsi- bzw. verifizieren:

> ➔ *Hauptschüler neigen eher zu delinquenten Verhaltensweisen als Gymnasiasten!*
> ➔ *Realschüler repräsentieren in ihrem Delinquenzaufkommen das Mittelmaß zwischen Hauptschülern und Gymnasiasten!*

Vordergründig beschäftigen wir uns ausschließlich mit der Frage des quantitativen Unterschiedes delinquenten Verhaltens der Schüler. Was wir nicht in der Lage sind zu beurteilen, soweit es unsere eigene Erhebung anbelangt, ist die Frage, ob das delinquente Verhalten unter Schülern im Laufe der Zeit zugenommen hat. Zwar gehen wir explizit auf solch eine Untersuchung ein, stellen diese jedoch lediglich kurz dar, ohne unser Datenmaterial damit in Verbindung zu bringen bzw. in einen Vergleich zu integrieren.

> *Hinweis:*
> *Alle in der vorliegenden Auswertung gezogenen Vergleiche sind Schülergegenüberstellungen, die ausschließlich auf regionalen Erhebungen genannter Schülergruppen fußen.*

---

[19] *Definition des Delinquenz-Begriffs:* Wir subsumieren unter dem Delinquenzbegriff aggressive sowie gewalttätige Verhaltensweisen, die *mutwillig* entweder gegen Personen oder gegen Sachgegenstände eingesetzt werden, aber auch das Stehlen (Dissozialität). Regelkonform übersetzt impliziert der Terminus Delinquenz den Tatbestand der Straffälligkeit.
[20] Im Nachfolgenden Lösel u.a. genannt.

9. Theoretischer und empirischer Hintergrund

Nie war die Kriminalitätsrate in den Schulen respektive der Jugendlichen so hoch wie heute! Diese oder ähnliche Ausrufe bezüglich der Jugenddelinquenz haben zur Zeit Hochkonjunktur. Versuchen wir der Frage nachzugehen, ob solche Behauptungen stimmen, stoßen wir auf verschiedenste Statistiken[21]. Und beinahe jede Datenerhebung liefert mehr oder minder stark abweichende Resultate im direkten Vergleich zu(r) anderen. Begründung finden die zum Teil erheblichen Unterschiede darin, dass die Datenerhebungsräume quer durch das Land verstreut liegen, wobei jeder Einzelerhebung das Erhebungsinstrument Fragbogen zum Einsatz kommt, aber mit unterschiedlichsten Frageformulierungen. Des Weiteren weisen Statistiken in den meisten Fällen nur auf, in welchem Umfang die Schüler vereinzelter Städte bzw. Stadtteile zu delinquenten Handlungen neigen, so dass ein Generalisieren der Ergebnisse auf andere Bezirke als kaum opportun anzusehen ist. Zuweilen werden bewusst Schulen in extrem sozial schwierigen Ballungszentren ausgewählt, um nach außen hin eine hohe delinquente Kontaminierung zu erlangen, was wiederum ein negatives Bild heutiger Schüler an den Tag legt: Sie werden als delinquenter hingestellt als sie in der Regel sind. Langzeitstudien mit aussagefähigen Ergebnissen für bestimmte Regionen sind eher die Ausnahme.

Natürlich suchen alle Wissenschaftler, die sich mit der Gewaltforschung unter Jugendlichen bzw. an Schulen beschäftigen, nach adäquaten Begründungstheorien. Ziehen wir verschiedene Statistiken und deren Auswertungen heran, gleichen sich solche Theorien im Normalfall: sozial schwache Regionen, hohe Arbeitslosigkeitswerte, keine oder geringe Aussichten auf eine lebenswerte Zukunft. Wir sehen hierin eine gefährliche Pauschalisierung delinquenter Verhaltensweisen! Inwieweit überhaupt die Genese der Aggression und Gewalt generalisiert werden kann, ist unseres Erachtens nur schwerlich nachvollziehbar, da bei jedem Individuum zu den milieuspezifischen Aspekten noch die psychische Konstitution hinzukommt. Dementsprechend entsteht jeder Fall aggressiven, gewalttätigen bzw. delinquenten Verhaltens infolge eines monokausalen Zusammenhangs; sprich, es muss im autobiographischen Kontext gesehen werden. *Das soziale Umfeld stellt meist lediglich den Auslöser dar...!*

---

[21] Verweisen wollen wir in diesem Zusammenhang besonders auf die Auswertung einer statistischen Erhebung im Raum Nürnberg aus dem Jahre 1994: Vergl: *Funk, Walter (Hrsg.) 1995; Nürnberger Schüler-Studie 1994: Gewalt an Schulen; Theorie und Forschung Bd. 373; Soziologie Bd. 23; S. Roderer Verlag Regensburg*

10. Methode der Datenerhebungen
10.1 Erhebungsinstrument

Zur Durchführung unserer Erhebungen nutzten wir den bereits von *Lösel u.a.* eingesetzten Fragenkatalog. Grundlage der Fragenkonstruktion ist die DBS (Delinquenzbelastungsskala[22]), untergliedert in die drei folgenden Kategorien:

- *Rückzugsdelinquenz (5 Items)*
- *Eigentumsdelinquenz (13 Items)*
- *Aggressionsdelinquenz (10 Items)*

Der Fragebogen beinhaltet 28 Items, die ein breites Spektrum von delinquenten und aggressiven Verhaltensweisen umfassen. Jedes Item beschreibt in sich abgeschlossen eine konkrete Tat. Zuerst soll der Proband Auskunft darüber geben, ob er die aufgeführte Tat schon einmal begangen hat (Ja oder Nein), und wenn ja, die etwaigen Häufigkeiten. Bei der Häufigkeitsangabe stehen vier Kategorien zur Auswahl:

- *1mal*
- *2 bis 5mal*
- *6 bis 10mal*
- *> 10mal*

Laut *Lösel u.a.* bezweckt die eben aufgeführte sequenzielle Fragestrategie, dass Antwortfehler vermieden und Ankereffekte ausgeschlossen werden.

Die Fragen zielen nicht speziell auf aggressives bzw. delinquentes Verhalten im schulischen Kontext ab. Andererseits spielt sich das soziale Leben der Jugendlichen in hohem Maße in der Schule ab. Dementsprechend wird natürlich nicht das dissoziale Verhalten „an der Garderobe abgelegt", sondern in die Schulen hineingetragen. Hierbei muss dem Aggressionsverhalten besondere Aufmerksamkeit gewidmet werden. *Lösel u.a.* postulieren in diesem Zusammenhang, dass aggressive Handlungen an Mitschülern und antisoziale Verhaltensweisen im außerschulischen Kontext stark zusammenhängen.

Nachfolgend aufgeführt stehen die Items des verwendeten Fragebogens:

1. *Bist du schon einmal mit der Straßenbahn oder im Bus gefahren, ohne zu bezahlen?*

2. *Hast du schon einmal versucht, aus einem Automaten etwas herauszuholen, ohne das richtige Geld einzuwerfen (z.B. Knöpfe, falsche Münzen)?*

---

[22] Unter dem „Dach" der Delinquenzbelastungsskala subsumierte man die drei nachstehenden Delinquenzarten, die sich wiederum aus Einzeldelikten zusammensetzen.

3. Hast du schon einmal versucht, bei einem Verkäufer zu viel Wechselgeld zu erschwindeln?
4. Hast du schon einmal versucht, in einem Gasthaus fortzugehen, ohne deine Zeche zu bezahlen?
5. Hast du schon einmal etwas Gestohlenes angenommen oder weiterverkauft?
6. Warst du schon einmal richtig betrunken?
7. Hast du schon einmal den ganzen Tag die Schule geschwänzt?
8. Hast du schon mal die Schule mehrere Tage lang geschwänzt?
9. Warst du schon mal eine Nacht von zu Hause fort, ohne dass deine Eltern wussten, wo du bist?
10. Hast du schon einmal in einem Kaufhaus oder Geschäft etwas gestohlen?
11. Hast du schon einmal etwas von einem Kiosk oder Verkaufsstand gestohlen?
12. Hast du schon einmal etwas von einer Baustelle gestohlen?
13. Hast du schon einmal einem Schulkameraden etwas gestohlen?
14. Hast du schon einmal in einer Gaststätte etwas gestohlen?
15. Hast du schon einmal ein Fahrrad gestohlen oder unerlaubt benutzt?
16. Hast du schon einmal ein Kraftfahrzeug (Auto, Motorrad, Moped) gestohlen oder unerlaubt benutzt?
17. Hast du schon einmal einem Menschen Gewalt angedroht, falls er dir nicht etwas von sich abgibt?
18. Hast du schon einmal einen Menschen bei einer Schlägerei verletzt?
19. Hast du schon einmal einen anderen Menschen mit einem Messer, einer Pistole oder einer anderen Waffe bedroht?
20. Bist Du schon einmal in eine Hütte oder ein anderes Gebäude eingebrochen, ohne dass du eine Erlaubnis dafür hattest?
21. Hast du schon mal absichtlich Fenster, Straßenlaternen oder ähnliche Dinge zerstört?
22. Hast du schon mal auf einem fremden Grundstück einen Zaun, eine Sperre oder etwas Ähnliches beschädigt?
23. Hast du durch Zündeln schon einmal einen Brand verursacht?
24. Hast du schon einmal Rauschgift genommen?

25. *Bist du schon mal mit einem Kraftfahrzeug (Auto, Motorrad, Moped) gefahren, ohne dass du den notwendigen Führerschein hattest?*
26. *Benutzt du eine Waffe, die für Jungen und Mädchen in deinem Alter nicht erlaubt ist?*
27. *Hast du schon mal auf der Straße jemanden so belästigt, dass er die Polizei holen wollte?*
28. *Musstest du schon einmal zur Polizei oder zum Jugendamt, weil du etwas Unerlaubtes getan hast?*

10.2 Kritische Betrachtung des Erhebungsinstrumentes

Da die Erhebungen in Form von Fragebögen durchgeführt wurden, lässt die Vielschichtigkeit der Delinquenzkausalitäten ein enormes Forum an Spekulationen zu: Wir erfahren zwar wie oft jeder einzelne Schüler ein bestimmtes Delikt beging, aber das ausschlaggebende Moment von der Norm abweichenden Verhaltens bleibt uns verborgen. Hierzu wären persönliche Gespräche mit den Probanden oder explorative Erhebungen vonnöten gewesen. Ein großes Manko sehen wir weiterhin in der Frageninterpretation der an der Erhebung teilnehmenden Schüler: Verstanden sie die Fragen ebenso wie wir? Aufgrund einzelner – nicht ganz eindeutig definierbarer – Frageformulierungen könnte es zu Missverständnissen beim Auslegen gekommen sein[23]. Weiterhin kommt erschwerend hinzu, ob die Schüler zwischen Vorsatz und Versehen unterschieden haben, so dass unter Umständen Taten zugegeben werden, die im eigentlichen Sinn eher aus Versehen passierten. Jedes einzelne Item zu interpretieren, wollen wir an dieser Stelle vermeiden, gehen aber zu gegebener Zeit im Kapitel der Ergebnisdarlegung explizit auf mögliche Kausalitäten ein.

10.3 Datenerhebung von Lösel, Bliesener und Averbeck

Bereits im Jahre 1973 befragte *Lösel* im Rahmen einer Studie bezüglich der Selbstkontrolle und antisozialer Tendenzen 161 männliche Hauptschüler der 8. Klasse. Die an der Befragung seinerzeit teilnehmenden Schüler kamen aus zwei innerstädtischen Schulen im Bereich Nürnberg, wobei der Großteil der Schüler aus Unterschichtfamilien bestand, mit dem Hintergrund, eine möglichst hohe Deliktrate im Dunkelfeld zu erhalten. Der Altersdurchschnitt der Schüler lag bei 14.30 Jahren. Dass es sich lediglich um Jungen in dieser ersten Befragung han-

---

[23] Auf die Fragestellungen hatten wir keinen Einfluss, da wir den Fragebogen zweier bereits durchgeführten Erhebung verwendeten. Deshalb gingen wir von dessen Bewährtheit aus; Unstimmigkeiten sind jedoch nicht auszuschließen.

delte, lag an den damals vorliegenden geburtsstärkeren Jahrgängen. Von den befragten Klassen waren zwei reine Jungenklassen. Im Jahre 1995 befragten *Lösel, Bliesener und Averbeck* die Klassen des 8. Jahrgangs der Nürnberger Hauptschulen erneut, und zwar im Rahmen einer Gesamterhebung an 1163 Jugendlichen (Jungen und Mädchen) aus 52 Klassen in Nürnberg-Erlangen der Klassen 7 und 8. Bei dieser zweiten Erhebung handelte es sich um eine Reihenerhebung bezüglich des Vorherrschens und von Bedingungskonstellationen aggressiven Verhaltens der Jugendlichen untereinander. Der Altersdurchschnitt lag bei 14.62 Jahren.

10.4 Selbst durchgeführte Datenerhebung

Im Jahr 1999 befragten wir im Rahmen einer Stichprobenerhebung 993 Schüler der Hauptschule, der Realschule und des Gymnasiums im Großeinzugsgebiet Göttingen zur Thematik der Delinquenz. Die Schülerpopulation setzte sich folgendermaßen zusammen:

Schulart	N (Gesamt)	$n_{weibl.}$	$n_{männl}$	$\%_{weibl}$	$\%_{männl}$	% (Gesamt)	Alter in Jahren $\varnothing$weibl	Alter in Jahren $\varnothing$männl	Alter in Jahren $\varnothing$gesamt
Hautschüler	*315*	*153*	*162*	*48,6*	*51,4*	*31,7*	*14,48*	*14,95*	**14,72**
Realschüler	*436*	*214*	*222*	*49,1*	*50,9*	*43,9*	*14,62*	*14,44*	**14,53**
Gymnasiasten	*242*	*127*	*115*	*47,5*	*52,5*	*24,4*	*14,73*	*14,93*	**14,83**
Σ	*993*	*494*	*499*	*49,25*	*50,75*	*100*	*14,61*	*14,77*	**14,69**

Im Gegensatz zu *Lösel u.a.* hatten wir keinen Einfluss bezüglich der familiärsozialen Stände teilnehmender Schüler. Auch wählten wir die Schulen nicht nach kategorialen Gesichtspunkten wie sozialschwacher Gebietsstruktur aus. Befragt wurden Schülerinnen und Schüler der Klassen 7 bis 10 im Altersbereich von 13 bis 16 Jahren. Zur Verfügung standen uns diesbezüglich zwei Gymnasien, drei Realschulen sowie drei Hauptschulen. Alle Schulen befinden sich im Großeinzugsgebiet Göttingen, teils im Kernstadtbereich, teils im weiteren Umland.

Den Schülerinnen und Schülern, die an den Erhebungen teilnahmen, wurde Anonymität zugesichert, so dass wir davon ausgehen können, alle gegebenen Antworten sind in hohem Umfang der Wahrheit entsprechend. Zu dieser Thematik schreibt *Krumm 1999:* „Wenn es um Gewaltarten und ihre Verbreitung geht, dann kommen als Auskunftspersonen m. E. nur die „Täter" und „Opfer" in Betracht. Es liegen aus der Dunkelfeldforschung Belege für eine hinreichende Gültigkeit von „Selbstberichten" vor, wenn sie unter sorgfältiger Wahrung der Anonymität erhoben wurden."

11. Ergebnisse
11.1 Ergebnisse der Datenerhebung von Lösel u. a. [24]

Nachfolgend berichten wir kurz über die von **Lösel u.a.** erhobenen Daten und die daraus gewonnenen Resultate im Vergleich 1973 und 1995:

Häufigkeiten in % Item	ja		1mal		2-5mal		6-10mal		> 10mal	
	'73	'95	'73	'95	'73	'95	'73	'95	'73	'95
Fahren ohne Fahrkarte	73	85	17	7	32	38	9	12	12	25
Automatenbetrug	60	55	12	11	38	22	5	13	3	6
Wechselgeld-Schwindel	17	23	6	6	9	9	2	2	0	3
Zechprellerei	12	14	6	2	6	11	0	0	0	0
Hehlerei	16	55	12	11	12	27	2	8	1	8
Trunkenheit	67	57	14	16	39	28	8	8	4	5
Schulschwänzen 1 Tag	40	49	14	11	17	24	6	6	1	5
Schulschwänzen > 1Tag	14	23	5	2	5	16	2	0	2	2
Streunen	16	29	7	12	7	15	1	2	1	0
Kaufhausdiebstahl	55	53	16	16	23	13	5	8	4	12
Kioskdiebstahl	14	23	4	2	9	8	2	8	0	3
Baustellendiebstahl	45	38	18	13	15	17	5	6	3	0
Kameradendiebstahl	15	14	9	6	6	8	1	0	0	0
Gaststättendiebstahl	16	11	6	5	7	3	2	2	0	0
Fahrraddiebstahl	29	32	11	6	14	15	2	8	1	3
Kfz-Diebstahl	9	20	3	6	3	9	2	2	1	3
Raub/Erpressung	22	15	8	6	7	6	4	0	1	2
Körperverletzung	50	59	20	19	20	30	2	6	6	2
Bedrohung mit Waffe	5	11	2	3	2	6	0	0	0	0
Einbruch (o. Diebstahl)	28	32	14	6	9	14	3	6	1	5
Sachbeschädigung 1	27	42	12	11	12	23	1	5	0	2
Sachbeschädigung 2	40	38	11	9	21	17	5	5	2	5
Brandstiftung	14	14	9	9	2	2	1	0	1	0
Rauschgiftkonsum	10	15	3	0	4	6	2	5	2	3
Fahren o. Führerschein	50	58	8	22	25	17	9	11	7	6
Unerl. Waffenbesitz	24	32	7	10	8	10	1	5	8	2
Belästigung	32	42	8	5	21	23	2	2	1	7

---

[24] Vergl.: Lösel, Friedrich / Bliesener, Thomas und Averbeck, Mechthild, Seite 70ff. In: Schäfer, Mechthild und Frey, Dieter (Hrsg.); 1999; Aggression und Gewalt unter Kindern und Jugendlichen; Hogrefe Verlag für Psychologie, Göttingen, Bern Toronto, Seattle

Laut *Lösel u.a.* ist ein Großteil an Jugendlichen eher bereit, Bagatelldelikte wie Schwarzfahren zuzugeben. Ladendiebstahl und Körperverletzung geben noch etwa die Hälfte der Befragten zu, bei Raubdelikten oder Waffenbedrohungen jedoch bekennt sich nur noch eine Minderheit[25]. Bei einzelnen Items zeigt sich eine Zunahme. Bei 18 der im Fragebogen aufgeführten Items erkennt man eine Steigerung der Prävalenzen im Jahre 1995, bei 8 Items liegen die Werte von 1973 vorn, ein Item zeigt keinerlei Veränderung im Erhebungszwischenraum [26].

11.2 Eigene Hauptschulerhebung versus Lösels u.a.

Aufgrund dessen, dass *Lösel u.a.* in ihrer Abhandlung lediglich die Ergebnisse von **66 männlichen Schülern Hauptschülern** aufzeigen, stellen wir nachfolgend auch nur die *162 von uns befragten männlichen Hauptschüler* entgegen. Hierbei tritt ein Phänomen ans Tageslicht: Bei 22 Items geht die quantitative Delinquenzbelastung in hohem Maße zu Lasten der von uns befragten Hauptschüler, obgleich *Lösel u.a.* bewusst Schulen mit hoher Delinquenzbelastung auswählten. Woher der eklatante Unterschied stammen könnte, versuchen wir später zu definieren. Leider liegen uns außer der vorstehend aufgezeigten und einer später noch eingefügten Tabelle sowie einer graphischen Darstellung keine Vergleichsmöglichkeiten zur Verfügung!

---

[25] Unseres Erachtens vergleichen *Lösel u.a.* in diesem Kontext Äpfel mit Birnen. Das Bagatelldelikt Schwarzfahren mit einem Raubdelikt in einen Topf zu werfen, ist mehr als an den Haaren herbei gezogen. Besonders der Begriff „zugeben" stört uns hierbei. Wir gehen infolge unserer eigenen Erhebungen davon aus, dass die begangenen Delikte zugegeben werden. Begründung hierfür finden wir darin, den Jugendlichen Anonymität garantiert zu haben. Kann denn allen Ernstes erwartet werden, dass Jugendliche ebenso häufig räuberische Erpressung (kriminelle Handlungen) an den Tag legen wie Schwarzfahren?
[26] Da sich die Einzelwerte aus der abgedruckten Tabelle entnehmen lassen, verzichten wir auf eine detaillierte Aufzählung! Des Weiteren besteht unser Anliegen nicht darin, in allen Einzelheiten die Erhebungen von Lösel u.a. vorzustellen oder gar zu interpretieren, weshalb wir in diesem Zusammenhang das Kapitel hier beenden müssen.

Nachfolgend zeigen wir eine vergleichende Prozentübersicht beider Erhebungen auf:

Tabelle: *Männliche (!) Nürnberger versus Göttinger Hauptschüler*
N: *14,62 Jahre (SD = .78)* **Gö:** *14,95 Jahre (SD = 1.12)*

Göttingen 1999 Nürnberg 1995 / Item — Ang. in %	ja gesamt		1mal		2-5mal		6-10mal		> 10mal	
	Gö	N	Gö	N	Gö	N	Gö	N	Gö	N
Fahren ohne Fahrkarte	64	85	13	7	24	38	9	12	17	25
Automatenbetrug	62	55	11	11	33	22	5	13	12	6
Wechselgeld-Schwindel	30	23	14	6	11	9	3	2	2	3
Zechprellerei	22	14	15	2	7	11	0	0	0	0
Hehlerei	52	55	19	11	16	27	6	8	12	8
Trunkenheit	82	57	6	16	24	28	9	8	44	5
Schulschwänzen 1 Tag	44	49	12	11	14	24	4	6	14	5
Schulschwänzen > 1Tag	30	23	13	2	9	16	3	0	5	2
Streunen	36	29	17	12	17	15	1	2	1	0
Kaufhausdiebstahl	67	53	34	16	19	13	5	8	9	12
Kioskdiebstahl	34	23	16	2	8	8	4	8	6	3
Baustellendiebstahl	41	38	26	13	14	17	1	6	0	0
Kameradendiebstahl	19	14	12	6	6	8	0	0	0	0
Gaststättendiebstahl	29	11	17	5	9	3	3	2	1	0
Fahrraddiebstahl	39	32	19	6	9	15	8	8	3	3
Kfz-Diebstahl	29	20	16	6	9	9	3	2	1	3
Raub/Erpressung	36	15	12	6	19	6	1	0	4	2
Körperverletzung	63	59	27	19	25	30	7	6	4	2
Bedrohung mit Waffe	22	11	12	3	6	6	3	0	1	0
Einbruch (o. Diebstahl)	42	32	23	6	12	14	1	6	6	5
Sachbeschädigung 1	69	42	23	11	24	23	10	5	12	2
Sachbeschädigung 2	51	38	27	9	13	17	4	5	7	5
Brandstiftung	24	14	16	9	8	2	0	0	0	0
Rauschgiftkonsum	25	15	11	0	6	6	0	5	9	3
Fahren o. Führerschein	77	58	17	22	18	17	14	11	28	6
Unerl. Waffenbesitz	41	32	15	10	7	10	4	5	15	2
Belästigung	15	42	6	5	5	23	1	2	3	7
Jugendamt / Polizei	23	kA	15	kA	4	kA	4	kA	0	kA

Laut Gegenüberstellung liegt beispielsweise der Rauschgiftkonsum der Göttinger Hauptschüler mit angegebenen 25% um 10% höher als der Rauschgiftkonsum der Nürnberger Vergleichsgruppe (15%), wobei 9% der Göttinger Hauptschüler den Rauschgiftkonsum mit öfter als 10mal angeben. Betrachten wir den Alkoholkonsum beider Schülergruppen, liegen hier ebenso die Göttinger Hauptschüler mit 82% um 25% höher als die Nürnberger Vergleichsgruppe (57%). Wie aus der Tabelle ersichtlich, liegen bis auf wenige Ausnahmen auch die übrigen Prozentwerte der Göttinger Hauptschüler höher als die der Nürnberger. Ziehen wir nunmehr die sieben Items der Diebstahldelikte heran, so klaffen zwischen beiden Gruppen prozentuale Lücken im Schnitt von 11,2% zu Lasten der Göttinger Schüler. 67% der befragten Göttinger Schüler gaben zu, bereits mindestens einmal in einem Kaufhaus gestohlen zu haben, bei der Nürnberger Erhebung lediglich 53%. Ließe sich das vermehrte Diebstahlaufkommen der Göttinger Hauptschüler – in Verbindung mit dem Rauschgift- und Alkoholkonsum – mit dem Terminus Beschaffungskriminalität umschreiben? Könnte somit womöglich ebenso das höhere Aufkommen von Raub und Erpressung begründet werden, welches Göttinger Schüler mit 36% bejahten, die Nürnberger jedoch nur mit 15%!?

Weshalb die Nürnberger Schüler beim Fahren ohne Fahrkarte um 21% höher liegen, findet darin seine Begründung, dass die von uns befragten Schüler nur zum Teil aus dem Kernstadtbereich Göttingen kommen; der andere Teil der Befragten besucht Schulen im weiten peripheren Einzugsgebiet der Stadt. Somit haben sie weniger Möglichkeiten, öffentliche Nahverkehrsmittel wie Stadtbusse zu nutzen. Sich in Linienbussen ohne Fahrschein befördern zu lassen, sehen wir als durchaus schwieriger an.

Wie an der über der Tabelle aufgezeigten Altersverteilung zu erkennen ist, liegt der Altersdurchschnitt der Göttinger Schüler etwas höher als der Altersdurchschnitt der Nürnberger und weist zusätzlich eine größere Streuung auf. Somit könnten wir unsere erhobenen Daten in der Richtung zu relativieren versuchen, dass wir mehr ältere Schüler in unsere Erhebung einbanden als *Lösel u.a.*; der Anteil der 16-jährigen Göttinger Hauptschüler lag mit 45,7% recht hoch (13- und 14-jährige zusammen nur 35,8%). *Lösel u.a.* befragten lediglich Schüler der achten Jahrgangsstufe!

Abbildung: Durchschnittliche Gesamthäufigkeiten delinquenten Verhaltens: Hauptschüler Nürnberg versus Göttingen

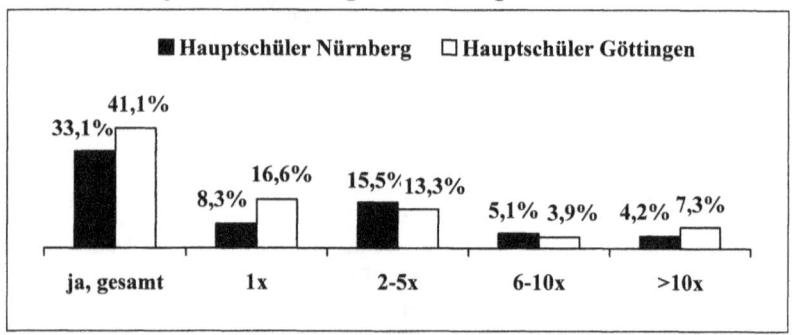

Wie die graphische Darstellung anschaulich darlegt, liegt das Delinquenzvolumen der Göttinger Hauptschüler um etwa 8% höher als das der Nürnberger. Eine Abfederung erfährt die Häufigkeit der Göttinger Vergleichsgruppe jedoch dahingehend, dass der Modalwert[27] bei dem einmaligen Deliktaufkommen bereits erreicht wird. Zwar kam somit das jeweils betroffene Delikt vor, und *könnte (!)* womöglich als „einmal und nicht wieder" angesehen werden, sozusagen als ernüchternden Versuch. Interessant erscheint uns in diesem Kontext zu erfahren, was ausschlaggebend war, nach dem einmalig begangenen Delikt nicht einen zweiten Versuch zu starten[28].

Tabelle: Skalenmittelwerte der Delinquenzbelastungsskala / Gesamt

Zuordnung	$\bar{x}$ [29]		SD	
	$\bar{x}_{N95}$	$\bar{x}_{Gö}$	SD_{N95}	$SD_{Gö}$
Rückzugsdelinquenz	3.22	7.14	3.48	5.81
Eigentumsdelinquenz	8.18	4.45	7.34	4.74
Aggressionsdelinquenz	4.23	5.10	4.51	5.06
Gesamtskala ⌀	**4.87**	**5.56**	**5.11**	**5.45**

Die Delinquenzbelastung der Göttinger Hauptschüler liegt auch nach Mittelwertvergleichen höher als die der Nürnberger, lediglich bei der Eigentumsdelinquenz überragen sie die Göttinger.

11.3 Ergebnisse der Einzelerhebungen

Wie in der Einleitung bereits angemerkt, gehen wir erstens der Frage nach, ob sich Hauptschüler delinquenter verhalten als Gymnasiasten; zweitens wollen wir statistisch nachzuweisen versuchen, inwieweit *Tillmanns* Postulat – Realschüler

---

[27] *Modalwert:* Wert mit dem höchsten Häufigkeitsaufkommen
[28] Natürlich bestünde ebenso die Möglichkeit, ein Delikt wurde erst einmal begangen, das zweite Mal steht aber nicht außer Frage!
[29] Wir sehen in Bezug auf die von uns berechneten Mittelwerte noch einigen Erklärungsbedarf: Im weiteren Verlauf der Auswertung werden wir uns vermehrt mit den Mittelwerten ($\bar{x}$) beschäftigen. Da wir mit Angaben rechnen mussten, die einen Spielraum beinhalteten (ordinalskalierte Daten), nahmen wir jeweils das rechnerische Mittel an [z. B. 6 bis 10-mal = 16 (gemittelt 8)]. Bei der Kategorie „öfter als 10-mal" nahmen wir als Maximalwert 15. Einerseits versuchten wir, damit eventuelle „Ausreißer" aufzufangen, andererseits lag es uns fern, die Mittelwerte womöglich künstlich in die Höhe zu treiben.

bewegen sich in ihren delinquenten Verhaltensweisen zwischen den Gewaltpolen Hauptschule und Gymnasium – bestätigen lässt. Um hierauf adäquat eingehen zu können, legen wir beiden Behauptungen primär eine Nullhypothese zugrunde, das heißt, wir gehen davon aus, dass weder ein Unterschied zwischen Hauptschülern und Gymnasiasten besteht, noch zwischen deren gemittelten Werten in Bezug auf die Realschülerdelinquenz.

Ausgehen wollen wir in unserer Ergebnisdarlegung von der **Nullhypothese (H_0)**[30] sowie von einer **Alternativhypothese (H_1)**, wobei wir als **Signifikanzniveau den p-Wert**[31] annehmen[32].

$$H_0 : \mu_{hau} = \mu_{gym}$$
$$H_1 : \mu_{hau} \neq \mu_{gym}$$

Die Nullhypothesen binden wir in zwei verschiedenen Kontexten ein:

1. *Beim Gesamtaufkommen delinquenter Handlungen (%-Werte) und*
2. *zum Vergleich quantitativen Aufkommens einer Tat der delinquent in Erscheinung getretenen Schüler im schulspezifischen Kontext (z.B.: ein Hauptschüler beging im Durchschnitt eine Tat x Mal, ein Gymnasiast die gleiche Tat y Mal).*

---

[30] Die Nullhypothese ist konkret formuliert. Eine Alternativhypothese ist nicht konkret formuliert, das heißt, wir gehen ausschließlich davon aus, dass beim Verwerfen der Nullhypothese ein Unterschied besteht, ohne konkreter Vermutung, welche Schülergruppe eher zu delinquenten Verhaltensweisen neigt.

[31] Führt man einen Hypothesentest mit einem Statistikprogramm durch, so gibt dieses nicht den Annahme- und Ablehnungsbereich der H_0 an, sondern den p-Wert. Dann wird folgendermaßen entschieden: Ist der p-Wert kleiner oder gleich dem vorher festgelegten α, so wird die H_1 angenommen, andernfalls wird die H_0 beibehalten."
Vergl.: Nachtigall und Wirtz (1998); Seite 110

[32] Ist die Zufallswahrscheinlichkeit P klein, z.B. kleiner als Alpha = 0.05 oder 5%, dann sagen wir, der Unterschied ist *signifikant*. Das bedeutet, der Unterschied, den wir in der Stichprobe festgestellt haben, existiert mit 95%iger Sicherheit auch in den Populationen, denen diese beide Gruppen angehören. Ist P größer als Alpha, dann rechnen wir mit der Möglichkeit eines zufallsbedingten Unterschiedes. Wir sagen., der Unterschied ist *nicht signifikant*. Die beiden Stichproben können auch aus derselben Population entstammen.
Um auf *statistische Signifikanz* eines Niveauunterschiedes zwischen zwei *unabhängigen* Schülergruppen wie Mädchen und Buben zu prüfen (split level test), gehen wir von der sogenannten *Nullhypothese* aus. Diese besagt, dass die beiden Stichproben aus Populationen stammen, die keine Niveauunterschiede aufweisen. Unter der sogenannten *Alternativhypothese* erwarten wir dagegen, dass die beiden Populationen sich im Mittelwert unterscheiden, d.h., dass ein Mittelwert höher liegt als der andere.
Vergl.: Lienert und von Eye (1994); Seite 41

Untergliedern wollen wir außerdem geschlechtsspezifisch. Das heißt, gibt es Unterschiede im delinquenten Verhalten gleichgeschlechtlicher Schülergruppen unterschiedlicher Schulzweige?

*Auswertungstechnisch werden wir dergestalt verfahren, indem wir zu Beginn des jeweiligen Kapitels die Nullhypothese(n) (unterscheiden werden wir zudem nach Delinquenzarten) verwerfen oder annehmen[33]. Nachfolgend führen wir einige Tabellen auf, aus denen sich verschiedene Einzelwerte erkennen lassen und gehen im weiteren Verlauf des Kapitels **explizit** auf einzelne Daten ein, die wir für einerseits relevant halten und/oder andererseits im Besonderen stark von der Vergleichsgruppe abweichen.*

Obgleich wir das Signifikanzniveau auch für die Einzeldelinquenzarten berechnet und eingefügt haben, beziehen wir die Nullhypothese ausschließlich auf die Gesamtdelinquenzbelastung, einerlei, ob wir von der reinen Prozentberechnung ausgehen oder von den Mittelwerten.

Hinweis zum Verständnis

*Mittelwert-Angaben ($\bar{x}$) beziehen sich auf begangene Delikte. Soll heißen, dass die 0-Werte (Nein-Antworten) **nicht** berücksichtigt wurden. Somit basiert der Mittelwert ausschließlich auf **Ja**-Antworten. Nur wenn demnach ein Schüler eine delinquente Handlung beging, dann im Durchschnitt x-mal. **Der Mittelwert basiert somit nicht auf der Grundgesamtheit N (Gesamtheit der teilnehmenden Schüler), sondern auf der Teilmenge n (delinquent in Erscheinung getretene Schüler).***

Dass unter Umständen die Mittelwerte der kategorial zusammengefassten Delinquenzen von der den Mittelwerten der Items divergent erscheinen, liegt an der unterschiedlichen Berechnungsgrundlage. Die Itemmittelwerte basieren auf tatsächlichen Werten (1 Mal; 2 bis 5 Mal etc.), die kategorialen Mittelwerte lediglich auf nicht vorgekommen (0) oder bereits mindestens 1 Mal vorgekommen (1), was für uns als daraus resultierende Signifikanzniveaubestimmung ausreichend erscheint.

---

[33] *Entscheidungsregel:* Ist die Wahrscheinlichkeit der vorgefundenen Unterschiede oder Zusammenhänge (oder noch größerer Unterschiede oder Zusammenhänge) unter der Nullhypothese kleiner als die vorgegebene Schranke (α), so wird die Nullhypothese verworfen.
Vergl.: Nachtigall und Wirtz (1998); Seite 110

11.3.1 Hauptschul- versus Gymnasialerhebung

11.3.1.1 Hauptschülerinnen versus Gymnasiastinnen

$$H_0 : \mu_{hau/weiblich} = \mu_{gym/weiblich}$$

$$H_1 : \mu_{hau/weiblich} \neq \mu_{gym/weiblich}$$

Tabelle: *Delinquenzbelastungen in Prozentwerten*

Delinquenzart	Hauptschule			Gymnasium			p
	N	n	%	N	n	%	
Rückzugsdelinquenz	765	260	33.99	635	173	27.24	0.007**
Eigentumsdelinquenz	1989	404	20.31	1651	299	18.11	0.094(ns)
Aggressionsdelinquenz	1530	304	19.87	1270	204	16.06	0.009**
Gesamtdel.-Belast.	4284	968	22.60	3556	676	19.01	0.000***

(ns)[1] p> 0,05   * 0,05 ≥ p > 0,01   ** 0,01 ≥ p > 0,001   *** p ≤ 0,001

Statistisch betrachtet, besteht zwischen den Schülerinnen der Hauptschule und des Gymnasiums keine Übereinstimmung, was die absolute Häufigkeit der delinquenten Handlungen betrifft. Demnach müssen wir die Nullhypothese in diesem Kontext verwerfen. Ziehen wir jedoch die beiden Prozentwerte (Hs. 22,6% und Gy. 19,01%) heran, erscheint uns als *„Nicht-Statistiker"* die Differenz als nicht unbedingt bemerkenswert. Dass wir trotzdem die H_0 verwerfen müssen und die H_1 annehmen, liegt an der Streuung, was demnach die gerichtete Hypothese

$$H_1 = \mu_{Hau/weiblich} > \mu_{Gym/weiblich}$$

in Bezug auf die absolute Häufigkeit zulässt. Somit können wir auf die weiblichen Schüler des vorliegenden Vergleichs unser in der Einleitung aufgestelltes Postulat, Hauptschüler sind delinquenter als Gymnasiasten, in der weiblichen Gegenüberstellung als verifiziert betrachten, wenn auch nur im minimalen Umfang (≈3,6%). Einzig bei der Eigentumsdelinquenz tritt eine leichte Nicht-Signifikanz zu Tage. Inwieweit sich hier Übereinstimmungen ausmachen lassen, bringen wir im Verlauf dieses Kapitels im Zusammenhang mit der prozentualen Delinquenzinterpretation noch ein.

Verteilt nach quantitativem Aufkommen unterscheiden sich beide Schülergruppen kaum von einander. Bei den Hauptschülerinnen liegt der Median[2] ($\tilde{x}$)

---

[1] (ns) = nicht signifikant
[2] *Median:* Mindestens 50% aller Beobachtungen sind größer oder gleich dem Median und mindestens 50% aller Beobachtungen sind kleiner oder gleich dem Median.

beim einmaligen Vorkommen, bei den Gymnasiastinnen hingegen erkennen wir das Übersteigen der 50%-Marke erst bei 2 bis 5-maliger Delinquenzhandlung (vergl. Graphik); der Modalwert hingegen liegt bei beiden Gruppen bereits bei einmaliger Delinquenz. Interessant erscheint uns das Phänomen des 6-10maligen sowie des >10maligen Vorkommens. Dort besteht kaum ein Unterschied[3]. Betrachten wir demnach nur die Graphik-Werte, erscheint uns der Abweichungsgrad delinquenter Handlungen als nicht gravierend.

Graphik: *Delinquenzbelastungen nach Häufigkeitsaufkommen in %*
(Angaben gerundet)

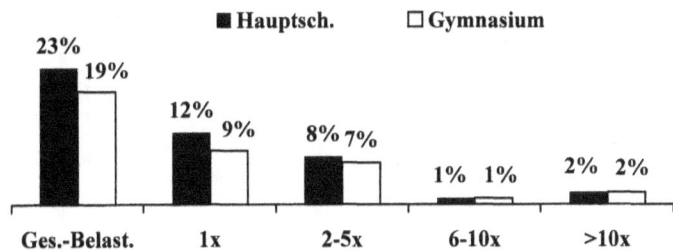

Tabelle: *Delinquenzbelastungen nach Mittelwerten*

Delinquenzart	$\bar{x}_{Hau}$	$\bar{x}_{Gym}$	SD_{Hau}	SD_{Gym}	p
Rückzugsdelinquenz	4.97	4.28	4.78	4.13	0.123(ns)
Eigentumsdelinquenz	2.91	3.10	3.07	3.18	0.422(ns)
Aggressionsdelinquenz	2.89	3.08	3.07	3.44	0.535(ns)
Gesamtdelinquenzbel.	**3.45**	**3.41**	**3.72**	**3.57**	***0.819(ns)***

(ns) p> 0,05   * 0,05 ≥ p > 0,01   ** 0,01 ≥ p > 0,001   *** p ≤ 0,001

Aufgrund der geringen Mittelwertabweichung von 0.04 besteht eine hohe Übereinstimmung der durchschnittlichen Delinquenzbelastungen. Der Unterschied ist demnach *nicht signifikant*, weshalb wir in diesem Kontext die H_0 annehmen und die H_1 verwerfen müssen[4]. Das Resultat widerlegt jedoch nicht unser eingangs aufgestelltes Postulat bzw. die nicht angenommene H_0 der prozentualen Delinquenzbelastung. Delinquente Hauptschülerinnen und Gymnasiastinnen begehen demzufolge *gleich oft* verbotene Handlungen, *sofern sie denn welche begehen.*

---

[3] Da es sich um gerundete Werte handelt, lassen wir die minimalen Abwerte außer Acht!
[4] Auch die Streuungswerte liegen sehr nah beieinander.

Einzig die Rückzugsdelinquenz scheint bei den Hauptschülerinnen ausgeprägter zu sein, Eigentums- und Aggressionsdelikte treten bei Gymnasiastinnen in geringem Umfang auf. Worauf diese Differenzen letztendlich fußen, vermögen wir an dieser Stelle nicht zu behaupten, gehen jedoch im Anschluss auf die zwei folgenden Tabellen stichpunktartig darauf ein.

Tabelle: *Prozentuales Aufkommen delinquenter Handlungen*

weiblich (Angaben gerundet!) Item / Ang. in %	ja		1mal		2-5mal		6-10mal		> 10mal	
	H	Gy	H	Gy	H	Gy	H	Gy	H	Gy
Fahren ohne Fahrkarte	46	76	18	31	22	32	3	6	3	6
Automatenbetrug	34	43	15	21	11	17	4	4	4	1
Wechselgeld-Schwindel	4	11	4	6	0	5	0	0	0	0
Zechprellerei	1	2	1	2	0	1	0	0	0	0
Hehlerei	39	19	23	10	13	9	1	0	2	0
Trunkenheit	67	41	18	1	29	20	6	2	14	8
Schulschwänzen 1 Tag	34	47	16	18	14	23	3	5	1	1
Schulschwänzen > 1Tag	14	7	6	2	4	5	0	1	4	0
Streunen	32	24	17	15	15	6	0	1	0	3
Kaufhausdiebstahl	40	26	23	13	14	9	3	2	0	2
Kioskdiebstahl	21	8	13	5	5	3	3	0	0	0
Baustellendiebstahl	8	13	5	11	3	2	0	0	0	0
Kameradendiebstahl	12	9	8	6	4	3	0	0	0	0
Gaststättendiebstahl	15	10	9	9	5	1	1	0	0	0
Fahrraddiebstahl	20	9	11	6	7	2	1	0	1	1
Kfz-Diebstahl	9	1	8	1	1	0	0	0	0	0
Raub/Erpressung	25	9	14	2	7	4	3	0	1	2
Körperverletzung	39	18	23	12	12	6	3	0	1	1
Bedrohung mit Waffe	12	3	9	1	3	2	0	0	0	0
Einbruch (o. Diebstahl)	13	10	8	5	3	5	1	0	1	1
Sachbeschädigung 1	21	29	11	11	7	15	2	2	1	2
Sachbeschädigung 2	23	18	18	13	2	6	2	0	1	0
Brandstiftung	6	7	5	6	1	2	0	0	0	0
Rauschgiftkonsum	20	17	5	6	2	8	6	1	7	2
Fahren o. Führerschein	34	32	12	19	16	8	3	2	3	3
Unerl. Waffenbesitz	6	3	5	1	0	2	0	0	1	0
Belästigung	19	7	16	6	3	2	0	0	0	0
Jugendamt / Polizei	8	9	5	6	3	2	0	1	0	0

Tabelle: *Detaillierte Mittelwerte und Streuungsmaße*

Item	Hauptschule		Gymnasium		H:G
	$\bar{x}_1$	s_1	$\bar{x}_2$	s_2	$\bar{x}_{diff}$
Fahren ohne Fahrkarte	3.7	3.4	4.0	3.9	0.3
Automatenbetrug	4.5	4.3	3.1	2.7	1.4
Wechselgeld-Schwindel	1.0	0.0	2.3	1.5	1.3
Zechprellerei	1.0	0.0	2.0	1.4	1.0
Hehlerei	2.9	3.3	2.4	1.5	0.5
Trunkenheit	5.9	5.1	5.5	4.9	0.4
Schulschwänzen 1 Tag	3.3	3.1	3.4	2.6	0.1
Schulschwänzen > 1Tag	5.9	5.9	3.8	3.7	2.1
Streunen	2.4	2.1	3.7	4.6	1.3
Kaufhausdiebstahl	2.6	2.1	3.9	4.1	1.3
Kioskdiebstahl	2.4	2.2	2.2	1.5	0.2
Baustellendiebstahl	2.3	1.5	1.4	1.0	0.9
Kameradendiebstahl	2.0	1.4	2.1	1.4	0.1
Gaststättendiebstahl	2.3	1.9	1.2	0.8	1.1
Fahrraddiebstahl	2.8	2.9	1.7	4.0	1.1
Kfz-Diebstahl	1.2	0.8	1.0	0.0	0.2
Raub / Erpressung	2.9	3.0	6.2	5.5	3.3
Körperverletzung	2.8	2.6	2.5	3.0	0.3
Bedrohung mit Waffe	1.8	1.3	3.0	1.4	1.2
Einbruch (ohne Diebst.)	2.8	3.5	3.5	3.6	0.7
Sachbeschädigung 1	3.3	3.7	3.7	3.3	0.4
Sachbeschädigung 2	3.0	2.7	1.9	1.4	1.1
Brandstiftung	1.3	0.9	1.7	1.3	0.4
Rauschgiftkonsum	8.3	5.9	4.6	4.1	3.7
Fahren o. Führerschein	4.1	3.8	3.5	4.3	0.6
Unerl. Waffenbesitz	3.8	5.6	3.3	1.3	0.5
Belästigung	1.5	1.2	1.7	1.3	0.2
Jugendamt	2.3	1.5	2.3	2.1	0.0

Bevor wir an dieser Stelle explizit auf einzelne nennenswerte Daten eingehen, lenken wir den Blick auf das Delikt des „Fahrens ohne Fahrschein". Dieser Wert liegt im Hauptschul-Gymnasial-Vergleich durchgängig bei den Gymnasiasten auf höherem Niveau.

Wie eingangs beim Hauptschülervergleich Nürnberg-Göttingen verwenden wir nochmals folgenden Erklärungsansatz:

Im Gegensatz zu den Gymnasiasten, die hauptsächlich Schulen im innerstädtischen Bereich besuchen und somit eher die Möglichkeit haben, Stadtbusse zu nutzen, besucht die Masse der Hauptschüler Schulen in peripheren Bezirken. Dort besteht keine Möglichkeit der Nutzung solch öffentlicher Verkehrsmittel. Die Gründe des Schwarzfahrens – juristisch als Leistungserschleichung umschrieben – gleichen sich meist. Hauptsächlich fahren Kinder und Jugendliche schwarz, um Geld zu sparen oder weil sie ihre Fahrkarte vergessen haben. In den seltensten Fällen unternehmen Kinder bzw. Jugendliche Schwarzfahrten als Mutprobe[5].

> *Was jedoch in diesem Zusammenhang eine wichtige Rolle spielte, ist die Art der Frageformulierung. Man fragte gezielt nach Bus oder Straßenbahn, das Schwarzfahren mit dem Zug ließ man leider außen vor. Womöglich lägen zwischen den Prozentwerten bei dessen Berücksichtigung nicht ein so großer Unterschied.*

Betrachten wir die Items, die körperlich aggressives Verhalten Dritten gegenüber voraussetzen wie Raub/Erpressung, Körperverletzung oder Bedrohung, erkennen wir erhebliche Differenzen, wenn wir die prozentualen Werte heranziehen. So geben etwa 39% der Hauptschülerinnen zu, wenigstens ein Mal eine andere Person körperlich verletzt zu haben; Gymnasiastinnen lagen mit rund 18% etwa bei der Hälfte. Bekommen wir somit das Vorurteil „Je geringer das geistige Niveau, desto eher die Neigung zur physischen Gewaltbereitschaft" bestätigt?[6] Zum einen würden wir das Resultat generalisieren, was wir jedoch vermeiden wollen, zum anderen blieb es bei 23% der befragten Hauptschülerinnen (12% Gymnasiastinnen) bei einem Mal. Mit einbinden wollen wir die Mittelwerte des Körperverletzung-Items: Körperlich aggressiv auftretende Hauptschülerinnen verletzen im Schnitt einen anderen Jugendlichen 2.8 Mal, Gymnasiastinnen nur wenig geringer (2.5 Mal), wobei die Streuung des Gymnasialwertes breiter gefächert auftritt ($s_{Gym}=3.0$ zu $s_{Hau}=2.6$).

---

[5] Auf die **Gründe delinquenter Verhaltensweisen** gehen wir in Kapitel 13 detaillierter ein!
[6] Angemerkt sei allerdings, dass sich die physische Aggression Dritten gegenüber ebenso bei den männlichen Hauptschülern als wesentlich stärker ausgeprägt präsentiert, was sich letztendlich auch in der Gesamtgegenüberstellung widerspiegelt.
Beinhaltet der lateinische Ausspruch „a verbis ad verbera" (von Worten zu Schlägen), frei interpretiert, *wo die Worte enden, setzt die Gewalt ein*, doch ein spezifisches Leistungsniveau des Individuums voraus? Wir vermögen es nicht zu behaupten, stellen es aber in Anbetracht der Fürsprache veritabler Erhebungswerte zur Diskussion...! *Hierauf gehen wir im nächsten Kapitel spezifischer ein.*

Ziehen wir, um bei physischer Aggression zu bleiben, das Item der öffentlichen Sachbeschädigung (Fenster einwerfen, Straßenlaternen beschädigen etc.) heran, begegnet uns ein Paradoxon: 29% der Gymnasiastinnen geben zu, ein solches Delikt bereits mindestens ein Mal begegangen zu haben, wobei der Modalwert beim Aufkommen von 2-5 Mal liegt ($\bar{x}=3.7$). Hauptschülerinnen neigen nur zu 21% zu solch zerstörerischem Verhalten (Modalwert bei 1 Mal / $\bar{x}=3.3$), solange es als mehr oder minder öffentliches Eigentum angesehen werden kann. Das Verhältnis erfährt dahingehend eine Wendung, lenken wir unser Augenmerk auf Beschädigungen von Gegenständen privater Herkunft. Nunmehr erkennen wir, dass 23% der Hauptschülerinnen an derartigen Gegenständen ihrer Zerstörungswut oder Frustrationsaggression freien Lauf lassen, aber sich „nur" 18% der Gymnasiastinnen dazu bekennen. Wo finden wir den Grund des widersinnigen Phänomens? Haben Gymnasiastinnen mehr Respekt vor privatem Eigentum? Lenken sie ihre Gedanken dahingehend, dass bei Beschädigungen öffentlicher Gegenstände keine Privatperson geschädigt, sondern der Schaden „volkswirtschaftlich umgelegt" wird? Nun, so weit zu denken, erscheint abstrus! Werfen wir einen Blick auf die Mittelwerte, beging eine Hauptschülerin im Schnitt 3.3 Mal eine aggressive Handlung gegen private Besitztümer, eine Gymnasiastin hingegen „begnügt" sich mit 1.9 Mal.

11.3.1.2 Hauptschüler versus Gymnasiasten

$$H_0 : \mu_{hau/männlich} = \mu_{gym/männlich}$$
$$H_1 : \mu_{hau/männlich} \neq \mu_{gym/männlich}$$

Tabelle: *Delinquenzbelastungen in Prozentwerten*

Delinquenzart	Hauptschule			Gymnasium			p
	N	n	%	N	n	%	
Rückzugsdelinquenz	810	354	43.70	575	182	31.65	0.000***
Eigentumsdelinquenz	2106	855	40.60	1495	440	29.43	0.000***
Aggressionsdelinquenz	1620	668	41.23	1150	471	40.96	0.884(ns)
Gesamtdelinquenzbel.	**4536**	**1877**	**41.38**	**3220**	**1093**	**33.94**	**0.000***

(ns) p> 0,05   *0,05 ≥ p > 0,01   **0,01 ≥ p > 0,001   ***p ≤ 0,001

Ein Vergleich der Prozentwerte reicht aus, um auch bei der männlichen Gegenüberstellung unsere Hypothese zu verifizieren. Wie bereits bei den Schülerinnen, müssen wir auch hier die Nullhypothese verwerfen. Betrachten wir die beiden Werte der Aggressionsdelinquenz, erkennen wir einen Unterschied von gerade mal 0.27%. Widerlegt dieses Phänomen unsere zur Diskussion gestellte These: je geringer die Bildung, desto eher die Neigung zur Gewaltbereitschaft?

Der Drang zur Rückzugsdelinquenz scheint den Hauptschülern eher gegeben. Mit einem Differenzwert von 12.05% gegenüber den Gymnasiasten dominieren die Hauptschüler klar in dieser Kategorie. Ebenfalls scheint auch das Eigentum anderer den Hauptschülern nicht ganz so heilig zu sein wie den Gymnasiasten, was uns 11.17%-wertunterschied statistisch belegen. Unter dem Terminus „Eigentumsdelinquenz" subsumierten *Lösel u.a.* all jene Delikte, die einen wirtschaftlichen respektive finanziellen Nachteil einem Dritten gegenüber implizieren. Sieben (von insgesamt 13) Items der Eigentumsdelinquenz gehen spezifisch auf das Delikt Diebstahl ein, worauf wir in der später dargestellten Interpretation zurückkommen werden, um mögliche Kausalzusammenhänge des Diebstahldeliktes aufzuzeigen.

Betrachten wir nunmehr das durchschnittliche Häufigkeitsaufkommen delinquenter Handlungen. Auf den ersten Blick erkennen wir, dass die Modalwerte der Schülergruppen nicht übereinstimmen. 17% Hauptschüler begehen Delikte in Schnitt nur ein Mal, Gymnasiasten hingegen geben zu 14% an, delinquente Handlungen bereits zwei bis fünf Mal begangen zu haben[7]. Den Median ($\tilde{x}$) überschreiten allerdings beide Schülergruppen erst beim Aufkommen zwei bis fünfmaliger Delinquenzhandlungen.

---

[7] *Modalwert*: Er drückt aus, welcher Wert zahlenmäßig am Häufigsten vorkommt.

Gleicht sich einerseits Deliktaufkommen beim sechs bis zehnmaligen Delinquenzvorkommen wieder aus (4% zu 4%), fallen beim öfter als zehnmaligen Vergehen die Hauptschüler mit acht Prozent wieder stärker ins Gewicht.

Graphik: *Delinquenzbelastungen nach Häufigkeitsaufkommen in %*
(Angaben gerundet)

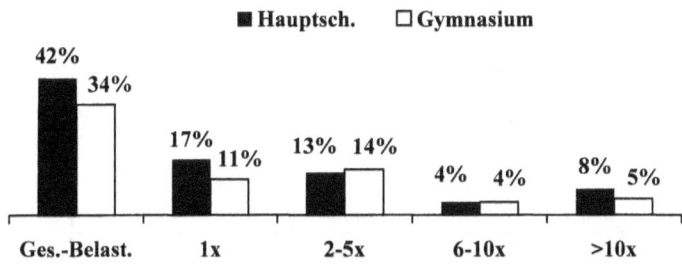

Grob überschlagen liegt das durchschnittliche Delinquenzaufkommen über alle vier Kategorien verstreut bei den Hauptschülern um die 10,5%, bei den Gymnasiasten bei etwa 8,5%. In diesem Kontext betrachtet, könnte man postulieren, relativiert sich das delinquente Verhalten beider Schülergruppen wieder.

Untermauert wird das eben aufgestellte Postulat durch die nur sehr gering von einander abweichenden Mittelwerte *(vergl. nachstehende Tabelle)*.

Tabelle: *Delinquenzbelastungen nach Mittelwerten*

Delinquenzart	$\bar{x}_{Hau}$	$\bar{x}_{Gym}$	SD_{Hau}	SD_{Gym}	p
Rückzugsdelinquenz	7.14	6.24	5.81	5.29	0.084 (ns)
Eigentumsdelinquenz	4.45	4.66	4.57	4.04	0.417 (ns)
Aggressionsdelinquenz	5.10	4.69	5.06	4.36	0.210 (ns)
Gesamtdelinquenzbel.	**5.19**	**4.98**	**5.10**	**4.46**	**0.276 (ns)**

(ns) p> 0,05   * 0,05 ≥ p > 0,01   ** 0,01 ≥ p > 0,001   *** p ≤ 0,001

Die Mittelwertdifferenz der Gesamtdelinquenzbelastung trennt gerade 0.21 Mal. Lediglich der Unterschied im Wert von 1.1 bezüglich der Rückzugsdelinquenz zu Lasten der Hauptschüler verzerrt etwas den Eindruck des Gesamtmittelwertes, der mit Abstand den größten Spielraum der Delinquenzbelastungen zulässt. Generalisieren wir die aufgeführten Werte in diesem – und nur in diesem! – Kontext auf beide Subgruppen, sind sämtlich als delinquent in den Focus tretenden Schüler, einerlei ob Hauptschüler oder Gymnasiast, gleich delinquent. **Merke:** Nur *wenn* delinquent, *dann* im Schnitt – gerundet – fünf Mal!

An dieser Stelle wollen wir kurz einen Vergleich der Delinquenzbelastungen weiblicher und männlicher Schüler aufzeigen:

Beträgt die Gesamtdelinquenzbelastung der weiblichen Subgruppe nach Mittelwert etwa 3 Mal, weist das männliche Pendant einen Wert von rund 5 Mal auf.

Tabelle: *Gegenüberstellung der Subgruppenmittelwerte*

	männlich		weiblich	
Delinquenzart	$\bar{x}_{Hau}$	$\bar{x}_{Gym}$	$\bar{x}_{Hau}$	$\bar{x}_{Gym}$
Rückzugsdelinquenz	7.14	6.24	4.97	4.28
Eigentumsdelinquenz	4.45	4.66	2.91	3.07
Aggressionsdelinquenz	5.10	4.69	2.89	3.07
Gesamtdelinquenzbel.	**5.19**	**4.98**	**3.45**	**3.41**

An den Mittelwerten beider schulischen Subgruppen sind geschlechtsspezifisch keine signifikanten Unterschiede erkennbar, wohl aber geschlechtsübergreifend. Zwischenbilanziert bestünde an diesem Punkt die Möglichkeit zu behaupten, männliche Jugendliche sind im Großen und Ganzen delinquenter als deren weibliche Mitgeneration.

Wie sich dieses in Prozentwerten ausdrückt, belegt die nachfolgende Graphik, worauf wir detailliert jedoch nicht mehr eingehen wollen.

Graphik: *Delinquenzbelastungen nach Häufigkeitsaufkommen in %*
(Angaben gerundet)

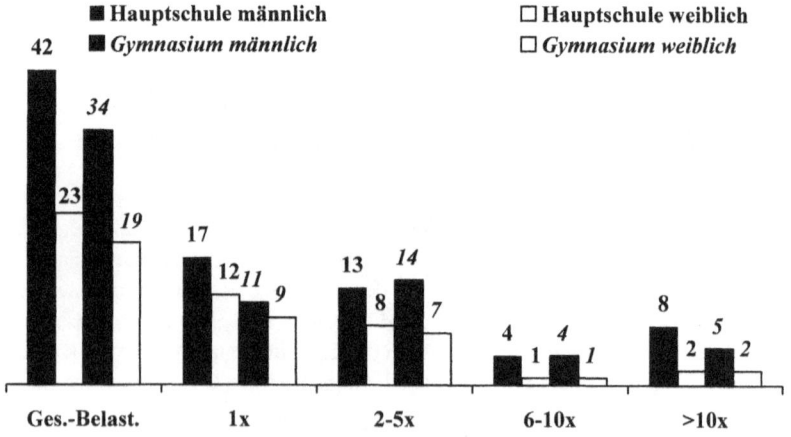

Tabelle: *Prozentuales Aufkommen delinquenter Handlungen*

männlich (Angaben gerundet!) Item / Ang. in %	ja		1mal		2-5mal		6-10mal		> 10mal	
	H	Gy	H	Gy	H	Gy	H	Gy	H	Gy
Fahren ohne Fahrkarte	64	84	13	10	24	50	9	9	17	16
Automatenbetrug	62	59	11	15	33	30	6	8	12	6
Wechselgeld-Schwindel	30	21	14	4	11	16	3	0	2	2
Zechprellerei	22	5	15	3	7	0	0	0	0	3
Hehlerei	52	31	19	10	16	16	6	3	12	3
Trunkenheit	82	58	6	10	24	15	9	14	44	20
Schulschwänzen 1 Tag	44	44	12	13	14	24	4	2	14	5
Schulschwänzen > 1Tag	30	12	13	4	9	8	3	1	5	0
Streunen	36	23	17	11	17	6	1	3	1	3
Kaufhausdiebstahl	67	40	34	17	19	20	5	1	9	3
Kioskdiebstahl	34	23	16	6	8	6	4	7	6	4
Baustellendiebstahl	41	30	26	11	14	17	1	1	0	1
Kameradendiebstahl	18	13	12	4	6	7	0	1	0	1
Gaststättendiebstahl	29	18	17	6	9	8	3	4	1	0
Fahrraddiebstahl	39	17	19	6	9	7	8	3	3	1
Kfz-Diebstahl	29	10	16	5	9	3	3	0	1	3
Raub/Erpressung	36	20	12	4	19	7	1	2	4	8
Körperverletzung	53	27	27	10	20	12	3	2	3	3
Bedrohung mit Waffe	22	11	12	6	6	5	3	0	1	0
Einbruch (o. Diebstahl)	42	30	23	15	12	15	1	1	6	0
Sachbeschädigung 1	69	53	23	10	24	30	10	8	12	4
Sachbeschädigung 2	51	50	28	21	13	21	4	5	7	3
Brandstiftung	23	9	16	6	8	2	0	0	0	0
Rauschgiftkonsum	25	22	11	7	6	5	0	0	9	10
Fahren o. Führerschein	77	46	17	15	18	21	14	4	28	6
Unerl. Waffenbesitz	41	20	15	4	7	7	4	1	15	9
Belästigung	15	26	6	9	5	12	1	4	3	2
Jugendamt / Polizei	23	15	15	11	4	3	4	1	0	0

Tabelle: *Mittelwerte und Streuungsmaße*

Item	Hauptschule $\bar{x}_1$	s_1	Gymnasium $\bar{x}_2$	s_2	H:G $\bar{x}_{diff}$
Fahren ohne Fahrkarte	6.2	5.4	6.1	4.5	0.1
Automatenbetrug	9.0	5.7	4.9	4.0	4.1
Wechselgeld-Schwindel	3.6	2.4	4.4	3.4	0.8
Zechprellerei	1.9	1.4	8.0	6.9	6.1
Hehlerei	5.8	5.4	4.3	3.8	1.5
Trunkenheit	10.1	6.8	8.2	5.4	1.9
Schulschwänzen 1 Tag	6.9	2.7	4.6	4.2	2.3
Schulschwänzen > 1 Tag	4.9	4.9	3.4	1.9	1.5
Streunen	2.8	2.3	4.2	4.5	1.4
Kaufhausdiebstahl	4.4	4.7	3.3	3.4	1.1
Kioskdiebstahl	5.0	5.2	6.3	4.6	1.3
Baustellendiebstahl	2.2	1.6	3.3	2.6	1.1
Kameradendiebstahl	2.0	1.4	3.7	3.5	1.7
Gaststättendiebstahl	2.9	2.8	4.0	2.3	1.1
Fahrraddiebstahl	2.7	4.4	4.1	3.5	1.4
Kfz-Diebstahl	3.1	3.3	5.3	5.8	2.2
Raub / Erpressung	4.2	4.0	8.1	5.8	3.9
Körperverletzung	3.2	3.5	4.2	4.0	1.0
Bedrohung mit Waffe	3.4	3.7	2.4	1.5	1.0
Einbruch (ohne Diebst.)	3.9	4.6	2.7	1.7	1.2
Sachbeschädigung 1	4.2	5.1	4.9	3.6	0.7
Sachbeschädigung 2	4.1	4.7	3.7	3.4	0.4
Brandstiftung	2.1	1.4	1.9	1.4	0.2
Rauschgiftkonsum	6.7	6.3	6.7	6.5	0.0
Fahren o. Führerschein	8.0	5.5	4.9	4.4	3.1
Unerl. Waffenbesitz	7.3	6.2	8.4	5.9	1.1
Belästigung	5.3	5.2	4.3	3.6	1.0
Jugendamt	2.6	2.6	1.9	1.9	0.7

Sind wir beim weiblichen Schülervergleich speziell auf körperliche und handgreifliche Aggressionen eingegangen, widmen wir uns im Hauptschüler-Gymnasiasten-Kontext dem Bereich der Eigentumsdelinquenz, obgleich bei den männlichen Jugendlichen ein ähnliches Niveau des Aggressionsaufkommens zu beobachten ist.

Als durchgehend interessanter empfinden wir das Phänomen jener Delikte, die unmittelbar mit dem Diebstahl per se in Verbindung stehen. Nun, eingangs kamen wir dahingehend zu dem Schluss, mit einer prozentualen Differenz von immerhin 11.17 bezüglich der Eigentumsdelinquenz liegen die Hauptschüler klar vorn. Wie jedoch fällt ein Mittelwertvergleich in diesem Kontext aus? In der auf der Vorseite aufgestellten Mittelwerttabelle ist unter den Diebstahldelikten eindeutig zu erkennen, dass Gymnasiasten, sofern sie Diebstahldelikte begehen, häufiger „zugreifen" als die Hauptschüler. Außer beim „Kaufhausdiebstahl" überwiegt das mengenmäßige Aufkommen des Diebstahls der Gymnasiasten im Schnitt um etwa 1.5 Mal.

Bezogen auf Raub und Erpressung erhält der Zahlenwert eine geringere Bedeutung, denn zwischen den Hauptschülern und Gymnasiasten klafft eine Lücke von $\bar{x}_{diff}$ 3.9 Mal. Erklären *ließe* sich das Phänomen folgendermaßen:

Aufgrund der von uns befragten Anzahl von Jugendlichen, die das Gymnasium besuchen, waren 115 männlichen Geschlechts (absoluter Wert), von denen 23 zugaben, bereits eine räuberische Erpressung begangen zu haben. Neun von ihnen beginnen nach eigenen Angaben ein solches Delikt öfter als zehn Mal, was wir als Erklärungsmodell als für heranziehbar ansehen[8]. Gestützt wird unsere These durch das Einbringen der absoluten Hauptschülerwerte: Von insgesamt 162 männlichen Hauptschülern gaben es immerhin 59 zu, schon ein Mal den Versuch unternommen zu haben, jemanden räuberisch erpresst zu haben[9]. Der Modalwert liegt bei ihnen jedoch im Bereich von zwei bis fünfmaligem Aufkommen (31)[10]. Vergleichen wir nunmehr die Modalwerte im prozentualen Kontext, begingen immerhin 19.1% der Gymnasiasten, wohl aber „nur" 5.6% der Hauptschüler ein Erpressungsdelikt. Es liegt hierbei unseres Erachtens ein Verzerrungswert vor, der infolge einer zu geringen Erhebungszahl zustande kam, und sich bei einem größeren Aufkommen von Erhebungsteilnehmern sicherlich relativieren dürfte. Denkenswert erscheint uns hierbei, dass wir sozusagen in ein „Nest gymnasialer Intensivtäter" stachen.

Trotz des bereits beim Vergleich der Schülerinnen aufgezeigten Überhanges körperlicher Aggressionen seitens der Hauptschule, gehen wir bei den männlichen Schülern noch einmal darauf ein. Herangezogene Prozentwerte lassen erkennen, dass das Aufkommen des Delikts bei beiden Geschlechtern zu Lasten der Hauptschüler etwa doppelt so oft auftritt: Weiblich 39% zu 18% (2,17 Mal) , männlich

---

[8] Der Wert „9" zeigt zudem den Modalwert an.
[9] Prozentual gesehen, begingen 20% der Gymnasiasten und 36% der Hauptschüler das Delikt!
[10] Der Median überschreitet bei beiden Schülergruppen seinen Wert bei 2 bis 5 Mal.

53% zu 27% (1.96 Mal)[11]. Dürfen wir somit behaupten, Gymnasiasten(innen) besitzen eine wesentlich höhere Aggressionsschwelle als Hauptschüler, ihr inneres Gleichgewicht ohne Zuhilfenahme körperlicher Handlungen zu regulieren? Sind Gymnasiasten eher dazu in der Lage, einzuschätzen, dass das Ausleben von (wutgetragenen) Aggressionshandlungen auf Dauer keine katharsische Wirkung nach sich zieht (ziehen kann)? Oder findet dieses Phänomen dahingehend seine Erklärung, dass sich die Schüler des Gymnasialzweiges einfach bewusster darüber sind, welche Art der Konsequenzen respektive der Sanktionierungen im Fall eines Bekanntwerdens der Tat auf sie einströmen?

Wie unschwer zu erkennen ist, weisen alle Thesen eines gemeinsam auf: Sie fußen auf spekulativen Ursprüngen. Obgleich wir dennoch postulieren dürften: Alle Thesen bewegen sich im Bereich des geistigen Potentials! Zu bedenken geben *müssen(!)* wir in diesem Kontext jedoch, dass das körperliche Ausleben von Aggressionen nicht zuletzt auf inadäquate Erziehungsmethoden zurückzuführen ist.

Beim Hinzuziehen des Mittelwertvergleiches $\bar{x}_{Hs} = 3.2$ und $\bar{x}_{Gy} = 4.5$ kehrt sich das oben aufgestellte Verhältnis zwar nicht um, untermauert jedoch höchstenfalls im Ansatz, wie bereits bei den Erpressungsdelikten, den Aspekt der Intensivtätertheorie:

$$\text{Median: } \tilde{x}_{Hs} = 1x \ / \ \tilde{x}_{Gy} = 2-5x$$
$$\text{Modalwerte bei: Hs. 1x } / \text{ Gy. 2 - 5x}$$

Lassen wir die bis hierhin aufgezeigten Vergleichsdaten nochmals Revue passieren, erfahren wir infolge des nachstehend aufgezeigten Prozentwertvergleichs eine verdrehte Positionierung der Schülergruppen. Im Gegensatz zu den Hauptschülern mit 15%, gaben 26% der Gymnasiasten zu, bereits *einmal eine Person auf der Straße in solchem Umfang belästigt zu haben, dass sie die Polizei herbei rufen wollte.* Zwar gleichen sich die Prozentwerte dahingehend, dass sie den Median beim zwei bis fünfmaligen Aufkommen erreichen, wobei der Modalwert bei den Gymnasiasten das gleiche Niveau (2 bis 5 Mal) beibehält, wir den Modalwert bei den Hauptschülern allerdings bereits beim einmaligen Aufkommen erkennen. Nicht nur die Prozentwerte weisen uns auf eine Umkehrung hin, nein, selbst der Mittelwertvergleich fällt diesmal entgegengesetzt aus. So begingen die delinquenten Hauptschüler im Schnitt 5.3 Mal solch eine Tat, aber die Gymnasi-

---

[11] Zu solch einem ähnlichen Ergebnis kamen *Tillmann u.a.* in ihrer Erhebung (Zitat): (...) In dieser Perspektive zeigt sich dann auch, dass sich Gewalthandlungen auch an Gymnasien abspielen. Gymnasiasten greifen andere zwar selten körperlich an, aber sie weisen ihre Mitschüler(innen) zum Teil häufiger als die Jugendlichen anderer Schulformen mit verbalen, abwertenden und provozierenden Verhaltensformen zurecht (...).
Vgl.: Tillmann, Holler-Nowitzki, Holtappels, Meier und Popp (1999); Schülergewalt als Schulproblem; Juventa Verlag Weinheim und München; Seite 111

asten „nur" 4.3 Mal. Ziehen wir die Streuung der beiden Werte hinzu, erkennt man klar das breitere Spektrum der Hauptschüler, wobei sich die Gymnasiasten streuungsmäßig eher im Mittelfeld bewegen. Inwieweit sich dieses Phänomen erklären lassen könnte, vermögen wir unter Einbeziehung der anderen Werte nicht darzulegen. Erschwerend hinzu kommt noch der Aspekt, was im Einzelnen von den Erhebungsteilnehmern unter Belästigung verstanden wird, *wer* belästigt wurde. Kritiklos kann in diesem Kontext zudem die Art der Fragestellung an sich schon nicht hingenommen werden *(vgl. Item 27)*, (...) dass er die Polizei holen wollte?, so das Ende der Frageformulierung. Wie heftig fällt die Bedrängung einer Person aus, welche die Polizei zu Hilfe holen muss? Solche Bedrängung findet ihre Ursache letztendlich nur in Form von körperlicher Zusetzung. Dieses widerspricht nach normalen Ermessensgrundlagen in hohem Maße den Prozentwerten der bereits oben angesprochenen körperlichen Gewalt. Hierbei spielt es demzufolge auch keine Rolle, ob es sich wiederum um Intensivtäter handelt oder nicht. Betrachten wir nunmehr die Prozentwerte der weiblichen Subgruppe, Hs. 19% / Gy. 7%, erhalten wir einen den männlichen entsprechend konversen Wert, wobei die Mittelwerte der beiden weiblichen Gruppen mit einer Differenz von 0.2 sehr eng beieinander liegen. Wäre das prozentuale Verteilungsverhältnis der weiblichen Subgruppe annähernd dem des männlichen, konstatierten wir, dass möglicherweise Gymnasiasten eher dazu neigen, an demonstrativen Veranstaltungen teilzunehmen, welche im Normalfall durchaus durch Polizeikräfte kontrolliert werden. Eskalieren Protestaktionen, bestünde durchaus die Möglichkeit, ein Aufeinandertreffen zweier oder mehrer Gruppen nicht mehr zu verhindern. Setzt demzufolge eine Gruppendynamik ein, sowie ein Absinken der Hemmschwelle, körperliche Gewalt einzusetzen, halten wir es durchaus für opportun, dass in solchen komplexen Situationen Gymnasiasten ihr latentes Gewaltpotential ausleben könnten.

Selbst die Einbeziehung des Delikts der *Bedrohung mit Waffe* hebt das Begründen des Belästigungsdeliktes nicht auf, obwohl uns die Begründung einerseits zwar nicht leichter fallen würde, andererseits wir zu der Erkenntnis hätten gelangen können, in welchem Kontext dieses recht massive Aufkommen der *Belästigung* ihre Ursache findet. Die *Bedrohung mit einer Waffe* gaben 22% der Hauptschüler ($\bar{x}_{Hs} = 3.4$ / SD 3.4) und 11% der Gymnasiasten ($\bar{x}_{Gy} = 2.4$ / SD 1.5) zu.

11.3.1.3 Hauptschüler versus Gymnasiasten (gesamt)

$$H_0 : \mu_{hau/gesamt} = \mu_{gym/gesamt}$$
$$H_1 : \mu_{hau/gesamt} \neq \mu_{gym/gesamt}$$

Tabelle: *Delinquenzbelastungen in Prozentwerten*

	Hauptschule			Gymnasium			
Delinquenzart	N	n	%	N	n	%	p
Rückzugsdelinquenz	1575	614	38.98	1210	355	29.34	0.000***
Eigentumsdelinquenz	4095	1259	30.74	3146	739	23.49	0.000***
Aggressionsdelinquenz	3150	972	30.86	2420	640	26.45	0.000***
Gesamtdelinquenzbel.	**8820**	**2845**	**32.26**	**6776**	**1734**	**25.59**	**0.000***

(ns) p > 0,05   * 0,05 ≥ p > 0,01   ** 0,01 ≥ p > 0,001   *** p ≤ 0,001

Die in der Tabelle aufgezeigten Werte lassen den Schluss zu, dass der Unterschied delinquenter Belastung zwischen Hauptschülern und Gymnasiasten in hohem Maße gegeben ist. Wir beschränken uns eingangs auf die graphische und tabellarischen Darstellung(en) und gehen in diesem Kapitel etwas spezifischer auf Altersstrukturen delinquenter Jugendlicher ein; natürlich im Kontext der einbezogenen Schulformen.

Graphik: *Delinquenzbelastungen nach Häufigkeitsaufkommen in %*
(Angaben gerundet)

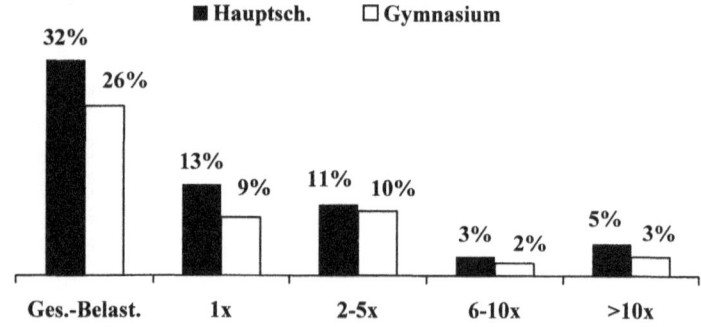

Tabelle: *Delinquenzbelastungen nach Mittelwerten*

Delinquenzart	$\bar{x}_{Hau}$	$\bar{x}_{Gym}$	SD_{Hau}	SD_{Gym}	p
Rückzugsdelinquenz	6.23	5.28	5.52	4.86	0.008**
Eigentumsdelinquenz	3.95	4.03	4.22	4.57	0.698(ns)
Aggressionsdelinquenz	4.41	4.13	4.64	4.13	0.261(ns)
Gesamtdelinquenzbel.	**4.60**	**4.34**	**4.74**	**4.19**	**0.072(ns)**

(ns) p> 0,05   * 0,05 ≥ p > 0,01   ** 0,01 ≥ p > 0,001   *** p ≤ 0,001

Auf die oben stehende Tabelle gehen wir nicht mehr ein, da sie lediglich die Durchschnittswerte der beiden vorangegangen Kapitel in Bezug auf die Delinquenzbelastung nach Mittelwerten wiedergibt.

Ehe wir die altersstrukturelle Delinquenzbelastung näher beschreiben, stellen wir kurz dar, in welchem Umfang sich die Delinquenz geschlechtsspezifisch unterscheidet:

Tabelle: *Delinquenzbelastungen in Prozentwerten:* **Hauptschule**

Delinquenzart	weiblich			männlich			p
	N	n	%	N	n	%	
Rückzugsdelinquenz	765	260	33.99	810	354	43.70	0.008**
Eigentumsdelinquenz	1989	404	20.31	2106	855	40.60	0.000***
Aggressionsdelinquenz	1530	304	19.87	1620	668	41.23	0.000***
Gesamtdelinquenzbel.	**4284**	**968**	**22.60**	**4536**	**1877**	**41.38**	**0.000***

(ns) p> 0,05   * 0,05 ≥ p > 0,01   ** 0,01 ≥ p > 0,001   *** p ≤ 0,001

Tabelle: *Delinquenzbelastungen nach Mittelwerten:* **Hauptschule**

Delinquenzart	$\bar{x}_{weibl}$	$\bar{x}_{männl}$	SD_{weibl}	$SD_{männl.}$	p
Rückzugsdelinquenz	4.97	7.14	4.78	5.81	0.000***
Eigentumsdelinquenz	2.91	4.45	3.07	4.57	0.000***
Aggressionsdelinquenz	2.89	5.10	3.07	5.06	0.000***
Gesamtdelinquenzbel.	**3.45**	**4.98**	**3.72**	**5.10**	**0.000***

(ns) p> 0,05   * 0,05 ≥ p > 0,01   ** 0,01 ≥ p > 0,001   *** p ≤ 0,001

Betrachten wir die beiden oben aufgeführten Tabellen, so erkennen wir, dass das Delinquenzverhältnis zwischen weiblichen und männlichen Hauptschülern sehr unterschiedlich ausfällt. Die prozentuale Gesamtdelinquenzbelastung der männlichen Subgruppe erreicht etwa den doppelten Wert der weiblichen (w/m = 1:1.83). Das Postulat, männliche Hauptschüler seien doppelt so delinquent wie ihre Mitschülerinnen, vermögen wir *nicht* zu Generalisieren; bezogen auf unseren internen Vergleich trifft es jedoch zu; auch die Mittelwertvergleiche stützen die Aussage.

Wie hingegen stellt sich das Delinquenzverhältnis bei den Gymnasiasten dar? Folgende Tabellen geben hierüber Aufschluss:

Tabelle: *Delinquenzbelastungen in Prozentwerten:* **Gymnasium**

	weiblich			männlich			
Delinquenzart	N	n	%	N	n	%	p
Rückzugsdelinquenz	635	173	27.24	575	182	31.65	0.093(ns)
Eigentumsdelinquenz	1651	299	18.11	1495	440	29.43	0.000***
Aggressionsdelinquenz	1270	204	16.06	1150	471	40.96	0.000***
Gesamtdelinquenzbel.	**3556**	**676**	**19.01**	**3220**	**1093**	**33.94**	**0.000***

(ns) p> 0,05   * 0,05 ≥ p > 0,01   ** 0,01 ≥ p > 0,001   *** p ≤ 0,001

Tabelle: *Delinquenzbelastungen nach Mittelwerten:* **Gymnasium**

Delinquenzart	$\bar{x}_{weibl}$	$\bar{x}_{männl}$	$SD_{weibl.}$	$SD_{männl.}$	p	t
Rückzugsdelinquenz	4.28	6.24	4.13	5.29	0.000***	3.874
Eigentumsdelinquenz	3.10	4.66	3.18	4.04	0.000***	5.598
Aggressionsdelinquenz	3.08	4.69	3.44	4.36	0.000***	4.143
Gesamtdelinquenzbel.	**4.41**	**4.98**	**3.57**	**4.46**	**0.000***	**7.403**

(ns) p> 0,05   * 0,05 ≥ p > 0,01   ** 0,01 ≥ p > 0,001   *** p ≤ 0,001

Wie schon bei den Hauptschülern, besteht auch zwischen den weiblichen und männlichen Schülern des Gymnasiums ein Unterschied im Delinquenzaufkommen. Lediglich das Verhältnis von w/m = 1:1.79 (0.04 Differenzwert) trennt die beiden Schülergruppen voneinander, was in diesem Kontext als zusammenhangslos angesehen werden kann.

Auffällig beim Vergleich beider Datenaufstellungen unter- und gegeneinander erscheint hierbei Folgendes: Rückzugsdelinquente Handlungen weisen in beiden Prozentvergleichen den geringsten Unterschied zwischen den Geschlechtern auf:

Hauptschule, Differenz *9.7%* / Gymnasium, Differenz *4.4%*

Da bei rückzugsdelinquenten Verhaltensformen (Trunkenheit, Schulschwänzen, Streunen und Rauschgiftkonsum) nur minimale Abweichungen bestehen, ziehen wir kurz die beiden am weitest verbreiteten Delikte heran:

	Hauptschule				Gymnasium			
	weiblich		männlich		weiblich		männlich	
	%	x̄	%	x̄	%	x̄	%	x̄
Alkoholgenuss	*67*	*5.9*	*82*	*10.1*	*41*	*5.5*	*58*	*8.2*
Rauschgiftkonsum	*20*	*8.3*	*25*	*6.7*	*17*	*4.6*	*22*	*6.7*

Beide Schulformenformen unterscheiden sich geschlechtsspezifisch bezüglich der Prozentwertabweichung kaum: Alkoholgenuss 15%(Hs.) und 17%(Gy.); Rauschgiftkonsum jeweils 5% Unterschied, in beiden Fällen zu Lasten der männlichen Schüler. Setzt sich dieses Verhältnis beim Mittelwertvergleich im Großen und Ganzen noch fort, neigen bei den Hauptschülern die Mädchen im Schnitt eher dazu, Rauschgift zu konsumieren als Jungen; jedoch immer unter der Voraussetzung, dass überhaupt Rauschgift konsumiert wurde. Deutlich von einander abgrenzen können wir schulübergreifend den Alkoholgenuss. Im direkten Vergleich erkennt man deutlich das Niveau der Hauptschüler. *Nur 13% der männlichen Hauptschüler haben noch nie Alkohol in solchen Mengen zu sich genommen, dass sie betrunken waren!...*

Tabelle: *Prozentuales Aufkommen delinquenter Handlungen*

gesamt (Angaben gerundet!) Ang. in % Item	ja		1mal		2-5mal		6-10mal		> 10mal	
	H	Gy	H	Gy	H	Gy	H	Gy	H	Gy
Fahren ohne Fahrkarte	**54**	**80**	16	21	23	41	6	7	10	11
Automatenbetrug	**49**	**50**	13	18	23	23	5	5	8	3
Wechselgeld-Schwindel	**17**	**17**	9	5	6	10	1	1	1	1
Zechprellerei	**12**	**4**	8	2	4	1	0	0	0	1
Hehlerei	**46**	**25**	21	10	15	12	4	1	7	1
Trunkenheit	**48**	**49**	12	10	26	17	7	8	30	14
Schulschwänzen 1 Tag	**40**	**45**	14	16	14	23	4	3	8	3
Schulschwänzen > 1Tag	**22**	**10**	10	3	7	6	2	1	4	0
Streunen	**34**	**24**	17	13	16	6	1	2	1	3
Kaufhausdiebstahl	**54**	**33**	29	15	17	14	4	2	4	3
Kioskdiebstahl	**27**	**15**	15	5	6	5	3	3	3	2
Baustellendiebstahl	**15**	**21**	16	11	9	9	1	1	0	1
Kameradendiebstahl	**15**	**11**	10	5	5	5	0	1	0	1
Gaststättendiebstahl	**22**	**14**	13	8	7	4	16	2	1	0
Fahrraddiebstahl	**30**	**13**	15	6	8	5	4	1	2	1
Kfz-Diebstahl	**19**	**5**	12	3	5	1	1	0	1	1
Raub/Erpressung	**31**	**14**	13	3	13	5	2	1	2	5
Körperverletzung	**46**	**22**	25	11	17	9	3	1	2	2
Bedrohung mit Waffe	**17**	**7**	11	3	4	3	1	0	1	0
Einbruch (o. Diebstahl)	**27**	**20**	16	10	8	10	1	1	3	1
Sachbeschädigung 1	**45**	**41**	17	11	0	22	0	5	0	3
Sachbeschädigung 2	**41**	**33**	23	17	12	13	3	3	4	1
Brandstiftung	**16**	**8**	11	6	5	2	0	0	0	0
Rauschgiftkonsum	**23**	**19**	8	7	4	7	3	1	8	6
Fahren o. Führerschein	**54**	**38**	15	17	17	13	9	3	16	5
Unerl. Waffenbesitz	**24**	**11**	10	2	4	5	2	1	8	4
Belästigung	**17**	**16**	11	7	4	7	1	2	2	1
Jugendamt / Polizei	**16**	**11**	10	8	4	2	2	1	0	0

Tabelle: *Detaillierte Mittelwerte und Streuungsmaße*

Item	Hauptschule		Gymnasium		H:G
	$\bar{x}_1$	s_1	$\bar{x}_2$	s_2	$\bar{x}_{diff}$
Fahren ohne Fahrkarte	5.6	4.9	5.1	4.4	0.5
Automatenbetrug	5.5	3.5	4.0	5.2	1.5
Wechselgeld-Schwindel	3.3	3.5	3.9	3.1	0.6
Zechprellerei	1.9	1.4	6.0	4.4	4.1
Hehlerei	4.6	4.8	3.7	3.2	0.9
Trunkenheit	8.3	5.7	6.5	5.2	1.8
Schulschwänzen 1 Tag	5.4	5.1	4.0	3.5	1.4
Schulschwänzen > 1Tag	5.2	5.1	3.6	1.9	1.6
Streunen	2.6	2.0	3.9	4.6	1.3
Kaufhausdiebstahl	3.6	4.0	3.7	3.7	0.1
Kioskdiebstahl	4.1	4.6	5.0	4.4	0.9
Baustellendiebstahl	2.2	1.6	2.7	2.4	0.5
Kameradendiebstahl	2.0	1.4	3.2	2.9	1.2
Gaststättendiebstahl	2.7	2.5	2.9	2.5	0.2
Fahrraddiebstahl	3.8	3.9	3.7	3.6	0.1
Kfz-Diebstahl	2.7	3.0	4.9	5.6	2.2
Raub / Erpressung	3.7	3.7	7.5	5.8	3.8
Körperverletzung	3.1	3.0	3.5	3.7	0.4
Bedrohung mit Waffe	2.8	3.1	2.5	1.5	0.3
Einbruch (ohne Diebst.)	3.7	4.4	2.9	2.4	0.8
Sachbeschädigung 1	5.1	4.8	4.4	3.6	0.7
Sachbeschädigung 2	3.7	4.1	3.0	3.1	0.7
Brandstiftung	2.0	1.4	1.8	1.3	0.2
Rauschgiftkonsum	7.4	6.1	6.3	5.8	1.1
Fahren o. Führerschein	6.9	5.5	4.5	4.7	2.4
Unerl. Waffenbesitz	6.8	6.2	7.7	5.8	0.9
Belästigung	3.3	4.1	3.7	3.4	0.4
Jugendamt	2.9	2.6	2.1	2.0	0.8

In welchem Verhältnis stehen das Alter der Schüler und delinquente Verhaltensweisen?

„(...) Was das Alter der Heranwachsenden angeht, so scheint eine Art „Gewaltspitze" bei den 13- bis 15jährigen zu liegen – also etwa in der 7. bis 9. Klasse. Danach nimmt die Häufigkeit von körperlichen Gewalthandlungen wieder ab (...).[12]

Folgende Graphik zeigt die von uns erhobenen Werte des Items:
„Hast du schon einmal einen Menschen bei einer Schlägerei Verletzt?"

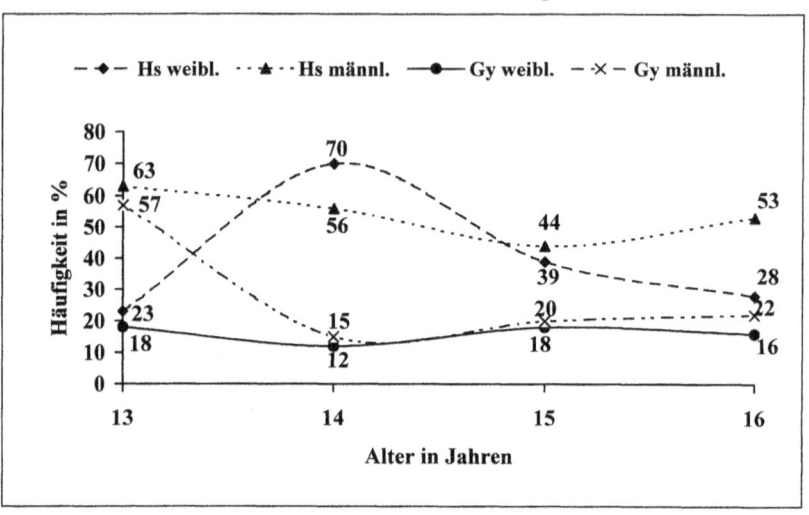

Beim errechnen des Durchschnittsalters beider Altersangaben 13 und 15 Jahre (14 Jahre) liegen die Hauptschülerinnen mit ihrer Verlaufskurve eindeutig in der oben postulierten „Toleranz". Bei ihren männlichen Mitschülern hingegen ist ein deutliches Absinken von 63% (13 J.) auf 44% (15 J.) zu erkennen, woraufhin bei den 16jährigen die Tendenz zur physischen Gewaltbereitschaft um 9% ansteigt. Betrachten wir die Verlaufkurve der Gymnasiasten, erhalten wir einen – im Gegensatz zum Sollwert – Negativabbild des vorhergesagten Delinquenzverlaufs. Ein Absinken um 42% vom 13. bis zum 14. Lebensjahr scheint beträchtlich, ein Nachvollziehen in diesem Kontext schwierig, schon deshalb, weil die physische Delinquenzbereitschaft zum 16. Lebensjahr hin sukzessive ansteigt. Lediglich die Gymnasiastinnen halten sich in ihrem Aufkommen körperlicher Delikte die

---

[12] Vgl.: Tillmann, Holler-Nowitzki, Holtappels, Meier und Popp (1999); Seite 17

Waage. Der Wellenförmige Verlauf lässt auf ein durchgehend ausgeglichenes Niveau schließen; extreme Spitzen treten nicht auf.
In der Gegenüberstellung Hauptschüler versus Gymnasiasten erlagen wir einem Erklärungsnotstand, zumindest was das Phänomen der Belästigung der Gymnasiasten betrifft. Wir greifen dieses Phänomen hier nochmals auf, um im Kontext schaubildlicher Darstellung eine mögliche Ursache des Belästigungsaufkommens zu deuten.

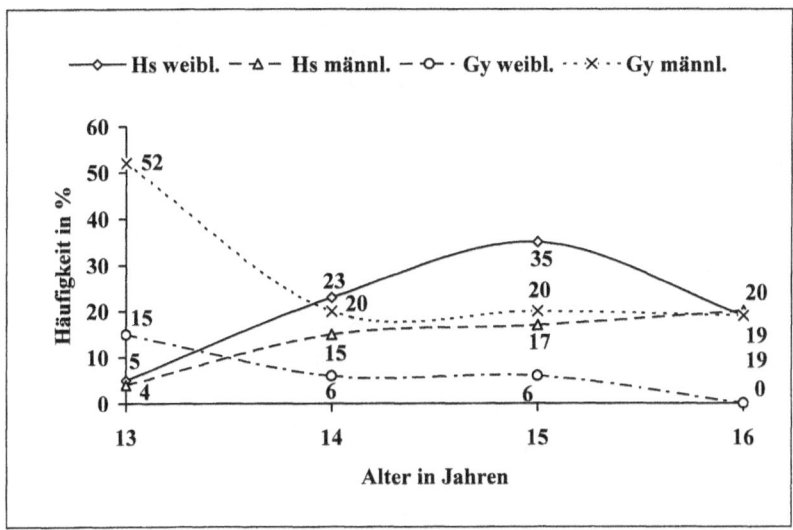

Die Verlaufskurve männlicher Gymnasialwerte lässt sehr deutlich erkennen, wo die Spitze und der Kausalzusammenhang des enormen Belästigungsaufkommen zu finden ist. 52% der 13jährigen Gymnasiasten belästigten demzufolge andere Personen so stark, dass sie die Polizei holen wollten. Danach fällt die Kurve um 32% ab und hält durchgängig das Niveau bei etwa 20%. Weshalb der Belästigungsgrad anfangs so starke Formen annimmt, kann kaum nachvollzogen werden. Könnte man so weit gehen, zu behaupten, der Effekt des rapiden Abfalls der Belästigungsdelinquenz steht im unmittelbaren Zusammenhang mit der im 14. Lebensjahr einsetzenden Strafmündigkeit? Betrachten wir die ohnehin schwach verlaufende und auf Null absinkende Verlaufbahn der Gymnasiastinnen, scheint sich die Hypothese zu bestätigen. Betrachten wir den Belästigungsgrad aus Kapitel 11.3.1.2 aus dieser Perspektive, relativiert sich das Aufkommen der Belästigung. Aufgrund des hohen Aufkommens von 13jährigen Gymnasiasten, mit zum Teil hohen Belästigungswerten, müssen wir unsere Hypothese bezüglich der vormals aufgeführten Intensivtäterschaft revidieren. Offen bleibt trotz allem die Frage, ob ein Zusammenhang zwischen dem Abfallen der Belästigung mit dem

13. Lebensjahr und dem **§1 JGG Abs.2**[13] besteht?! Vor allem in Anbetracht des Abfallens weiblicher *und* männlicher Gymnasialwerte! Dient eine solche Erkenntnis der Untermauerung, dass intellektuelle Fähigkeiten und/oder ein engeres Befassen mit Vorschriften im Gymnasialkontext eher Berücksichtigung finden? Vergleichen wir die Werte des Items noch im Hauptschulsektor untereinander, entdecken wir einen den Gymnasiasten konträres Wertaufkommen. Männliche Hauptschüler neigen dazu, mit zunehmendem Alter in Bezug der Belästigungsdelinquenz sukzessive aufzubauen, weibliche zieht in dieselbe Richtung, flacht jedoch im Altersbereich des 16. Lebensjahres wieder ab. Somit stellen wir uns letztendlich in diesem Gesamtkontext die Fragen:

- Sind sich Hauptschüler nicht im Klaren, was infolge von Gesetzesüberschreitungen auf sie zukommen könnte,

oder

- ignorieren sie eventuelle strafrechtliche Folgen einfach?

Für relevant halten wir im Kontext der Belästigung das Auftreten jener Delinquenzart in gruppendynamischer Betrachtungsweise. Ein Determinieren des *Belästigungsbegriffs* ist in jedem Fall schwierig, ein „Gummibegriff"!

Berücksichtigt werden muss zudem die Belästigung im Zusammenspiel mit Alkoholgenuss; besonders im Gruppenaufkommen.

Was im Laufe der Zeit rapide zunahm, ist das Delikt des sexuellen Belästigung. Inwieweit aber eine solche Tat in unsere Erhebung einbezogen werden kann, bleibt uns verborgen. Dass unsere diesbezügliche Theorie nicht unbeachtet bleiben darf, belegen Studien aus Holland:

---

[13] *Kurze Exkursion in die rechtlichen Zusammenhänge:*
JGG (Jugendgerichtsgesetz): **§1 Persönlicher und sachlicher Anwendungsbereich****
    (1) Dieses Gesetz gilt, wenn ein Jugendlicher oder Heranwachsender eine Verfehlung begeht, die nach den allgemeinen Vorschriften mit Strafe bedroht ist.
    (2) Jugendlicher ist, wer zur Zeit der Tat vierzehn, aber noch nicht achtzehn, Heranwachsender, wer zur Zeit der Tat achtzehn, aber noch nicht einundzwanzig Jahre alt ist.
** Verwiesen wird in diesem Zusammenhang auf den **§12 OwiG** (Gesetz über Ordnungswidrigkeiten:

OwiG: §12 Verantwortlichkeit
    (1) Nicht vorwerfbar handelt, wer bei der Begehung einer Handlung noch nicht vierzehn Jahre alt ist. Ein Jugendlicher handelt nur unter den Voraussetzungen des §3 Satz 1 des Jugendgerichtsgesetzes vorwerfbar.
    (2) ...

JGG: §3 Verantwortlichkeit**(↑)
1. Ein Jugendlicher ist strafrechtlich verantwortlich, wenn er zur Zeit der tat nach seiner sittlichen und geistigen Entwicklung reif genug ist, das Unrecht der Tat einzusehen und nach dieser Einsicht zu handeln. 2.Zur Erziehung eines Jugendlichen, der mangels Reife strafrechtlich nicht verantwortlich ist, kann der Richter dieselben Maßnahmen anordnen wie der Vormundschaftsrichter.

„*Laut Angaben (...) werden in den Niederlanden jedes Jahr etwa 400 Minderjährige wegen Sexualstraftaten wie Voyeurismus, Exhibitionismus oder tätlichen Übergriffen zu Freiheitsstrafen verurteilt. Achtzig Prozent aller Vergewaltigungen gehen (...) auf das Konto von Minderjährigen.*" [14]

Wir gehen davon aus, dass es sich in Majoritäten um männliche Jugendliche handelt, die sexuelle Übergriffe begehen. Natürlich liegt es uns fern, diese Zahlen in unsere Erhebungswerte einzubeziehen, zeigen allerdings hiermit auf, dass solche Deliktarten auch bei uns nicht negiert werden dürfen.

Guggenbühl hingegen verweist auf die andere Seite sexueller Übergriffe: **Weiblich gegen männlich**:

„*(...) Die Mädchen setzten ihre neuen Fähigkeiten*[(15)] *jedoch nicht nur reaktiv ein, sondern inszenierten sich als Bande. Sie führten Kussattacken auf jüngere, gutaussehende Jungen durch, bedrohten andere und zwangen sie, ihnen die Schuhe zu küssen, etc.*" [16]

Bevor wir den Abschnitt des Belästigungsdeliktes verlassen, verweisen wir auf ein Item einer Forschungsgruppe, die ihre Erhebung zur Schülergewalt in Nürnberg durchführte. Auf dem im Anhang des Buches abgedruckten Fragebogen steht folgende Frage[17]:

„*Wie oft hast du selbst in diesem Schuljahr diese Dinge gemacht? Eine Lehrerin sexuell belästigt...*"

Wir maßen uns aufgrund eigener Erfahrungswerte an, dass solch eine Fragestellung als durchaus irrealistisch anzusehen ist. Somit gehen *Funk u.a.* von einer geradewegs männlich geleiteten Sexualdeliktaufkommen aus, ohne mögliche weibliche Pendants anzudenken. Wäre die Möglichkeit gegeben, zwischen der männlichen und weiblichen Form der Lehrerfigur zu unterscheiden, hätten wir die Fragestellung in vollem Umfang für interessant gehalten.

Gingen wir bis hierher auf spezielle Einzeldelikte ein, kommen wir nunmehr wieder auf den altersspezifischen Vergleich zurück, und ziehen relevant erscheinende Ergebnisse heran[18].

Bemerkenswert präsentiert sich die Altersverteilung des Items „*Rauschgiftkonsum*"!

---

[14] Vgl.: Kohnstamm (1999); Seite 175
[15] Anm.: *Selbstverteidigung*
[16] Vgl.: Guggenbühl (1997); Seite 84
[17] Vgl.: Funk [Hrsg. (1995); Anhang, Seite 11
[18] Alle Prozentwerte, nach Item, Geschlecht und Alter separat aufgeführt, ist im Anhang hinzugefügt!

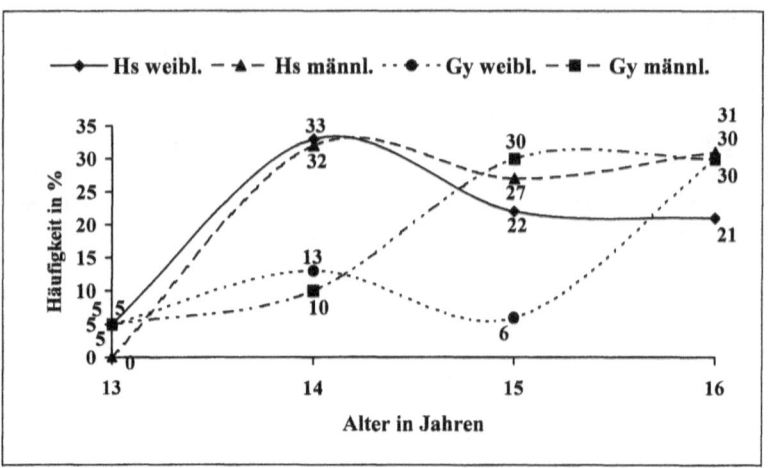

Fällt der Drogenkonsum im 13. Lebensjahr noch verhältnismäßig gering aus, erfährt er im 14. bei den Hauptschülern einen gewaltigen Anstieg. Geben sich Gymnasiasten im 14. Lebensjahr noch immer recht zurückhaltend, folgt bei den männlichen Gymnasialschülern einen ebensolcher Anstieg mit 15 Jahren wie bei den Hauptschülern mit 14, wobei der Drogenkonsum der weiblichen Subgruppe wieder abfällt, aber mit 16 Jahren so etwas wie einen erneuten Anstieg erfährt, beziehen wir uns nochmals auf das 14. Lebensjahr. 16 Jahre: Einzig bei den weiblichen Hauptschülern erkennen wir einen Abfall, männliche Werte hingegen gehen wieder nach oben, Gymnasiasten stagnieren und Gymnasiastinnen weisen Höchstwerte auf. Wie stellt sich der nunmehr der Alkoholkonsum dar?

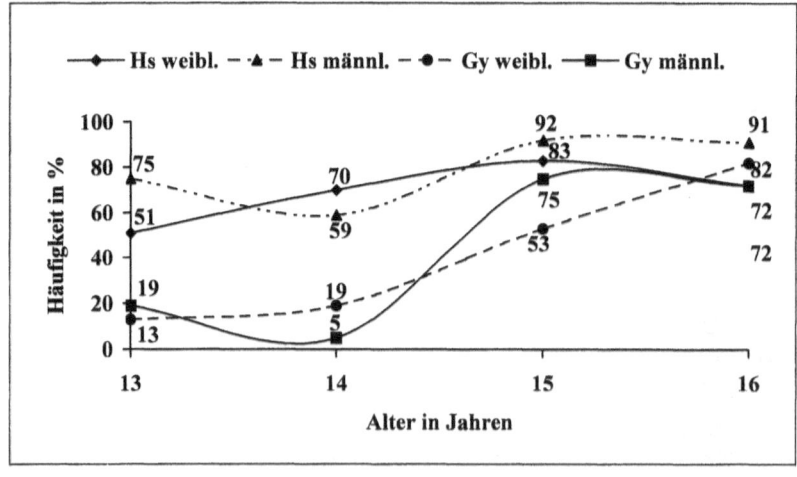

Ziehen wir ausschließlich die Kurve der Gymnasiastinnen heran, ist deutlich das gleiche Ansteigen des Alkoholkonsums zu erkennen wie bereits beim Rauschgift. Worauf basiert letztendlich solch rapides Ansteigen bei den Gymnasiastinnen, während bei anderen Jugendlichen eine Stagnation eintritt oder gar abfallende Werte zu verzeichnen sind?

Besteht die Möglichkeit, das Phänomen in den Erziehungskontext mit dem Elternhaus stellen? Erfahren Gymnasiastinnen eine erhöhte Form von Behütung, vielleicht sogar einer Überbehütung, so dass sie sich erst später aus der elterlichen Obhut lösen, um letztendlich mit 16 Jahren aufwärts nachzuholen, was sie in den Jahren vorher „verpasst" haben? Erhielten wir diesen Aspekt aufrecht, verglichen es mit dem Rauschgift- und Alkoholkonsum der jüngeren Hauptschülerinnen, erführen diese dann eine weniger behütete Kindheit? Kommen sie somit eher in Gefahr, aufgrund fehlender Eltern-Kind-Beziehungen zu „verwahrlosen"? Wäre auch das Delikt des Streunens Ausdruck von verwahrlosendem Verhalten, erklärte es unter Umständen das stetige Ansteigen des nächtlichen Fortbleibens (s. Graphik).

Item: *„Warst du schon einmal eine Nacht von zu Hause fort, ohne dass deine Eltern wussten, wo du bist?"*

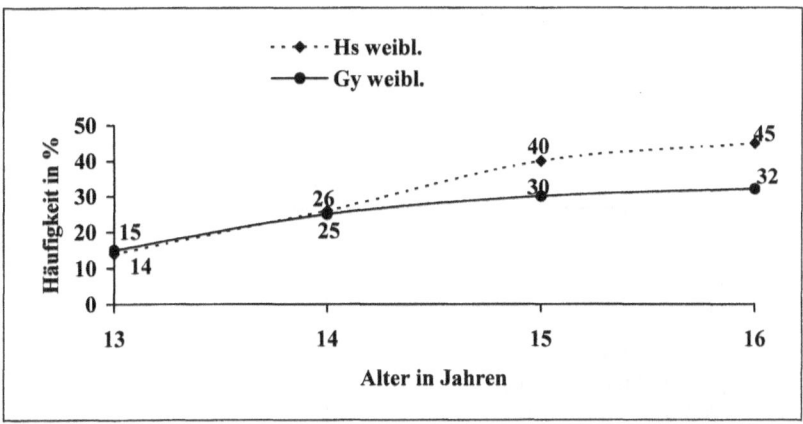

Wir bringen zur besseren Übersichtlichkeit lediglich die Werte der weiblichen Subgruppen. Unser oben aufgestelltes Postulat der Verwahrlosungsmöglichkeit von Hauptschülerinnen lässt sich unter Betrachtung der fast parallel ansteigenden Verlaufskurven somit nicht falsifizieren.

Lösel u.a. subsumierten fünf Items unter dem Terminus Rückzugsdelinquenz. Hierunter verstehen sie den Alkohol- und Rauschgiftkonsum, das Streunen sowie das Fernbleiben vom Schulunterricht. Wir gehen in diesem Kontext der Einfachheit halber davon aus, dass Rückzugsdelinquenz und Verwahrlosung synonym verwendet werden kann. Fügen wir letztendlich noch die Prozentwerte des Schulschwänzens mit auf, lässt zerfällt unsere Verwahrlosungsthese komplett. Unterstützend wirksam, unsere These zu verwerfen, dienen folgende Abbildungen:

Item: a) *Hast du schon einmal den ganzen Tag die Schule geschwänzt? (1 Tag)*
b) *Hast du schon einmal mehrere Tage die Schule geschwänzt? (> 1 Tag)*

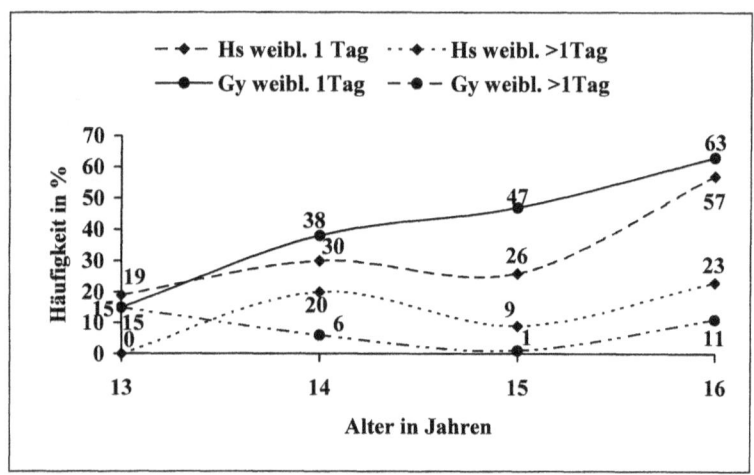

Tabelle und Graphik: *Mittelwertvergleiche der Rückzugsdelinquenzen*

Item	Hauptschule		Gymnasium		H:G
	$\bar{x}_1$	s_1	$\bar{x}_2$	s_2	$\bar{x}_{diff}$
Trunkenheit	5.9	5.1	5.5	4.9	+0.4
Schulschwänzen 1 Tag	3.3	3.1	3.4	2.6	-0.1
Schulschwänzen > 1Tag	5.9	5.9	3.8	3.7	+2.1
Streunen	2.4	2.1	3.7	4.6	-1.3
Rauschgiftkonsum	8.3	5.9	4.6	4.1	+3.7

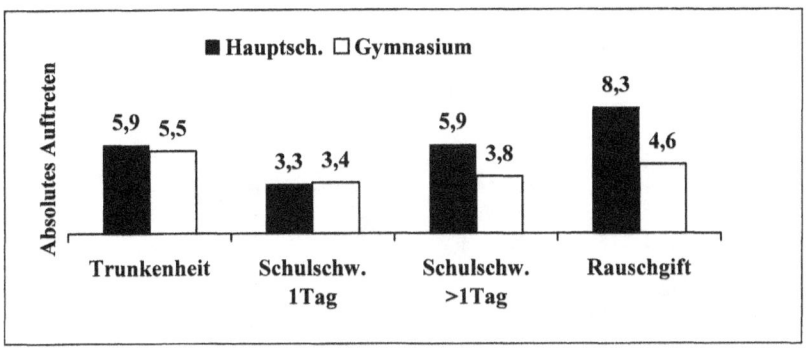

Zum Abschluss des vorliegenden Kapitels gehen wir nochmals in Auszügen auf die Eigentums- sowie die Aggressionsdelinquenz unter Berücksichtigung des Alters ein.

Beginnen wollen wir mit dem Vergleich der Eigentumsdelinquenz. Aus Gründen der Überschaubarkeit verzichten wir auf eine explizite Darstellung in Form von Einzelaufführungen nach Häufigkeit; beschränken uns somit auf *vorgekommen* oder *nicht vorgekommen*:

Graphik: Eigentumsdelinquenzgegenüberstellung weiblich

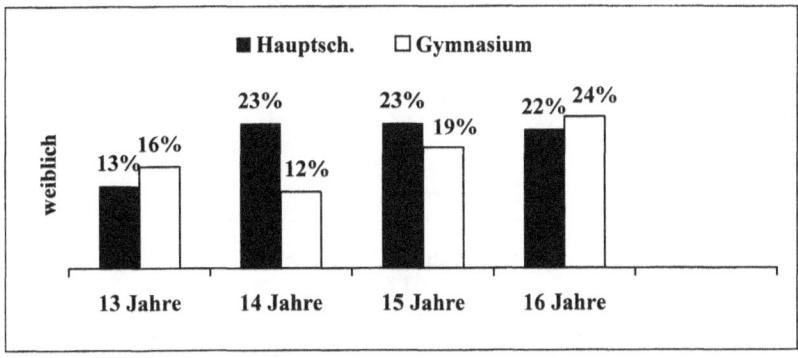

Vorstehende Graphik gibt Aufschluss darüber, wie oft die Schülerinnen in ihrer Alterskategorie Delikte begingen, die eine wirtschaftliche Schädigung Dritter nach sich ziehen. Zögen wir einen Durchschnittswert nach diesen Angaben heran, wichen sie nur um etwa 3% zu lasten der Hauptschülerinnen voneinander ab.

Graphik: Eigentumsdelinquenzgegenüberstellung ***männlich***

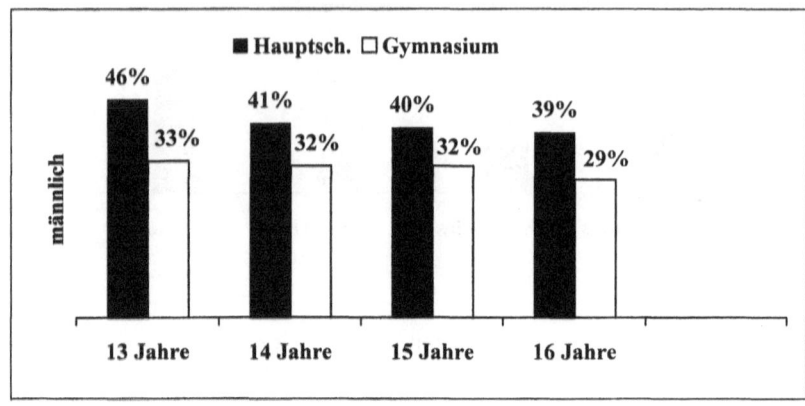

Beim Vergleich beider Darstellungen fällt die abnehmende Kontinuität der Eigentumsdelinquenz bei der männlichen Schülergruppe auf. Hält sich wirtschaftliches Schädigen von Dritten bei den Hauptschülerinnen in der Alterspanne von 14 bis 16 Jahren die Waage, steigt es bei den Gymnasiastinnen hingegen in derselben Alterskategorie sukzessiv an, so kann das parallele Absinken dieser Delinquenzart beim männlichen Schüleraufkommen als eine (Ab)Art des Phänomens angesehen werden.

Letztlich wollen wir, wie angekündigt, auf die Quantität der Aggressionsdelinquenz im Alterskontext eingehen.

Graphik: Aggressionsdelinquenz ***weiblich***

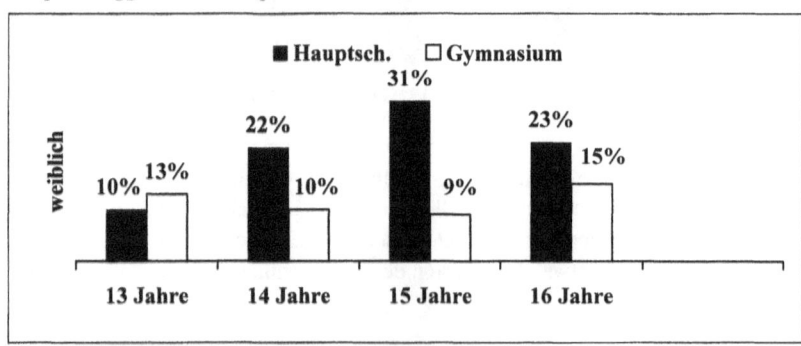

Graphik: *Aggressionsdelinquenz **männlich***

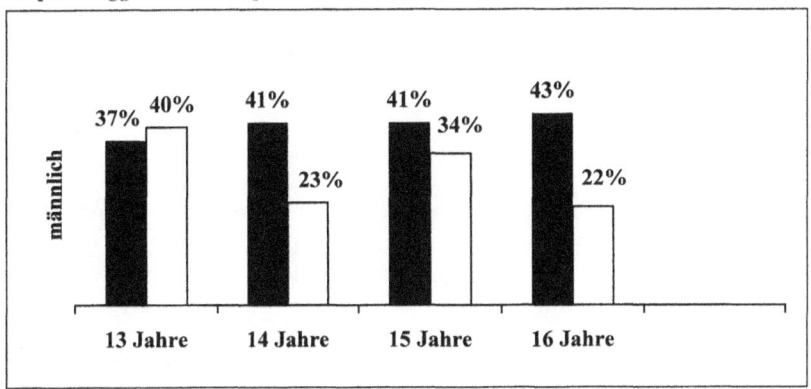

Weder bei den weiblichen noch bei den männlichen Schülern ist eine klare Linie der Aggressionshandlungen zu verzeichnen. Einzig die Gruppe männlicher Hauptschulbesucher zeigt eine leichte Tendenz stetiger Zunahme. Scheint im Altersbereich von 13 bis 15 Jahren eine Abnahme der Aggressionsdelinquenzbelastung bei den Gymnasiastinnen erkennbar, erreicht sie im Alter von 16 Jahren erst ihren Höchststand. Ein ähnlicher Anstieg war bereits bei einigen Items in Bezug auf die Rückzugsdelinquenz zu erkennen.

11.3.2 Hauptschule/Gymnasium (HG) versus Realschule (Rs)

In den Gegenüberstellungen des Kapitels 11.3.2ff. vergleichen wir die summierten Werte der Hauptschule und des Gymnasiums mit den Erhebungsdaten der Realschule.

11.3.2.1 Hauptschülerinnen/Gymnastinnen versus Realschülerinnen

$$H_0 : \mu_{hau+gym/wei} = \mu_{real/wei}$$

$$H_1 : \mu_{hau+gym/wei} \neq \mu_{real/wei}$$

Tabelle: *Delinquenzbelastungen in Prozentwerten*

	HG			Realschule			
Delinquenzart	N	n	%	N	n	%	p
Rückzugsdelinquenz	1400	430	30.71	1070	297	27.76	0.110(ns)
Eigentumsdelinquenz	3640	710	19.51	2782	581	20.88	0.172(ns)
Aggressionsdelinquenz	2800	455	16.25	2140	341	15.93	0.765(ns)
Gesamtdelinquenzbel.	7840	1595	20.34	5992	1219	20.34	0.999(ns)

(ns) p> 0,05   * 0,05 ≥ p > 0,01   ** 0,01 ≥ p > 0,001   *** p ≤ 0,001

Beschränken wir *Tillmanns* Postulat, *Realschüler liegen in ihrem delinquenten Handeln zwischen den Gewaltpolen Hauptschule und Gymnasium*, auf die weiblichen Subgruppen, träfe es im weiblichen Vergleich 100%ig zu. Aufgrund solcher Kongruenz ist die Ausgangshypothese H_0 ist als verifiziert anzusehen. Aggressionsdelinquentes Verhalten mit einer Prozentwertdifferenz von minimaler Abweichung von .32 lassen in diesem Bereich ein ebenfalls sehr hohes ÜbereinstimmungsNiveauu erkennen. Mit weiterhin einer mittleren Abweichung von 1.55% über alle Delinquenzbelastungen bedarf es unsererseits keiner gesonderten Anmerkungen.

Eine nicht unwesentliche Untermauerung *Tillmanns* Postulates ist auch anhand der folgenden Graphik erkennbar:

Graphik: *Delinquenzbelastungen nach Häufigkeitsaufkommen in Prozent (Angaben gerundet)*

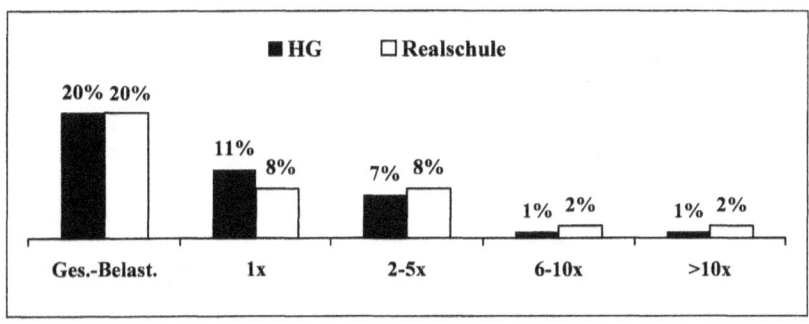

Aus der Graphik deutlich zu entnehmen, liegen auch die Häufigkeitswerte recht dicht beieinander. Hinzuziehen wollen wir an dieser Stelle einmal die absolut angegebenen Werte[19]:

$$n_{HG} = 280 \ (N= 7840) \ / \ n_{Real} = 214 \ (N= 5992)$$

Graphik: *Delinquenzbelastungen nach Häufigkeitsaufkommen in **absoluten Zahlen***

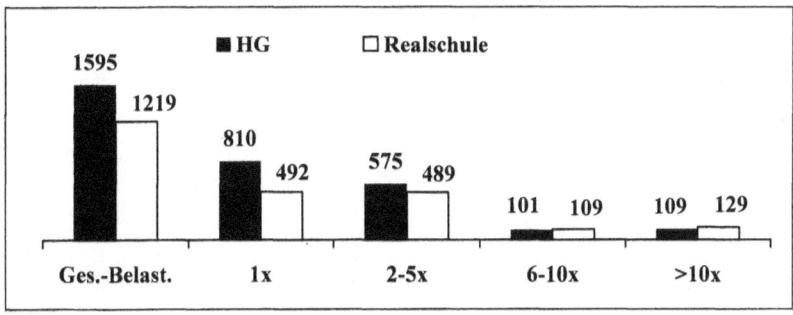

---

[19] Anmerkung: Die absoluten Zahlenwerte entspringen folgender Berechnungsgrundlage:
N = n * 28 (28 stellt die Anzahl der Items pro Fragebogen dar, n die Anzahl der schulbezogenen Populationen!)

Besonders beim sechs bis zehnmaligen Aufkommen und dem öfter als zehnmaligen Aufkommen ist abzulesen, wie dicht die oben als Prozentwerte angezeigten Items liegen. Die Differenzen der Gesamtbelastung und der nachstehenden Werte ergeben sich infolge des 1.3fachen Aufkommens der summierte Werte von Hauptschule und Gymnasium.

Nachdem eine sehr hohe Übereinstimmung der Prozentwerte besteht, vergleichen wir im Anschluss die Mittelwerte.

Tabelle: *Delinquenzbelastungen nach Mittelwerten*

Delinquenzart	$\bar{x}_{HG}$	$\bar{x}_{Rs}$	SD_{HG}	SD_{Rs}	p
Rückzugsdelinquenz	*4.70*	*5.91*	*4.56*	*5.91*	*0.001****
Eigentumsdelinquenz	*3.07*	*4.06*	*3.22*	*3.91*	*0.000****
Aggressionsdelinquenz	*2.98*	*3.35*	*3.15*	*3.32*	*0.114(ns)*
Gesamtdelinquenzbel.	*3.48*	*4.31*	*3.69*	*4.22*	*0.000****

(ns) p> 0,05   * 0,05 ≥ p > 0,01   ** 0,01 ≥ p > 0,001   *** p ≤ 0,001

Bis auf aggressiv-delinquentes Verhalten sind alle Mittelwertabweichungen *signifikant*.. Somit fällt der Mittelwertvergleich zum Nachteil der Realschülerinnen aus. Neigt eine Realschülerin allgemein zu delinquenten Handlungen, begeht sie im Durchschnitt solch eine Tat 4.31 Mal. Der Wert liegt um .83 Mal über den Vergleichsdaten. Bemerkenswert ist der relativ hohe Mittelwert rückzugsdelinquenter Verhaltensweisen. Mit einem durchschnittlichen Trunkensein von 7.7 Mal erreichen sie den Spitzenwert unter allen drei in die Erhebung involvierten Schülerinnengruppen (Hs. 5.9 Mal; Gy. 5.5 Mal). Obgleich die Werte der Realschülerinnen mit 59% inmitten der Prozentwerte der beiden anderen Schülerinnengruppen platziert aufzufinden sind (Hs. 67%; Gy. 41%), besteht trotzdem ein erhöhtes Aufkommen von Trunkenheit. Beim betrachten der Einzelhäufigkeiten fällt auf, dass 32.2% ($^1/_3$!) der Realschülerinnen bereits öfter als zehn Mal ein Betrunkensein zugaben (Hs. 21.5%; Gy. 19.7%). Vergegenwärtigen wir uns die Trunkenheit von Realschülerinnen in spezifischen Alterskontexten, müssen wir feststellen: **73%** der 15jährigen und **83%** der 16jährigen trinken nach ihren Angaben des Öfteren bis zum Rausch, was auch die Modalwerte belegen (in beiden Aufstellungen bei öfter als zehn Mal; 15 Jahre 34% / 16 Jahre 38.6%).

Tabelle: *Prozentuales Aufkommen delinquenter Handlungen*

weiblich (Angaben gerundet!) Ang. in % Item	ja		1mal		2-5mal		6-10mal		> 10mal	
	HG	Rs	HG	Rs	HG	Rs	HG	Rs	HG	Rs
Fahren ohne Fahrkarte	59	56	24	14	26	28	4	3	4	11
Automatenbetrug	41	49	21	17	14	26	4	3	3	3
Wechselgeld-Schwindel	7	14	5	5	2	6	0	2	0	1
Zechprellerei	2	7	1	4	1	3	0	0	0	0
Hehlerei	30	25	17	13	11	7	1	4	1	1
Trunkenheit	55	59	15	10	25	20	4	10	11	19
Schulschwänzen 1 Tag	40	38	17	16	18	15	4	3	1	4
Schulschwänzen > 1Tag	11	9	4	4	4	3	1	1	2	1
Streunen	29	19	16	6	11	9	1	2	1	2
Kaufhausdiebstahl	34	29	18	9	12	12	3	3	1	5
Kioskdiebstahl	14	12	9	6	4	3	1	1	0	2
Baustellendiebstahl	10	9	8	5	3	4	0	0	0	0
Kameradendiebstahl	10	9	7	2	4	6	0	1	0	0
Gaststättendiebstahl	13	18	9	10	3	7	1	1	0	0
Fahrraddiebstahl	15	16	9	11	5	3	1	1	1	1
Kfz-Diebstahl	5	9	5	5	1	2	0	1	0	1
Raub/Erpressung	17	16	9	8	5	5	1	2	1	1
Körperverletzung	26	21	14	13	9	6	2	0	1	2
Bedrohung mit Waffe	8	5	5	4	3	1	0	0	0	0
Einbruch (o. Diebstahl)	11	19	6	8	4	9	1	2	1	0
Sachbeschädigung 1	23	31	9	13	11	14	2	2	1	2
Sachbeschädigung 2	24	20	14	6	9	12	1	1	1	1
Brandstiftung	7	11	5	7	1	4	0	0	0	0
Rauschgiftkonsum	19	15	6	6	5	4	4	1	5	4
Fahren o. Führerschein	32	30	15	10	12	12	2	7	3	1
Unerl. Waffenbesitz	5	10	3	4	1	4	0	1	1	1
Belästigung	14	10	11	6	3	2	0	1	0	1
Jugendamt / Polizei	8	11	5	9	3	1	1	0	0	

Tabelle: *Mittelwerte und Streuungsmaße*

Item	HG $\bar{x}_1$	s_1	Rs $\bar{x}_2$	s_2	HG : Rs $\bar{x}_{diff}$
Fahren ohne Fahrkarte	3.9	3.7	5.6	4.9	1.7
Automatenbetrug	3.5	3.6	3.8	3.3	0.3
Wechselgeld-Schwindel	3.5	4.1	4.2	3.7	0.7
Zechprellerei	1.6	1.2	2.3	1.5	0.7
Hehlerei	2.8	2.9	3.1	3.0	0.3
Trunkenheit	5.8	5.1	7.7	5.4	1.9
Schulschwänzen 1 Tag	3.4	2.9	4.1	4.1	0.3
Schulschwänzen > 1Tag	3.9	4.6	4.2	4.3	0.3
Streunen	2.9	3.2	4.5	4.0	1.6
Kaufhausdiebstahl	3.1	3.0	5.2	4.7	2.1
Kioskdiebstahl	2.4	2.1	4.6	5.0	2.2
Baustellendiebstahl	1.8	1.3	2.4	1.5	0.6
Kameradendiebstahl	2.0	1.4	3.4	1.7	1.4
Gaststättendiebstahl	1.9	1.6	2.8	2.1	0.9
Fahrraddiebstahl	2.8	3.2	2.8	3.6	0.0
Kfz-Diebstahl	1.2	0.7	4.0	4.4	2.8
Raub / Erpressung	3.7	4.0	3.3	3.2	0.4
Körperverletzung	2.9	2.9	3.1	4.0	0.2
Bedrohung mit Waffe	2.0	1.4	1.3	0.3	0.7
Einbruch (ohne Diebst.)	3.1	3.6	3.1	2.2	0.0
Sachbeschädigung 1	3.4	2.9	3.6	3.5	0.2
Sachbeschädigung 2	2.6	2.4	3.6	2.5	1.0
Brandstiftung	1.5	1.1	2.1	1.4	0.6
Rauschgiftkonsum	6.8	5.5	6.0	5.7	0.8
Fahren o. Führerschein	3.8	4.0	4.3	3.3	0.5
Unerl. Waffenbesitz	3.6	4.8	4.1	4.2	0.5
Belästigung	1.6	1.2	2.8	3.5	1.2
Jugendamt	2.3	1.9	2.0	2.9	0.3

Durch die Verifizierung der H_0 in Bezug auf die Prozentwerte beider Vergleichsgruppen befassen wir uns im Folgenden mit auffälligen Mittelwertdifferenzen, bei denen die H_0 verworfen werden musste. Ein Mittelwertunterschied erscheint uns als besonders eklatant: *Kaufhausdiebstahl*. Gaben 29% der Realschülerinnen zu (HG=34%) bereits mindestens ein Mal in einem Kaufhaus etwas gestohlen zu haben, liegt der Durchschnitt bei 5.2 Mal (Vergleichsmittelwert 3.1). Spalten wir den Vergleichsmittelwert in seine Ursprungszusammensetzungen, also die Einzelwerte der Hauptschülerinnen und der Gymnasiastinnen, tritt folgendes zu Tage: Mit durchschnittlich 2.6 Mal greifen die Hauptschülerinnen in Kaufhäusern im Mittelwertdurchschnitt am Wenigsten zu, prozentual betrachtet, bilden sie jedoch die Spitze im Kaufhausdiebstahl (40%); Gymnasiastinnen mit 3.9 Mal und 26% bilden das Schlusslicht.

Einen noch größeren Unterschied bei den Mittelwertvergleichen deutet die Frage des Kfz-Diebstahls[20]: 1.2 Mal zu 4.0 Mal. So stahlen oder benutzten unerlaubt 9% der Realschülerinnen ein Kraftfahrzeug. Ebenso mit 9% geben die Hauptschülerinnen das Delikt zu, allerdings im Schnitt mit 1.2 Mal. Weit abgeschlagen platzieren sich die Gymnasiastinnen mit gerade einem Prozent und dem Mittelwert ein Mal.

Nach Alterklassen verglichen ergibt sich folgende Verteilung: Bei den Gymnasiastinnen kommt das Kfz-Diebstahldelikt ausschließlich bei 16jährigen vor (also 100%); Realschülerinnen begehen dieselbe Tat mit 58.8% am Häufigsten mit 15 Jahren; Hauptschülerinnen verteilen sich mit jeweils rund 50% auf die Alterskategorien 15 und 16 Jahre. Im Alter von 13 bzw. 14 Jahren trat in unserer Erhebung der Kfz-Diebstahl nicht in Erscheinung.

Der Rauschgiftkonsum fällt bei Realschülerinnen am Geringsten aus. Etwa 15% gaben zu, einmal Rauschgift genommen zu haben. Von den Hauptschülerinnen griffen 20% und von den Gymnasiastinnen 17% zu Rauschmitteln. Gliedern wir auch in diesem Kontext nach Altersklassen auf, erhalten wir einen Wert bei den 14jährigen Hauptschülerinnen, der erschreckend ist: 32.5% von ihnen konsumierten bereits Rauschgift; von den 32.5% wiederum *69.2% zwischen sechs und zehn Mal, der Rest öfter als zehn Mal* (Gesamtmittelwert 8.3). Gymnasiastinnen greifen mit 39.5% im Alter von 16 Jahren am Häufigsten bei Rauschmitteln zu (Gesamtmittelwert 4.6). Ebenfalls, jedoch mit 46.7%, finden Realschülerinnen an berauschenden Mitteln Geschmack, wobei der Modalwert bei einem Mal liegt und im Durchschnitt 6.0 Mal beträgt.

---

[20] Item-Wortlaut: *Hast du schon einmal ein Kraftfahrzeug (Auto, Motorrad, Moped) gestohlen oder unerlaubt benutzt?*

11.3.2.2 Hauptschüler/Gymnasiasten versus Realschüler

$H_0 : \mu_{hau+gym/män} = \mu_{real/män}$

$H_1 : \mu_{hau+gym/män} \neq \mu_{real/män}$

Tabelle: *Delinquenzbelastungen in Prozentwerten*

Delinquenzart	HG			Realschule			p
	N	n	%	N	n	%	
Rückzugsdelinquenz	1385	536	38.70	1110	266	23.96	0.000***
Eigentumsdelinquenz	3601	1303	36.18	2886	690	23.91	0.000***
Aggressionsdelinquenz	2770	986	35.60	2220	638	28.74	0.000***
Gesamtdelinquenzbel.	**7756**	**2825**	**36.42**	**6216**	**1594**	**25.64**	**0.000***

(ns) p> 0,05   * 0,05 ≥ p > 0,01   ** 0,01 ≥ p > 0,001   *** p ≤ 0,001

Bestand bei den weiblichen Erhebungsgruppen eine punktgenaue Übereinstimmung der Gesamtdelinquenz, weichen die männlichen Schüler weit in ihrem Deliktaufkommen voneinander ab. Alle Einzeldelinquenzarten sind *hochsignifikant*, was eine Verwerfung der Nullhypothese globalen Umfangs verlangt. Mit einer Differenz von immerhin *10.78%* spalten sich die Realschüler von der Vergleichsgruppe ab. Rückzugsdelinquentes Verhalten trennen *14.74%*, Eigentumsdelinquenz *12.27%* und Aggressionsdelinquenz *6.86%*. Derart divergente Erhebungsresultate sprechen für sich – und *Tillmanns* Postulat findet in diesem Kontext keine Verifizierung. Welche Items im Einzelnen Differenzen von relativ hohen Prozentabweichungen ausmachen, zeigen wir noch auf.

Graphik: *Delinquenzbelastungen nach Häufigkeitsaufkommen in %*

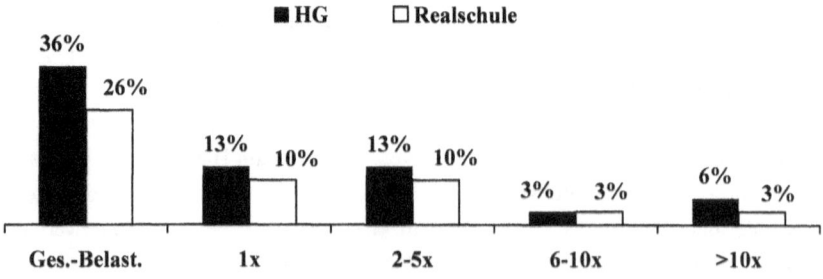

Wie der Graphik deutlich zu entnehmen ist, verlaufen die Prozentwerte fast proportional. Beim mehr als zehnmaligem Deliktaufkommen treten die Realschüler nur halb so oft in Erscheinung wie die Vergleichsgruppe, wohingegen beim sechs bis zehnmaligen Aufkommen ein ausgewogenes Verhältnis besteht. Bei 26 der 28 im Fragebogen aufgeführten Items weist die Gruppe der summierten Hauptschul- und Gymnasialwerte einen höheren Prozentsatz von durchschnittlich *10.4* auf; größter Differenzwert (*27%* / Schwarzfahren), kleinste Differenz (*-1%* / Kameradendiebstahl).

Realschüler neigen, wie wir erfuhren, nicht so stark zu delinquenten Handlungen, soweit es die Prozentzahlen ausdrücken. Doch gesetzt den Fall, Realschüler begehen Delikte, in welchem Umfang findet das statt? Trifft *Tillmanns* Postulat gegebenenfalls in diesem Kontext zu? Nachfolgende tabellarische Aufstellung gibt hierüber Aufschluss:

Tabelle: *Delinquenzbelastungen nach Mittelwerten*

Delinquenzart	$\bar{x}_{HG}$	$\bar{x}_{Rs}$	SD_{HG}	SD_{Rs}	p
Rückzugsdelinquenz	*6.83*	*6.43*	*5.66*	*5.38*	*0.339(ns)*
Eigentumsdelinquenz	*4.60*	*4.28*	*4.48*	*4.17*	*0.119(ns)*
Aggressionsdelinquenz	*4.97*	*4.59*	*4.85*	*4.44*	*0.113(ns)*
Gesamtdelinquenzbel.	***5.15***	***4.76***	***4.92***	***4.57***	***0.010(ns)***

(ns) p> 0,05   * 0,05 ≥ p > 0,01   ** 0,01 ≥ p > 0,001   *** p ≤ 0,001

Graphik: *Delinquenzbelastungen nach Mittelwerten*

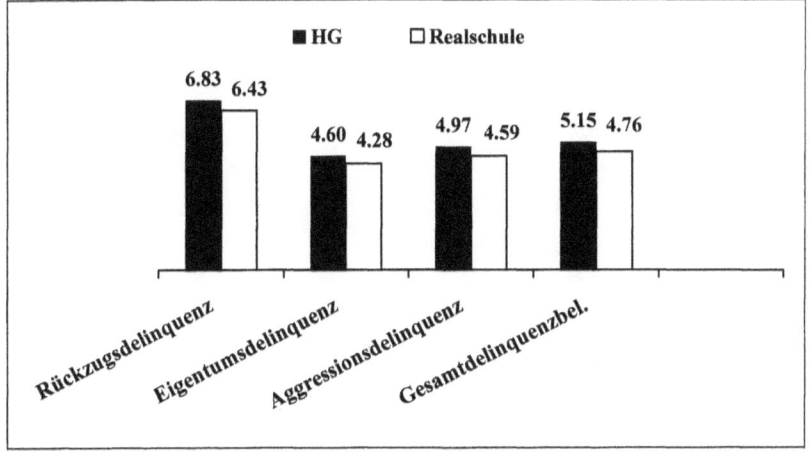

Alle drei Einzeldelinquenzarten und die daraus resultierende Gesamtdelinquenz sind nach Mittelwertvergleichen *nicht signifikant*. Sie liegen recht nah beieinander, was auch die graphische Darstellung anschaulicht wiedergibt. Es kann somit konstatiert werden, dass im durchschnittlichen Aufkommen delinquenter Handlungen zwischen beiden Gruppen *kein* bzw. lediglich ein *geringer* Unterschied auftritt. Hierauf bezüglich ist die Nullhypothese verifiziert.

Recht große Mittelwertunterschiede (1.9) weisen die Angaben zu Trunkenheit und Kfz-Diebstahl auf. Alkohol konsumieren Realschüler im Schnitt 7.6 Mal (59%), die Vergleichsgruppe greift hingegen 9.5 Mal (55%) „zur Flasche". Neigten die Realschülerinnen durchschnittlich öfter zum Stehlen von Kraftfahrzeugen, setzt sich diese Tendenz bei ihren männlichen Mitschülern fort. Etwa 5.5 Mal stahl ein delinquenter Realschüler (19% insgesamt) ein Kraftfahrzeug oder benutzte es unerlaubt; die Vergleichgruppe 3.6 Mal. Verglichen mit den Einzelwerten der Hauptschüler und Gymnasiasten ergibt sich folgende Situation: Mit 29% und durchschnittlich 3.1 Mal neigt der Hauptschüler dazu, Kraftfahrzeuge unerlaubt zu benutzen; Gymnasiasten hingegen bringen es auf 10% und einen Durchschnitt von 5.3 Mal.

Tabelle: *Prozentuales Aufkommen delinquenter Handlungen*

männlich (Angaben gerundet!) Item — Ang. in %	ja		1mal		2-5mal		6-10mal		> 10mal	
	HG	Rs	HG	Rs	HG	Rs	HG	Rs	HG	Rs
Fahren ohne Fahrkarte	72	45	12	8	35	20	9	2	17	15
Automatenbetrug	61	49	13	21	32	19	7	5	10	4
Wechselgeld-Schwindel	26	16	10	5	13	10	1	0	2	1
Zechprellerei	15	12	10	9	4	2	0	1	1	0
Hehlerei	43	28	15	9	16	9	4	8	8	2
Trunkenheit	72	53	7	11	20	18	11	6	34	18
Schulschwänzen 1 Tag	44	26	13	9	18	9	3	3	10	5
Schulschwänzen > 1Tag	23	9	9	2	9	3	2	4	3	0
Streunen	30	17	15	8	13	5	1	3	1	1
Kaufhausdiebstahl	55	28	27	11	19	11	3	2	6	4
Kioskdiebstahl	30	14	12	5	7	5	5	2	5	2
Baustellendiebstahl	37	34	20	18	16	12	1	3	1	1
Kameradendiebstahl	16	16	9	9	7	6	1	1	1	0
Gaststättendiebstahl	25	13	12	5	9	5	3	3	1	0
Fahrraddiebstahl	30	22	13	11	8	9	6	1	2	1
Kfz-Diebstahl	21	15	12	4	7	7	1	2	2	2
Raub/Erpressung	30	24	9	8	14	9	1	2	5	5
Körperverletzung	42	43	20	17	17	22	2	2	3	2
Bedrohung mit Waffe	17	9	10	5	5	3	1	0	1	1
Einbruch (o. Diebstahl)	37	20	19	12	13	6	1	2	4	0
Sachbeschädigung 1	62	54	18	15	26	26	9	6	9	7
Sachbeschädigung 2	51	44	25	19	16	18	4	5	5	2
Brandstiftung	18	15	12	12	7	2	0	0	0	1
Rauschgiftkonsum	24	17	9	5	6	4	0	2	9	6
Fahren o. Führerschein	64	53	16	10	19	18	10	8	19	17
Unerl. Waffenbesitz	32	23	10	8	7	7	3	3	12	5
Belästigung	20	19	7	10	8	6	2	2	3	1
Jugendamt / Polizei	20	11	14	7	3	3	3	0	0	1

Tabelle: *Mittelwerte und Streuungsmaße*

Item	HG		Rs.		HG : Rs
	$\bar{x}_1$	s_1	$\bar{x}_2$	s_2	$\bar{x}_{diff}$
Fahren ohne Fahrkarte	**6.6**	5.0	**7.3**	6.8	0.7
Automatenbetrug	**5.6**	5.0	**4.0**	3.9	1.6
Wechselgeld-Schwindel	**3.9**	3.6	**3.8**	3.1	0.1
Zechprellerei	**2.8**	3.7	**2.1**	2.2	0.7
Hehlerei	**5.4**	4.9	**5.1**	4.0	0.3
Trunkenheit	**9.5**	5.1	**7.6**	5.7	1.9
Schulschwänzen 1 Tag	**6.0**	5.3	**5.3**	4.9	0.7
Schulschwänzen > 1Tag	**4.6**	4.5	**5.4**	3.0	0.8
Streunen	**3.3**	3.2	**3.8**	3.7	0.5
Kaufhausdiebstahl	**4.0**	4.3	**4.5**	4.5	0.5
Kioskdiebstahl	**5.4**	5.0	**4.9**	4.6	0.5
Baustellendiebstahl	**2.6**	2.1	**2.9**	2.6	0.3
Kameradendiebstahl	**2.7**	2.5	**2.6**	2.2	0.1
Gaststättendiebstahl	**3.5**	2.8	**3.3**	2.4	0.2
Fahrraddiebstahl	**4.2**	4.0	**3.1**	3.1	1.1
Kfz-Diebstahl	**3.6**	4.0	**5.5**	4.5	1.9
Raub / Erpressung	**5.3**	4.9	**5.4**	5.0	0.1
Körperverletzung	**3.5**	3.6	**3.4**	3.0	0.1
Bedrohung mit Waffe	**2.7**	3.3	**3.6**	4.2	0.9
Einbruch (ohne Diebst.)	**3.8**	4.1	**2.7**	2.3	1.1
Sachbeschädigung 1	**5.3**	4.6	**5.0**	4.2	0.3
Sachbeschädigung 2	**4.0**	4.2	**3.6**	3.2	0.4
Brandstiftung	**2.1**	1.4	**2.3**	3.3	0.2
Rauschgiftkonsum	**7.1**	6.4	**6.2**	5.5	0.9
Fahren o. Führerschein	**7.1**	5.5	**7.4**	5.5	0.3
Unerl. Waffenbesitz	**7.6**	6.1	**5.7**	5.3	1.9
Belästigung	**4.7**	4.5	**3.3**	3.4	1.4
Jugendamt	**2.4**	2.4	**3.5**	4.4	1.1

Aus der Tabelle über *Delinquenzbelastungen nach Prozentwerten* wissen wir, dass zwischen Realschülern und der Vergleichsgruppe bei rückzugsdelinquenten Verhaltensweisen ein Differenzwert von *14.74%* besteht. Worauf fußt dieser als recht hoch anzusehende Unterschied? Zur Erinnerung: Unter dem Terminus Rückzugsdelinquenz subsumierte man die Items a) *Trunkenheit, b) Hehlerei, c) Schulschwänzen 1Tag, d) Schulschwänzen >1Tag sowie e) den Rauschgiftkonsum.* In keinem Einzigen der Prozentwertgegenüberstellungen erreichten die Realschüler im Mindesten das vorgesteckte Niveau der anderen Gruppe. Mit rund *53%* Alkoholkonsumierung lagen sie *19%* unter dem Vergleichswert *(72%)*. Selbst der Mittelwert von $\bar{x}= 7.6$ weist eine Differenz von 1.9 Mal zur „Summierten Gruppe" ($\bar{x}= 9.5$) auf. Von solchen Zahlen ausgehend, so konnten wir konstatieren, dass Realschüler den geringsten Alkoholkonsum vorzeigen (Hauptschüler *82%*, Gymnasiasten *55%*). Halten wir an bewusstseinszustandsändernden Mitteln fest, fällt zudem der Rauschgiftkonsum mit *17%* immerhin *7%* unter die Sollmarke von *24%*; Mittelwerte: $\bar{x}_{H+G} = 7.1$ / $\bar{x}_{Rs} = 6.2$. Insgesamt bilden die Realschüler mit *17%* Drogenkonsum wieder das Schlusslicht, da Hauptschüler zu *25%* und Gymnasiasten zu *22%* Rauschmitteleinnahmen neigen.

Interessant erscheint uns weiterhin der Aspekt des Fernbleibens vom Unterricht. Bleiben etwa *44%* der Hauptschüler und ebenso viele Gymnasiasten mal einem Tag dem Unterricht fern, neigen nur *26%* der Realschüler dazu, gleiches zu tun; $\bar{x}_{H+G} = 6.0$ / $\bar{x}_{Rs} = 5.3$. Tendenziell nehmen sich Realschüler nicht so oft freie Tage, wie auch die Werte belegen, die wir für Schulschwänzen > 1Tag erhielten. Lediglich *9%* halten es für angebracht, mehr als einen Tag freiwillig vom Schulstress zu pausieren. Etwas mehr Freizeit scheinen sich die Hauptschüler zu gönnen. Immerhin *30%* gaben zu, bereits länger als einen Tag am Stück geschwänzt zu haben. Gymnasiasten halten sich da schon eher zurück, liegen mit *12%* jedoch noch vor den Realschülern. Bleiben Realschüler allerdings einmal längere Zeit dem Unterricht fern, geschieht es durchschnittlich 5.4 Mal. Ihre Geschlechtsgenossen von der Hauptschule kommen auf 4.9 Mal, die des Gymnasiums auf 3.4 Mal.

Letztendlich, womit die Rückzugsdelinquenz ausgeschöpft ist, gaben *17%* der Realschüler an, schon mal über Nacht von zu Hause fort geblieben zu sein, ohne dass ihre Eltern wussten, wo sie sich aufhalten. Dem Streunen, wie *Lösel u.a.* es abkürzten, gehen immerhin *30%* der Hauptschüler sowie *23%* der Gymnasiasten nach; Mittelwerte: $\bar{x}_H = 2.8$ / $\bar{x}_R = 3.8$ / $\bar{x}_G = 4.2$.

11.3.2.3 Hauptschule + Gymnasium versus Realschule *(gesamt)*

$H_0 : \mu_{hau+gym/ges} = \mu_{real/ges}$

$H_1 : \mu_{hau+gym/ges} \neq \mu_{real/ges}$

Tabelle: *Delinquenzbelastungen in Prozentwerten*

Delinquenzart	HG			Realschule			p
	N	n	%	N	n	%	
Rückzugsdelinquenz	2785	966	34.69	2180	563	25.83	0.000***
Eigentumsdelinquenz	7241	2000	27.62	5668	1271	22.24	0.000***
Aggressionsdelinquenz	5570	1499	26.91	4360	979	22.45	0.000***
Gesamtdelinquenzbel.	*15593*	*4465*	*28.63*	*12208*	*2813*	*23.04*	*0.000***

(ns) p> 0,05   * 0,05 ≥ p > 0,01   ** 0,01 ≥ p > 0,001   *** p ≤ 0,001

Hätte *Tillmann* mit seinem Postulat, *Realschüler seien Repräsentanten des Mittels der Gewaltpole Hauptschule und Gymnasium*, recht, dürften unsere Erhebungsdaten keine *signifikanten* Werte aufzeigen. Nicht eine der Delinquenzarten weist auch nur ansatzweise Übereinstimmungen mit den Vergleichszahlen untereinander auf. Somit erfährt die Gesamtnullhypothese keine Verifizierung. Die von uns befragten Realschüler liegen aufgrund der erhobenen Daten unterhalb des ihnen unterstellten DelinquenzNiveauus.

Stimmten die Werte der Realschülerinnen mit denen ihrer Vergleichsgruppe im Gesamtaufkommen bis auf die Kommastelle überein, reichten die teils recht großen Wertdifferenzen zwischen Realschülern und deren Vergleichsgruppe aus, um im Endeffekt eine Verwerfung der Nullhypothese zu erreichen.

Graphik: *Delinquenzbelastungen nach Häufigkeitsaufkommen in Prozent*

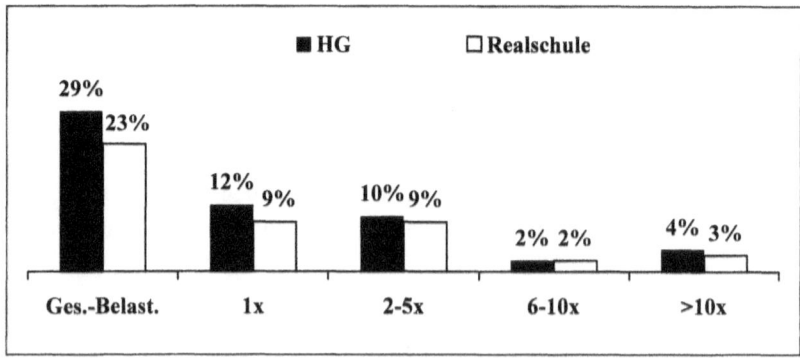

Beim Betrachten des Häufigkeitsaufkommens ist erkennbar, dass *39.1%* (Vergleichswert Hs.+Gy.: *41.4%*) der Realschüler mindestens ein Mal ein verbotenes Delikt begangen, weitere *39.1% (34.5%)* gaben an, bereits zwei bis fünfmalig delinquente Verhaltensweisen an den Tag gelegt zu haben. *8.7% (6.9%)* kommen auf eine Deliktzahl von immerhin sechs bis zehn Mal, der Rest der Schüler *13.0% (13.8%)* watet mit einem Tatvolumen von mehr als zehn Mal auf.

Tabelle: *Delinquenzbelastungen nach Mittelwerten*

Delinquenzart	$\bar{x}_{HG}$	$\bar{x}_{Rs}$	SD_{HG}	SD_{Rs}	p
Rückzugsdelinquenz	*5.88*	*6.15*	*5.30*	*5.27*	*0.330(ns)*
Eigentumsdelinquenz	*4.02*	*4.18*	*4.07*	*4.06*	*0.274(ns)*
Aggressionsdelinquenz	*4.28*	*4.16*	*4.46*	*4.13*	*0.480(ns)*
Gesamtdelinquenzbel.	***4.51***	***4.57***	***4.55***	***4.42***	***0.605(ns)***

(ns) p> 0,05   * 0,05 ≥ p > 0,01   ** 0,01 ≥ p > 0,001   *** p ≤ 0,001

Mit einer Gesamtmittelwertabweichung von $\bar{x}_{gesamt/diff} = 0.06$ und einer relativ ähnlichen Streuung stimmt die Häufigkeit der Delikte delinquenter Schüler beider Subgruppen in hohem Maße überein.

Da wir bereits in den *Kapiteln 11.3.2.1 und 11.3.2.2* quantitative Delinquenzvergleiche aufzeigten, welche sich infolge ihrer Addition untereinander lediglich relativierten, sehen wir von weiteren Gegenüberstellungen ab und verweisen in diesem Zusammenhang auf die nachfolgenden Tabellen.

Tabelle: *Prozentuales Aufkommen delinquenter Handlungen*

gesamt (Angaben gerundet!) Item / Ang. in %	ja		1mal		2-5mal		6-10mal		> 10mal	
	HG	Rs	HG	Rs	HG	Rs	HG	Rs	HG	Rs
Fahren ohne Fahrkarte	66	51	18	11	31	24	7	2	10	14
Automatenbetrug	51	49	15	19	23	23	7	4	6	3
Wechselgeld-Schwindel	17	15	7	5	8	8	1	1	1	1
Zechprellerei	8	11	6	7	2	3	0	1	1	0
Hehlerei	37	26	16	11	14	8	3	6	5	1
Trunkenheit	64	57	11	11	22	19	8	8	23	19
Schulschwänzen 1 Tag	42	31	15	12	18	12	3	3	6	4
Schulschwänzen > 1Tag	17	9	7	3	7	3	1	2	3	1
Streunen	29	17	15	7	12	7	1	2	1	1
Kaufhausdiebstahl	45	28	22	10	16	11	3	3	4	4
Kioskdiebstahl	22	12	11	5	6	4	3	1	3	2
Baustellendiebstahl	23	23	14	12	9	8	1	2	0	1
Kameradendiebstahl	13	13	8	6	5	6	0	1	0	0
Gaststättendiebstahl	19	15	11	7	6	6	2	2	0	0
Fahrraddiebstahl	22	19	11	11	7	6	3	1	1	1
Kfz-Diebstahl	13	13	8	4	3	5	1	2	1	2
Raub/Erpressung	23	20	9	8	9	7	1	2	3	3
Körperverletzung	38	32	21	15	13	14	2	1	2	2
Bedrohung mit Waffe	12	7	7	4	4	2	1	0	0	1
Einbruch (o. Diebstahl)	24	20	13	10	8	8	1	2	2	0
Sachbeschädigung 1	45	42	16	14	19	20	5	4	5	4
Sachbeschädigung 2	38	31	20	12	12	15	3	3	3	1
Brandstiftung	12	13	9	9	4	3	0	0	0	1
Rauschgiftkonsum	22	15	7	5	5	4	2	1	7	5
Fahren o. Führerschein	48	41	16	10	15	15	6	7	11	9
Unerl. Waffenbesitz	22	16	7	6	8	6	1	1	7	3
Belästigung	17	14	9	8	5	4	1	1	1	1
Jugendamt / Polizei	14	11	9	8	3	2	1	0	0	1

Tabelle: *Mittelwerte und Streuungsmaße*

Item	HG		Rs		HG : Rs.
	$\bar{x}_1$	s_1	$\bar{x}_2$	s_2	$\bar{x}_{diff}$
Fahren ohne Fahrkarte	5.3	4.6	6.4	5.4	1.1
Automatenbetrug	4.9	4.3	3.9	3.6	1.0
Wechselgeld-Schwindel	3.5	3.3	4.0	3.4	0.5
Zechprellerei	2.7	3.5	2.2	1.8	0.5
Hehlerei	3.0	4.6	4.2	3.7	1.2
Trunkenheit	7.9	5.6	7.6	5.6	0.3
Schulschwänzen 1 Tag	4.4	4.5	4.6	4.5	0.2
Schulschwänzen > 1Tag	4.8	4.7	4.6	3.7	0.2
Streunen	3.1	3.2	4.2	3.9	1.1
Kaufhausdiebstahl	3.7	3.9	4.9	4.6	1.2
Kioskdiebstahl	4.4	4.5	4.8	4.8	0.4
Baustellendiebstahl	2.7	2.2	2.8	2.4	0.1
Kameradendiebstahl	2.4	2.2	2.8	3.1	0.4
Gaststättendiebstahl	2.8	2.5	3.0	2.2	0.2
Fahrraddiebstahl	3.8	3.8	3.0	3.3	0.8
Kfz-Diebstahl	3.1	3.7	5.0	4.5	1.9
Raub / Erpressung	4.7	4.6	4.6	4.5	0.1
Körperverletzung	3.1	3.3	3.3	3.4	0.2
Bedrohung mit Waffe	2.8	2.9	2.9	3.6	0.1
Einbruch (ohne Diebst.)	3.4	3.9	2.9	2.2	0.5
Sachbeschädigung 1	4.7	4.3	4.5	4.4	0.2
Sachbeschädigung 2	3.5	3.8	3.6	3.0	0.1
Brandstiftung	1.9	1.4	2.2	2.8	0.3
Rauschgiftkonsum	7.0	6.0	7.0	7.0	0.0
Fahren o. Führerschein	6.1	5.4	6.3	5.1	0.2
Unerl. Waffenbesitz	6.5	5.7	5.3	3.8	1.2
Belästigung	3.5	3.8	3.1	3.9	0.4
Jugendamt	2.4	2.3	2.8	3.8	0.4

12. Diskussion zur Validität unserer Erhebung

Wir halten es an dieser Stelle für äußerst relevant, nochmals auf die folgenden Punkte hinzuweisen:

Die von uns berechneten und in den Kapiteln zuvor aufgezeigten Resultate sind auf den Bundesdurchschnitt keinesfalls generalisierbar; sie beschränken sich ausschließlich auf das Großeinzugsgebiet Göttingen.

*Demzufolge ist die Erhebung als **nicht** repräsentativ einzuordnen!*
Wir hatten keinen Einfluss darauf, welche Schüler in die Erhebungen einbezogen wurden, lediglich das Alter und den Schulzweig gaben wir vor. Somit ist es für uns nicht nachvollziehbar, aus welchen sozialen Schichten sich die Population zusammensetzte.

Keine der von uns in die Befragung einbezogenen Schulen gilt als Ort sozialer Brennpunkte; eine hohe Gewaltkontaminierung besteht nicht.
Einen unmittelbaren Vergleich mit den Daten anderer Erhebungen halten wir für inadäquat. Mit einer Schülerpopulation von n=993 liegen wir jedoch im Schnitt anderer Erhebungen.

Unser primäres Ziel war nicht nur das Feststellen der Delinquenzbelastung der Schüler, sondern zudem die Veri- bzw. Falsifizierung der in der Einleitung genannten Hypothesen.

Aufgezeigte Divergenzen zwischen einzelnen Schulformen und – was im Verlauf der Diskussion noch angesprochen wird – den geschlechtsspezifischen Delinquenzbelastungen bestehen nur insoweit, wie sie von den befragten Schülern zugegeben wurden. Dass ein unterschiedliches Delinquenzverhalten bei Schülern verschiedener Schulenformen besteht, ist unbestreitbar; mannigfaltige Erhebungen geben uns hierin Recht.

13. Schulzweig und Delinquenzaufkommen!
Ein Interaktionsphänomen? Gründe delinquenten Verhaltens!

Dass Hauptschüler quantitativ delinquenter auftreten als Gymnasiasten, bestätigen die von uns erhobenen Daten. Auch Realschüler liegen in ihrem Delinquenzaufkommen, zumindest nach unseren Resultaten, nicht in der ihnen zuerkannten Position zwischen Hauptschülern und Gymnasiasten. Inwieweit der Schulzweig und die Delinquenzkontaminierung korrelieren, versuchen wir in diesem Kapitel zu verdeutlichen. Wie bereits in verschiedenen Zusammenhängen der Datendarlegung geschehen, ziehen wir auch in diesem Kontext für uns relevante Prozent- und Mittelwerte heran, und versuchen die möglichen Auslöser zu deuten.

Bevor wir auf einzelne Faktoren eingehen, müssen (wollen) wir einen Aspekt der Aggressions- respektive der Delinquenzgenese, welchem das Hauptaugenmerk sicher sein sollte, hinweisen: Erziehung und Elternhaus[21].

Bezögen wir uns allein auf die psychoanalytische Theorie, könnten wir unsere Erörterung an dieser Stelle beenden. Das soll jedoch nicht heißen, dass wir das folgende Postulat nicht mittragen oder gar anzweifeln:

Aggressiv entwickeln sich solche Kinder, die als Säugling oder Kleinkind zu wenig liebevolle Zuwendung erhalten oder in ihrer Kindheit traumatische Erlebnisse erleiden.

Beließen wir es bei der Erklärung, bestünde zwischen den Schülern einzelner Schulformen keine große Divergenz! Halten wir an dieser Fragestellung einmal fest und verbinden sie der Einfachheit halber mit der Subsumtion der Aggressionsdelinquenzen, im Besonderen der Körperverletzung. *Was treibt einen Jugendlichen dazu, eine andere Person körperlich zu attackieren? Worin liegen die Ursachen verborgen?* Ein Einfügen der Prozentwerte bezügliche des Items **Körperverletzung** soll uns die Erziehungstheorie verdeutlichen[22]:

Hauptschüler: *männlich 53%; weiblich 39%*
Realschüler: *männlich 43%; weiblich 21%*
Gymnasiasten: *männlich 27%; weiblich 18%*[23]

Beim Vergleichen der Prozentwerte ist deutlich zu erkennen, dass durchschnittlich etwa doppelt so viele Hauptschüler zur Körperverletzung neigen wie Gym-

---

[21] Vom Aufzeigen genetisch bedingter Aggressions- und Delinquenzveranlagungen sehen wir hier ab (z.B. Hyperaktivität). Ebenso von prä-, peri- oder postnatalen Kausalitäten.
Wir verweisen in diesem Kontext – mit Nachdruck – auf einen Artikel des „Spiegels", 1998; Nr. 47; Seite 110 bis 137 mit der Überschrift: *Eltern sind austauschbar.* Von einem, selbst auszugsweisen, Zitieren nehmen wir Abstand.
[22] Die Mittelwerte führen wir in diesem Zusammenhang nicht mit auf.
[23] Auf dieses Item trifft Tillmanns Postulat in hohem Umfang zu!

nasiasten. Wäre es nunmehr adäquat zu behaupten, Eltern von Hauptschülern seien weniger geeignet, ihre Kinder „sozialverträglich" zu erziehen? Folgendes Zitat sollte jedoch zum Nachdenken anregen: *„Aggressives Verhalten von Eltern gegenüber dem Kind ist Anlass zum Lernen von Aggressionen am Modell. Der Erziehungsstil scheint also auch wichtig zu sein."* [24]

Die meisten Jugendlichen mit aggressiven Tendenzen kommen nachweislich aus Familien, in denen Verfehlungen mit Schlägen bestraft werden. *Olweus*, schwedischer Forscher bezüglich der Gewalt unter Jugendlichen, mahnt prügelnde Eltern zur Vorsicht. Kinder und Jugendliche sehen oftmals keine Alternativen zum körperlichen Verletzen. Infolge selbst erlebter oder mit angesehener aggressiver Übergriffe im Elternhaus oder anderen Erziehungseinrichtungen, neigen sie dazu, das Erlebte oder Wahrgenommene zu imitieren. Paradox an solch einer konsequent einschüchternden Erziehungsmethode ist Folgendes: Das, was die Eltern eigentlich erreichen wollen, Kinder zu folgsamen und braven Menschen zu erziehen, scheitert an ihrem eigenen Verhalten. Genau hier haben wir erstmals das später nochmals in Erscheinung tretende Phänomen der Opfer-Täter-Rolle. Ein weiteres Erziehungsdefizit umschreibt der Begriff *Erziehungsohnmacht*. Kinder erfahren seitens der Eltern eine Kanalisierung sozialer Bahnen, das heißt, es wird für unangemessene Verhaltensweisen in Form von Schlägen bestraft, also negativ sanktioniert. Positive Sanktionierungen erfährt das Kind nicht systematisch, in einzelnen Fällen bekommt es Lob und Zuspruch, in anderen Fällen wiederum nicht. Solch ein ungleichmäßiges Erziehungsmuster lässt das Kind irgendwann zur Gleichgültigkeit neigen. Unterstützung erfährt das Verhalten in solchen Situationen, in denen das Kind aus einer Gemütswallung der Eltern bestraft wird, ohne den Grund hierfür zu erkennen[25].

Weitere gravierende Faktoren zur Genese aggressiver Verhaltensweisen stellen die Ablehnung des Kindes, das Desinteresse an dessen Entwicklung und/oder inkonsequente bzw. übermäßig strenge Erziehungsmaßnahmen dar. Manche Eltern entwickeln eine emotionslose, ablehnende, ungeduldige und aggressive Haltung ihrem Kind gegenüber, was das Kind mit Unruhe, Wutausbrüchen und Aggressionen beantwortet. Solch eine ungünstige Familienkonstellation bewirkt das Aufkommen eines familiären Reizklimas. Vernachlässigen die Eltern aufgrund der Familiensituation ihr Kind, womit sie direkten Einfluss auf dessen Bindungsverhalten ausüben, ist das Kind später nicht mehr in der Lage, seine Konflikte verbal und gewaltlos zu lösen. Einzug in den Kontext entwicklungsbedingter Aggressionsdispositionen halten auch strukturelle Merkmale wie Armut oder Auflösung der Familie. Auslösefaktor aggressiven Verhaltens des Kindes oder

---

[24] Vgl.: Kohnstamm (1990); Seite 136
[25] Vgl.: Kapitel 1 vorliegenden Aufsatzes

Jugendlichen ist jedoch nicht ein Einzelnes, sondern das Aufeinandertreffen mehrerer.

Inwieweit beeinflusst die eben aufgezeigte Eltern-Kind-Beziehung nunmehr das Entstehen von aggressivem Verhalten im Schulkontext?
Wie wir konstatierten, verhalten sich männliche Jugendliche delinquenter (aggressiver) als ihre weiblichen Altersgenossen. Weshalb sich Mädchen weniger häufig aggressiv entwickeln und handeln, leitet sich einerseits von ihrer Mentalität ab, andererseits von der Umsetzung externer Einflüsse. Zurück jedoch zum Eigentlichen: *Worin liegt das divergente Verhaltensmuster der Schülergruppen?*

Wir gehen von folgender Theorie aus: Erkennen wir das oben genannte negative Erziehungsverhalten der Eltern als Kausalfaktor an, und das müssen wir, kommen wir an folgender Hypothese nicht vorbei[26]:

„Ein Mensch wird dann aggressives Verhalten aufzeigen, wenn er in seiner Kindheit nicht gelernt hat, seine Triebe (Wünsche) aufzuschieben; sei es durch eigenes oder durch erzieherisches Verhalten. Wobei das erzieherische das eigene Verhalten in hohem Maße mitbestimmt, wenn nicht sogar dafür ausschlaggebend ist!"

Aufgrund der vorstehend aufgezeigten, zum Teil inadäquaten sowie erzieherischen Maßregelungen der Eltern ihren Kindern gegenüber, schränken sie die Entwicklung ihrer kognitiven und psychischen Fähigkeiten immens ein. Wir gehen deshalb davon aus, dass das eigentlich erreichbare LeistungsNiveauu der Kinder – auch im schulischen Bereich – nicht erreicht werden kann, weil es bereits in frühester Kindheit (zer- bzw.) gestört wird. Vom Kind internalisierte aggressionsgeladene Verhaltensweisen auf bestimmte externe Reize hin werden in vollem Umfang gegen Angriffe auf die eigene Person eingesetzt. Erfuhr das Kind zudem Deprivationszustände[27], besteht womöglich noch die Disposition zu gierigem Verhalten, was natürlich, wenn nicht frühzeitig unterbunden, ausgelebt wird. Bei einem Nichterkennen solcher Disposition besteht die Gefahr der Habitualisierung[28]. Tritt ein derartiges „Fehlverhalten" des Öfteren bereits im Kindergarten oder in der Grundschule auf, attestiert man dem Kind, meist wohl zu Unrecht, eine Verhaltensstörung, zumindest aber auffälliges Verhalten. Verzichtet man zudem auf Interventionen, überträgt sich das Verhalten auch auf den schulischen Unterricht, was wiederum zum Erbringen mangelhafter Noten gereicht.

---

[26] Obgleich die Entstehungsfaktoren aggressiven Handelns ins Überschaubare gehen, beschränken wir uns auf die angeführte Hypothese. Genetische oder krankheitsbedingte Auslöser wie Hyperaktivität oder ähnliches lassen wir außen vor!
[27] **Deprivation:** Mangel, Verlust, Entzug von etwas Erwünschtem (z.B. fehlende Zuwendung der Mutter, Liebesentzug u. Ä).
[28] **Habitualisierung:** Sich etwas zur Gewohnheit machen; zur Gewohnheit werden.

Wir wollen keinesfalls jedem Hauptschüler eine Verhaltensstörung nachsagen, sondern im Gegenteil darauf hinweisen, dass sie in der Regel nicht aufgrund ihrer angeborenen kognitiven Fähigkeiten diesen Schulzweig besuchen, sondern als Folge der Verkettung unglücklicher Umstände. Wie wir oben postulierten, besteht die Gefahr der, nennen wir es, weg- oder aberzogene Kognition. Bestand ein solches Verhaltensmuster bereits im Grundschulalter, setzt es sich auch in der weiteren Laufbahn schulischer und beruflicher Hinsicht fort. Hiermit gelangen wir an einen Punkt, der oftmals postuliert wird: *Aggressionsursache Perspektivlosigkeit!*

Der Folge stetiger Zunahme von Arbeitslosen, dem enormen Leistungsdruck der Gesellschaft, die immer größer werdende Lücke zwischen arm und reich und der eigenen Ohnmacht vor der Zukunft versuchen die Schüler zu umgehen, indem sie ihre Wehrlosigkeit der Gesellschaft gegenüber sozusagen sublimieren. Bestehen somit latente Befürchtungen der Hauptschüler, in einer Welt aus Erfolg und Prestige nicht mithalten zu können? Ja, hätten sie überhaupt die Möglichkeit, um anders als mit aggressivem Verhalten auf diesem Missstand zu antworten? Übertragen kann man solches Postulat sicherlich nicht auf alle Hauptschüler (Realschüler und Gymnasiasten sehen wir in diesem Kontext auch einbezogen!), einen großen Teil von ihnen werden wir allerdings treffen.

Weitere benennenswerte Delikte sind der **Raub** und das **Erpressen**. Beides kann in die Frageformulierung interpretiert werden[29]. Begeht der Täter ein Erpressungsdelikt nicht unbedingt, um an den Besitz eines bestimmten Gegenstandes zu gelangen, sondern weil er dem Gefühl der Macht über das Opfer unterliegt, liegt dem Raub in der Regel beschaffungskriminelle Energie zugrunde. Aufgrund der doppelt besetzten Fragestellung – Raub *und* Erpressung – ist eine exakte prozentuale Zuordnung des Einzeldeliktes unmöglich.

Hauptschüler: *männlich 36%; weiblich 25%*
Realschüler: *männlich 24%; weiblich 16%*
Gymnasiasten: *männlich 20%; weiblich 9%*

Anknüpfen wollen wir nunmehr mit einem Item des Bereichs Eigentumsdelinquenz, dem Diebstahl. Aufgrund der hohen Ja-Antworten des Delikts Kaufhausdiebstahl, wollen wir darauf näher eingehen:

Hauptschüler: *männlich 67%; weiblich 40%*
Realschüler: *männlich 28%; weiblich 29%*
Gymnasiasten: *männlich 40%; weiblich 26%*

---

[29] **Item:** Hast du schon einmal einem Menschen Gewalt angedroht, falls er dir nicht etwas von sich abgibt?

Dem Delikt des Stehlens werden mannigfaltige Ursachen zugeschrieben. Bleiben wir zunächst beim Naheliegensten, dem Besitzen eines Objektes. Entwendende Verhaltensweisen lassen sich sehr gut bei Kleinkindern beobachten und ebenso gut interpretieren.

Kleinkinder gehen zielgerichtet auf das Objekt ihrer Begierde zu, einerlei ob es an einem Platz greifbar herumliegt oder sich im Besitz eines anderen Kindes befindet. Ist der Drang des Kindes hoch, an das Objekt zu gelangen, versucht es – auch mit dem Einsatz körperlichen Kraft – den Gegenstand zu bekommen. Erfährt das Kind keinerlei negative Sanktionen auf sein besitzergreifendes Verhalten, behält es unter Umständen das Verhaltensmuster bei. In diesem Kontext spielt wiederum das Erziehungsverhalten der Eltern eine übergeordnete Rolle. Vermögen sie ihrem Kind nicht beizubringen, dass ein Zugreifen und Wegnehmen von Erwünschtem nicht ohne Konsequenzen bleibt, entsteht ein Zustand der Gewöhnung, er wird habituell.

Natürlich begründet die eben aufgeführte Theorie nicht ausschließlich das Aufkommen antisozialer Tendenz in Form von Stehlen.

Weshalb jedoch neigt ein Jugendlicher zum Stehlen? Warum stehlen objektiv betrachtet mehr Hauptschüler als Gymnasiasten?

Auf den ersten Blick betrachtet könnte man vermuten, dass es womöglich mit der Einkommenssituation der Eltern zusammenhängt – oder aber, weil die Hauptschüler ohnehin delinquenter veranlagt sind. Weit gefehlt[30]! *Warum läge sonst der Kaufhausdiebstahl der Gymnasiasten bei über einem Drittel?* Oftmals spielen andere Faktoren eine gravierende Rolle, auf die wir später noch etwas genauer eingehen wollen.

Eigentumsdelinquenz bedingt sich in Form zweier wesentlicher Aspekte, dem soziologischen (gesellschaftlichen) und dem psychologischen. Aber: Sie bedingen einander. Das Diktat der Gesellschaft – *„Nur wenn du was hast, dann bist du auch was!"* – erfahren die Kinder in frühsten Jahren. Setzten wir der eben aufgestellten Aussage eine mögliche Antwort in Form einer Fragestellung des alltäglichen Sprachgebrauchs gegenüber, kämen wir letztendlich zu folgender: *„Woher nehmen – wenn nicht stehlen?!"* ...

Beließen wir es bei der Antwort, deckte sie sicher das Gros ab, einerlei welcher befragten Schülerschaft. Betrachten wir die kleinste soziologische außerfamiliäre „Keimzelle" der Jugendlichen, die Clique. Gehen wir davon aus, der Ju-

---

[30] Dass der soziale Status der Familie einen nicht unwesentlichen Einfluss auf Diebstahldelikte ausübt, bleibt außer Frage, darauf gehen wir im folgenden Text kurz ein. So kann in den meisten Fällen davon ausgegangen werden, dass Schüler der Gymnasien aus einkommensstärkeren Familien kommen als Hauptschüler.

gendliche an sich will etwas gelten, was zwangsläufig auftreten muss, braucht er etwas zum Profilieren. Die wenigsten Jugendlichen schaffen solch ein Profilieren infolge besonderer Eigenschaften, es bedarf demnach dabei schon materieller Unterstützung. Reicht in der Regel das Taschengeld nicht aus, um an Prestigeobjekte zu gelangen, stoßen wir auf den wohl wesentlichsten Aspekt der Eigentumsdelinquenz, das Fehlen finanzieller Mittel. Wie menschenverachtend die Gesellschaft mit sich selbst umgeht, spiegelt sich unter Einbeziehung solch profaner Beispiele anschaulichst wieder. Wenn erwachsene Menschen der Jugend (den Kindern) ein derartiges Verhalten vorleben, kann sie nicht erwarten, dass sie sich anders entwickelt.

Ein weiterer wesentlicher Faktor der jugendlichen Eigentumsdelinquenz ist der Zustand der Deprivation. Erhält ein Kind seitens der Eltern lediglich eingeschränkte oder überhaupt keine Aufmerksamkeit, beginnt es unter Umständen diesen Missstand zu sublimieren. Es beginnt zu Stehlen. Nicht jedoch unter der Prämisse der eigenen Bereicherung oder um etwas besonderes darstellen zu wollen, sondern als Schrei nach Hilfe. Hilfe infolge einer lieblosen Erziehungsstrategie. Das Aufmerksamkeitserregen wirkt sich jedoch in dem meisten Fällen negativ auf das vorher schon stark belastete Beziehungsgefüge zwischen Eltern und Kind aus. Nicht, dass das Kind nach elterlicher Meinung ohnehin schon genug negative Eigenschaften aufweist, jetzt stiehlt es zudem noch. Bei einer nicht erfolgenden Interventionen bleibt solch einem Kind meist nicht erspart, noch weiter in delinquente Verhaltensweisen abzurutschen. Welchen Schulzweig er besucht, kann hierbei unberücksichtigt bleiben.

Was weiterhin als Grund des Stehlens genannt wird, das ist die Mutprobe. Gerade bei Kindern oder Jugendlichen mit einem geringen Selbstwertgefühl und der damit verbundenen Angst, keine (anderen) Freunde zu finden, tritt dieses Phänomen oftmals in Erscheinung. Um in der Peergroup Akzeptanz zu erlangen, begehen sie demzufolge delinquente Handlungen. Ähnlich verhält es sich mit dem Diebstahl, um einer anderen Person Anerkennung in Form materieller Werte zu schenken, ohne die finanziellen Mittel zur Verfügung zu haben.

Der folgende Aspekt, den wir im Kontext der Eigentumsdelinquenz aufführen, dient gleichzeitig als Überleitung zur letzten von uns angesprochenen Delinquenzart, der Rückzugsdelinquenz. Rückzugsdelinquentes Verhalten geht oftmals mit Drogen- und/oder Alkoholkonsum einher. Verbinden wir das Delikt des Stehlens mit dem des Rauschmittelkonsums, kommen wir unweigerlich zur Beschaffungskriminalität. Ein weiteres Darstellen der Beschaffungskriminalität halten wir nicht für notwendig, sodass wir uns nunmehr dem Grund des Rauschmittelkonsums widmen.

Ähnlich der Mutproben beim Delikt der Eigentumsdelinquenzen, verhält es sich ebenfalls beim Konsumieren von Rauschmitteln: Das Dazugehören. Ein weiterer, nicht unwesentlicher Gesichtspunkt ist die Neugierde. Beziehen wir uns kurz ausschließlich auf den Alkoholkonsum. Die Werbung suggeriert den Jugendlichen (Kindern), dass Alkohol nicht ein Rauschmittel per se, sondern ein Lebensgefühl darstellt, er ist „gesellschaftsfähig". Mit Alkohol steigt die Stimmung und fallen die Hemmungen, womit wir wieder bei der Thematik der Aggression angelangt werden[31]. Betrachtet man den Alkohol als legitimierte Droge, scheint die Mehrzahl der Jugendlichen nach einem Abtauchen in die sich daraus entwickelnden Scheinwelten süchtig zu sein[32]:

Hauptschüler: *männlich 82%; weiblich 67%*
Realschüler: *männlich 53%; weiblich 59%*
Gymnasiasten: *männlich 58%; weiblich 41%*

Berechnen wir den groben Schnitt der Prozentangaben, waren bereits 60% der Schüler mindestens ein Mal richtig betrunken. Wir gehen davon aus, dass dieser Wert auf das gesamte Aufkommen der Jugendlichen übertragen werden kann. Solche, wie wir finden recht hohen, Werte lassen den Schluss zu, dass größtenteils gruppendynamisches Verhalten ausschlaggebend für den Alkoholkonsum ist.

Ziehen wir die Prozentwerte des Raschmittelkonsums heran, erkennt man den Drang der Neugier:

Hauptschüler: *männlich 25%; weiblich 20%*
Realschüler: *männlich 15%; weiblich 17%*
Gymnasiasten: *männlich 22%; weiblich 17%*

Rund 20% der befragten Schüler gaben an, bereits Rauschgift konsumiert zu haben. In absoluten Zahlen ausgedrückt: 199 (n=993), von den 199 Schülern waren 42%(!) unter 15 Jahren ($\bar{x} = 6.9$)

Leider konnten wir aufgrund der Fragestellung nicht heraus bekommen, um welche Art der konsumierten Drogen es sich handelte. Erschreckend bleibt jedoch das relativ starke Auftreten des Konsums.

Es wäre ein Leichtes, die Kausalzusammenhänge delinquenten Verhaltens um Seiten auszudehnen. Doch denken wir, dass der Erklärungsversuch auf delinquentes Handeln hin bezogen an dieser Stelle abgebrochen werden kann. Im Großen und Ganzen, so hoffen wir, ist unsere Denkweise nachvollziehbar aufgezeigt worden.

---

[31] Da die enthemmende Wirkung von Alkohol hinreichend bekannt sein dürfte, sehen wir ein explizites Eingehen hierauf nicht vonnöten.
[32] Die Einzelprozentwerte nach Alters- und Schulzugehörigkeit des Alkoholkonsums (wie auch der anderen Einzelwerte), können aus den im Anhang aufgeführten Tabellen entnommen werden!

Schlussfolgerungen

Wie die Erhebungen klar belegten, verhalten sich etwa ¼ der befragten Schüler delinquent. Beachten muss man allerdings den Aspekt der Intensivtäter. Ein Großteil der befragten Schüler, einerlei welcher Schulform, gaben an, niemals in einem der Deliktarten in Erscheinung getreten zu sein. Letztendlich bleibt uns nur zu konstatieren, dass, wie wir ausführten, delinquentes Handeln ein erzieherisches *und* soziales Problem darstellt, was zahlenmäßig immer mehr zu einem gesellschaftlichen Problem mutiert.

In diesem Sinne schließen wir unsere Abhandlung mit einem Zitat des Denkers *Publilius Syrus (1. Jh. vor Chr.)*

Mit Vernunft, nicht mit Gewalt muss man die Jugend bekehren!

14. Tabellarische Aufstellung sämtlicher Prozentwerte
14.1 Hauptschule
14.1.1 Weiblich, 13 Jahre

Nr.	Item	ja	1 mal	2-5 mal	6-10 mal	> 10 mal
1	Fahren ohne Fahrkarte	51,2%	27,9%	23,3%	0%	0%
2	Automatenbetrug	23,3%	14%	7%	2,3%	0%
3	Wechselgeld-Schwindel	0%	0%	0%	0%	0%
4	Zechprellerei	0%	0%	0%	0%	0%
5	Hehlerei	30,2%	20,9%	9,3%	0%	0%
6	Trunkenheit	51,2%	25,6%	11,6%	2,3%	11,6%
7	Schulschwänzen 1 Tag	18,7%	14%	4,7%	0%	0%
8	Schulschwänzen > 1Tag	0%	0%	0%	0%	0%
9	Streunen	14%	9,3%	4,7%	0%	0%
10	Kaufhausdiebstahl	27,9%	20,9%	7%	0%	0%
11	Kioskdiebstahl	18,6%	18,6%	0%	0%	0%
12	Baustellendiebstahl	0%	0%	0%	0%	0%
13	Kameradendiebstahl	0%	0%	0%	0%	0%
14	Gaststättendiebstahl	18,6%	11,6	7%	0%	0%
15	Fahrraddiebstahl	7%	7%	0%	0%	0%
16	Kfz-Diebstahl	0%	0%	0%	0%	0%
17	Raub/Erpressung	30,2%	20,9%	9,3%	0%	0%
18	Körperverletzung	23,3%	9,3%	14%	0%	0%
19	Bedrohung mit Waffe	0%	0%	0%	0%	0%
20	Einbruch (o. Diebstahl)	0%	0%	0%	0%	0%
21	Sachbeschädigung 1	0%	0%	0%	0%	0%
22	Sachbeschädigung 2	21%	14%	7%	0%	0%
23	Brandstiftung	4,7%	4,7%	0%	0%	0%
24	Rauschgiftkonsum	7%	7%	0%	0%	0%
25	Fahren o. Führerschein	18,6%	9,3%	7%	0%	2,3%
26	Unerl. Waffenbesitz	0%	0%	0%	0%	0%
27	Belästigung	4,7%	4,7%	0%	0%	0%
28	Polizei/Jugendamt	0%	0%	0%	0%	0%

14.1.2 Weiblich, 14 Jahre

Nr.	Item	ja	1 mal	2-5 mal	6-10 mal	> 10 mal
1	Fahren ohne Fahrkarte	40%	10%	20%	10%	0%
2	Automatenbetrug	30%	12,5%	10%	7,45%	0%
3	Wechselgeld-Schwindel	0%	0%	0%	0%	0%
4	Zechprellerei	0%	0%	0%	0%	0%
5	Hehlerei	50%	30%	20%	0%	0%
6	Trunkenheit	70%	0%	60%	0%	10%
7	Schulschwänzen 1 Tag	30%	20%	10%	0%	0%
8	Schulschwänzen > 1Tag	20%	10%	0%	0%	10%
9	Streunen	40%	10%	30%	0%	0%
10	Kaufhausdiebstahl	70%	42,5%	27,5%	0%	0%
11	Kioskdiebstahl	27,5%	17,5%	2,5%	7,5%	0%
12	Baustellendiebstahl	0%	0%	0%	0%	0%
13	Kameradendiebstahl	17,5%	10%	7,5%	0%	0%
14	Gaststättendiebstahl	12,5%	7,5%	5%	0%	0%
15	Fahrraddiebstahl	27,5%	17,5%	10%	0%	0%
16	Kfz-Diebstahl	10%	10%	0%	0%	0%
17	Raub/Erpressung	27,5%	12,5%	10%	5%	0%
18	Körperverletzung	70%	42,5%	17,5%	7,5%	2,5%
19	Bedrohung mit Waffe	12,5%	10%	2,5%	0%	0%
20	Einbruch (o. Diebstahl)	17,5%	12,5%	5%	0%	0%
21	Sachbeschädigung 1	22,5%	12,5%	10%	0%	0%
22	Sachbeschädigung 2	27,5%	10%	17,5%	0%	0%
23	Brandstiftung	2,5%	2,5%	0%	0%	0%
24	Rauschgiftkonsum	32,5%	0%	0%	22,5%	10%
25	Fahren o. Führerschein	20%	12,5%	7,5%	0%	0%
26	Unerl. Waffenbesitz	7,5%	7,5%	0%	0%	0%
27	Belästigung	22,5%	17,5%	5%	0%	0%
28	Polizei/Jugendamt	5%	2,5%	2,5%	0%	0%

14.1.3 Weiblich, 15 Jahre

Nr.	Item	ja	1 mal	2-5 mal	6-10 mal	> 10 mal
1	Fahren ohne Fahrkarte	52,1%	13%	30,4%	0%	8,7%
2	Automatenbetrug	30,4%	21,7%	0%	8,7%	0%
3	Wechselgeld-Schwindel	8,7%	8,7%	0%	0%	0%
4	Zechprellerei	0%	0%	0%	0%	0%
5	Hehlerei	39%	30,4%	4,3%	4,3%	0%
6	Trunkenheit	82,6%	26,1%	26,1%	0%	30,4%
7	Schulschwänzen 1 Tag	26,1%	17,4%	8,7%	0%	0%
8	Schulschwänzen > 1Tag	8,7%	8,7%	0%	0%	0%
9	Streunen	26,1%	17,4%	8,7%	0%	0%
10	Kaufhausdiebstahl	39,1%	21,7%	8,7%	8,7%	0%
11	Kioskdiebstahl	8,7%	8,7%	0%	0%	0%
12	Baustellendiebstahl	26,1%	17,4%	8,7%	0%	0%
13	Kameradendiebstahl	17,4%	13,1%	4,3%	0%	0%
14	Gaststättendiebstahl	17,3%	8,7%	4,3%	4,3%	0%
15	Fahrraddiebstahl	21,7%	8,7%	13%	0%	0%
16	Kfz-Diebstahl	13%	13%	0%	0%	0%
17	Raub/Erpressung	17,4%	13%	4,3%	0%	0%
18	Körperverletzung	39,1%	17,4%	17,4%	4,3%	0%
19	Bedrohung mit Waffe	13%	8,7%	4,3%	0%	0%
20	Einbruch (o. Diebstahl)	13%	13%	0%	0%	0%
21	Sachbeschädigung 1	56,5%	26,1%	17,4%	13%	0%
22	Sachbeschädigung 2	43,5%	34,8%	8,7%	0%	0%
23	Brandstiftung	8,7%	8,7%	0%	0%	0%
24	Rauschgiftkonsum	21,7%	0%	0%	0%	21,7%
25	Fahren o. Führerschein	52,2%	13%	26,1%	8,7%	4,3%
26	Unerl. Waffenbesitz	8,7%	8,7%	0%	0%	0%
27	Belästigung	34,8%	26,1%	8,7%	0%	0%
28	Polizei/Jugendamt	21,7%	13%	8,7%	0%	0%

14.1.4 Weiblich, 16 Jahre

Nr.	Item	ja	1 mal	2-5 mal	6-10 mal	> 10 mal
1	Fahren ohne Fahrkarte	40,4%	19,1%	8,5%	0%	4,,3%
2	Automatenbetrug	49%	14,9%	21,3%	0%	12,8%
3	Wechselgeld-Schwindel	8,5%	8,5%	0%	0%	0%
4	Zechprellerei	4,3%	4,3%	0%	0%	0%
5	Hehlerei	38,3%	14,9%	14,9%	21,1%	6,4%
6	Trunkenheit	72,3%	23,4%	19,1%	17%	12,8%
7	Schulschwänzen 1 Tag	57,4%	14,9%	29,8%	8,5%	4,3%
8	Schulschwänzen > 1Tag	23,4%	6,4%	12,8%	0%	4,3%
9	Streunen	44,7%	29,8%	14,9%	0%	0%
10	Kaufhausdiebstahl	27,7%	8,5%	12,8%	6,4%	0%
11	Kioskdiebstahl	17%	6,4%	10,6%	0%	0%
12	Baustellendiebstahl	12,8%	6,4%	6,4%	0%	0%
13	Kameradendiebstahl	14,9%	10,6%	4,3%	0%	0%
14	Gaststättendiebstahl	12,8%	4,3%	4,3%	0%	0%
15	Fahrraddiebstahl	21,3%	10,6%	6,4%	2,1%	2,1%
16	Kfz-Diebstahl	12,7%	10,6%	2,1%	0%	0%
17	Raub/Erpressung	19,1%	10,6%	2,1%	4,3%	2,1%
18	Körperverletzung	27,7%	21,3%	4,3%	2,1%	0%
19	Bedrohung mit Waffe	21,3%	14,9%	6,4%	0%	0%
20	Einbruch (o. Diebstahl)	17%	8,5%	4,3%	2,1%	2,1%
21	Sachbeschädigung 1	21,3%	10,6%	6,4%	0%	4,3%
22	Sachbeschädigung 2	36,2%	19,1%	8,5%	6,4%	2,1%
23	Brandstiftung	8,5%	6,4%	2,1%	0%	0%
24	Rauschgiftkonsum	21,3%	10,6%	6,4%	0%	4,3%
25	Fahren o. Führerschein	46%	12,8%	25,5%	4,3%	4,3%
26	Unerl. Waffenbesitz	10,7%	6,4%	0%	0%	4,3%
27	Belästigung	19,1%	17%	2,1%	0%	0%
28	Polizei/Jugendamt	10,6%	6,3%	4,3%	0%	0%

14.1.5 Weiblich, gesamt

Nr.	Item	ja	1 mal	2-5 mal	6-10 mal	> 10 mal
1	Fahren ohne Fahrkarte	45,1%	18,3%	21,6%	2,6%	2,6%
2	Automatenbetrug	34%	15%	11,1%	3,9%	3,9%
3	Wechselgeld-Schwindel	3,9%	3,9%	0%	0%	0%
4	Zechprellerei	1,3%	1,3%	0%	0%	0%
5	Hehlerei	39,2%	22,9%	13,1%	1,3%	2%
6	Trunkenheit	67,3%	18,3%	28,8%	5,9%	14,4%
7	Schulschwänzen 1 Tag	34,6%	16,3%	14,4%	2,6%	1,3%
8	Schulschwänzen > 1Tag	13,7%	5,9%	3,9%	0%	3,9%
9	Streunen	32%	17%	15%	0%	0%
10	Kaufhausdiebstahl	40,5%	22,9%	14,4%	3,3%	0%
11	Kioskdiebstahl	19,6%	13,1%	4,6%	3,3%	0%
12	Baustellendiebstahl	7,9%	4,6%	3,3%	0%	0%
13	Kameradendiebstahl	11,8%	7,8%	3,9%	0%	0%
14	Gaststättendiebstahl	15,1%	9,2%	5,2%	0,7%	0%
15	Fahrraddiebstahl	19%	11,1%	6,5%	0,7%	0,7%
16	Kfz-Diebstahl	8,5%	7,8%	0,7%	0%	0%
17	Raub/Erpressung	24,2%	14,4%	6,5%	2,6%	0,7%
18	Körperverletzung	39,2%	22,9%	12,4%	3,3%	0,7%
19	Bedrohung mit Waffe	11,8%	8,5%	3,3%	0%	0%
20	Einbruch (o. Diebstahl)	11,8%	7,8%	2,6%	0,7%	0,7%
21	Sachbeschädigung 1	20,9%	10,5%	7,2%	2%	1,3%
22	Sachbeschädigung 2	30,7%	17,6%	1,5%	2%	0,7%
23	Brandstiftung	5,9%	5,2%	0,7%	0%	0%
24	Rauschgiftkonsum	20,3%	5,2%	2%	5,9%	7,2%
25	Fahren o. Führerschein	32,7%	11,8%	15,7%	2,6%	2,8%
26	Unerl. Waffenbesitz	6,5%	5,2%	0%	0%	1,3%
27	Belästigung	19%	15,7%	3,3%	0%	0%
28	Polizei/Jugendamt	7,9%	4,6%	3,3%	0%	0%

14.1.6 Männlich, 13 Jahre

Nr.	Item	ja	1 mal	2-5 mal	6-10 mal	> 10 mal
1	Fahren ohne Fahrkarte	62,5%	20,8%	12,5%	20,8%	8,3%
2	Automatenbetrug	70,8%	8,3%	62,5%	0%	0%
3	Wechselgeld-Schwindel	50%	37,5%	12,5%	0%	0%
4	Zechprellerei	12,5%	8,3%	4,2%	0%	0%
5	Hehlerei	70,8%	20,8%	37,5%	0%	12,5%
6	Trunkenheit	75%	0%	50%	12,5%	12,5%
7	Schulschwänzen 1 Tag	37,5%	25%	12,5%	0%	0%
8	Schulschwänzen > 1Tag	12,5%	8,3%	4,2%	0%	0%
9	Streunen	41,7%	33,3%	4,2%	0%	4,2%
10	Kaufhausdiebstahl	83,3%	41,7%	8,3%	4,2%	29,2%
11	Kioskdiebstahl	62,5%	25%	12,5%	25%	0%
12	Baustellendiebstahl	58,3%	45,8%	12,5%	0%	0%
13	Kameradendiebstahl	33,3%	25%	8,3%	0%	0%
14	Gaststättendiebstahl	20,8%	8,3%	4,2%	8,3%	0%
15	Fahrraddiebstahl	25%	16,7%	0%	8,3%	0%
16	Kfz-Diebstahl	0%	0%	0%	0%	0%
17	Raub/Erpressung	27,5%	12,5%	25%	0%	0%
18	Körperverletzung	62,5%	50%	12,5%	0%	0%
19	Bedrohung mit Waffe	25%	25%	0%	0%	0%
20	Einbruch (o. Diebstahl)	37,5%	20,8%	8,3%	8,3%	0%
21	Sachbeschädigung 1	50%	0%	29,2%	8,3%	12,5%
22	Sachbeschädigung 2	50%	37,5%	12,5%	0%	0%
23	Brandstiftung	12,5%	8,3%	4,2%	0%	0%
24	Rauschgiftkonsum	0%	0%	0%	0%	0%
25	Fahren o. Führerschein	87,5%	37,5%	16,7%	2,5%	8,3%
26	Unerl. Waffenbesitz	20,8%	8,3%	8,3%	4,2%	0%
27	Belästigung	4,2%	4,2%	0%	0%	0%
28	Polizei/Jugendamt	12,5%	8,3%	4,2%	0%	0%

14.1.7 Männlich, 14 Jahre

Nr.	Item	ja	1 mal	2-5 mal	6-10 mal	> 10 mal
1	Fahren ohne Fahrkarte	**47,1%**	17,6%	11,8%	0%	17,6%
2	Automatenbetrug	**52,9%**	11,8%	26,5%	8,8%	5,9%
3	Wechselgeld-Schwindel	**32,4%**	20,6%	11,8%	0%	0%
4	Zechprellerei	**38,2%**	29,4%	8,8%	0%	0%
5	Hehlerei	**52,9%**	20,6%	17,6%	0%	14,7%
6	Trunkenheit	**58,8%**	11,8%	26,5%	2,9%	17,6%
7	Schulschwänzen 1 Tag	**29,4%**	8,8%	14,7%	0%	5,9%
8	Schulschwänzen > 1Tag	**23,5%**	20,6%	2,9%	0%	0%
9	Streunen	**14,7%**	5,9%	8,8%	0%	0%
10	Kaufhausdiebstahl	**58,8%**	20,6%	17,6%	20,6%	0%
11	Kioskdiebstahl	**41,2%**	26,5%	14,7%	0%	2,9%
12	Baustellendiebstahl	**38,2%**	23,5%	11,8%	02,9%	0%
13	Kameradendiebstahl	**23,5%**	14,7%	8,8%	0%	0%
14	Gaststättendiebstahl	**35,3%**	5,9%	23,5%	5,9%	0%
15	Fahrraddiebstahl	**50%**	20,6%	20,6%	8,8%	0%
16	Kfz-Diebstahl	**44,2%**	32,4%	11,8%	0%	0%
17	Raub/Erpressung	**47,1%**	26,5%	14,7%	0%	5,9%
18	Körperverletzung	**55,9%**	32,4%	23,5%	0%	0%
19	Bedrohung mit Waffe	**35,3%**	17,6%	11,8%	5,9%	0%
20	Einbruch (o. Diebstahl)	**44,2%**	32,4%	11,8%	0%	0%
21	Sachbeschädigung 1	**82,4%**	44,1%	17,6%	14,7%	5,9%
22	Sachbeschädigung 2	**38,2%**	17,6%	8,8%	11,8%	0%
23	Brandstiftung	**17,4%**	14,7%	2,9%	0%	0%
24	Rauschgiftkonsum	**32,2%**	20,4%	11,8%	0%	0%
25	Fahren o. Führerschein	**58,8%**	17,6%	5,9%	23,5%	11,8%
26	Unerl. Waffenbesitz	**35,3%**	17,6%	5,9%	11,8%	0%
27	Belästigung	**14,7%**	8,8%	5,9%	0%	0%
28	Polizei/Jugendamt	**23,5%**	14,7%	8,8%	0%	0%

14.1.8 Männlich, 15 Jahre

Nr.	Item	ja	1 mal	2-5 mal	6-10 mal	> 10 mal
1	Fahren ohne Fahrkarte	66,7%	26,7%	33,3%	0%	6,7%
2	Automatenbetrug	40%	20%	20%	0%	0%
3	Wechselgeld-Schwindel	26,7%	6,7%	20%	0%	0%
4	Zechprellerei	36,6%	23,3%	13,3%	0%	0%
5	Hehlerei	66,7%	36,7%	16,7%	0%	13,3%
6	Trunkenheit	92,3%	0%	33,3%	13,3%	46,7%
7	Schulschwänzen 1 Tag	33,3%	23,3%	6,7%	0%	3,3%
8	Schulschwänzen > 1Tag	24,4%	16,7%	6,7%	0%	0%
9	Streunen	40%	13,3%	23,3%	3,3%	0%
10	Kaufhausdiebstahl	70%	56,7%	13,3%	0%	0%
11	Kioskdiebstahl	33,3%	19,9%	6,7%	0%	6,7%
12	Baustellendiebstahl	24,4%	16,7%	6,7%	0%	0%
13	Kameradendiebstahl	16,4%	13,3%	3,3%	0%	0%
14	Gaststättendiebstahl	30%	26,7%	0%	0%	3,3%
15	Fahrraddiebstahl	40%	33,3%	3,3%	3,3%	0%
16	Kfz-Diebstahl	20%	13,3%	6,7%	0%	0%
17	Raub/Erpressung	33,3%	13,3%	13,3%	3,3%	3,3%
18	Körperverletzung	43,7%	30%	10%	3,3%	0%
19	Bedrohung mit Waffe	16,7%	10%	6,7%	0%	0%
20	Einbruch (o. Diebstahl)	36,6%	33,3%	3,3%	0%	0%
21	Sachbeschädigung 1	66,7%	33,3%	26,7%	0%	6,7%
22	Sachbeschädigung 2	53,4%	40%	6,7%	6,7%	0%
23	Brandstiftung	33,3%	20%	13,3%	0%	0%
24	Rauschgiftkonsum	26,7%	16,7%	10%	0%	0%
25	Fahren o. Führerschein	93,3%	33,3%	13,3%	0%	46,7%
26	Unerl. Waffenbesitz	43,3%	13,3%	26,7%	3,3%	0%
27	Belästigung	16,7%	10%	6,7%	0%	0%
28	Polizei/Jugendamt	6,7%	6,7%	0%	0%	0%

14.1.9 Männlich, 16 Jahre

Nr.	Item	ja	1 mal	2-5 mal	6-10 mal	> 10 mal
1	Fahren ohne Fahrkarte	70,3%	2,7%	29,7%	13,5%	24,3%
2	Automatenbetrug	73%	8,1%	32,4%	8,1%	24,3%
3	Wechselgeld-Schwindel	23%	6,8%	16,8%	5,4%	4,1%
4	Zechprellerei	10,9%	6,8%	4,1%	0%	0%
5	Hehlerei	39,2%	9,5%	8,1%	12,2%	9,5%
6	Trunkenheit	90,5%	6,8%	10,8%	8,1%	64,9%
7	Schulschwänzen 1 Tag	58,1%	5,4%	17,6%	5,4%	25,7%
8	Schulschwänzen > 1Tag	41,9%	9,5%	14,9%	6,8%	10,8%
9	Streunen	41,9%	18,9%	23%	0%	0%
10	Kaufhausdiebstahl	63,5%	28,4%	25,7%	0%	9,5%
11	Kioskdiebstahl	21,6%	6,8%	4,1%	0%	10,8%
12	Baustellendiebstahl	43,2%	24,5%	18,9%	0%	0%
13	Kameradendiebstahl	12,2%	6,8%	5,4%	0%	0%
14	Gaststättendiebstahl	28,4%	20,3%	8,1%	0%	0%
15	Fahrraddiebstahl	37,8%	12,2%	9,5%	9,5%	6,8%
16	Kfz-Diebstahl	35,1%	14,9%	12,2%	5,4%	2,7%
17	Raub/Erpressung	33,4%	5,4%	21,6%	1,4%	4,1%
18	Körperverletzung	52,7%	16,2%	25,7%	4,1%	6,8%
19	Bedrohung mit Waffe	16,2%	6,8%	4,1%	2,7%	1,4%
20	Einbruch (o. Diebstahl)	44,6%	14,9%	17,6%	0%	12,2%
21	Sachbeschädigung 1	68,9%	16,2%	23%	12,2%	17,6%
22	Sachbeschädigung 2	56,8%	24,3%	17,6%	0%	14,9%
23	Brandstiftung	29,7%	17,5%	12,2%	0%	0%
24	Rauschgiftkonsum	31,1%	6,8%	4,1%	0%	20,3%
25	Fahren o. Führerschein	65,7%	4,1%	25,7%	12,2%	33,8%
26	Unerl. Waffenbesitz	48,6%	16,2%	0%	0%	32,4%
27	Belästigung	18,9%	4,1%	5,4%	2,7%	6,8%
28	Polizei/Jugendamt	32,4%	21,6%	2,7%	8,1%	0%

14.1.10 Männlich, gesamt

Nr.	Item	ja	1 mal	2-5 mal	6-10 mal	> 10 mal
1	Fahren ohne Fahrkarte	**63,6%**	13%	24,1%	9,3%	17,3%
2	Automatenbetrug	**62,3%**	11,1%	33,3%	5,6%	12,3%
3	Wechselgeld-Schwindel	**29,6%**	14,2%	11,1%	2,5%	1,9%
4	Zechprellerei	**21,6%**	14,8%	6,8%	0%	0%
5	Hehlerei	**51,9%**	18,5%	16,%	5,6%	11,7%
6	Trunkenheit	**82,1%**	5,6%	24,1%	8,6%	43,8%
7	Schulschwänzen 1 Tag	**44,4%**	12,3%	14,2%	4,3%	13,6%
8	Schulschwänzen > 1Tag	**30,2%**	13%	9,3%	3,1%	4,9%
9	Streunen	**35,8%**	17,3%	17,3%	0,6%	0,6%
10	Kaufhausdiebstahl	**66,7%**	34%	19,1%	4,9%	8,6%
11	Kioskdiebstahl	**34%**	16%	8%	3,7%	6,2%
12	Baustellendiebstahl	**40,7%**	25,9%	14,2%	0,6%	0%
13	Kameradendiebstahl	**18,5%**	12,3%	6,2%	0%	0%
14	Gaststättendiebstahl	**29%**	16,7%	9,3%	2,5%	0,6%
15	Fahrraddiebstahl	**38,9%**	18,5%	9,3%	8%	3,1%
16	Kfz-Diebstahl	**29%**	16%	9,3%	2,5%	1,2%
17	Raub/Erpressung	**36,4%**	12,3%	19,1%	1,2%	3,7%
18	Körperverletzung	**53,1%**	27,2%	20,4%	2,5%	3,1%
19	Bedrohung mit Waffe	**21,6%**	12,3%	5,6%	2,5%	1,2%
20	Einbruch (o. Diebstahl)	**42%**	22,8%	12,3%	1,2%	5,6%
21	Sachbeschädigung 1	**68,5%**	22,8%	23,5%	9,9%	12,3%
22	Sachbeschädigung 2	**51,2%**	27,8%	13%	3,7%	6,8%
23	Brandstiftung	**23,3%**	16%	8,3%	0%	0%
24	Rauschgiftkonsum	**25%**	10,5%	6,2%	0%	9,3%
25	Fahren o. Führerschein	**77,2%**	17,3%	17,9%	14,2%	27,8%
26	Unerl. Waffenbesitz	**40,7%**	14,8%	7,4%	3,7%	14,8%
27	Belästigung	**15,4%**	6,2%	4,9%	1,2%	3,1%
28	Polizei/Jugendamt	**22,8%**	15,4%	3,7%	3,7%	0%

14.1.11 Hauptschule, gesamt

Nr.	Item	ja	1 mal	2-5 mal	6-10 mal	> 10 mal
1	Fahren ohne Fahrkarte	**54,2%**	15,6%	22,9%	6%	10,2%
2	Automatenbetrug	**48,6%**	13%	22,5%	4,8%	8,3%
3	Wechselgeld-Schwindel	**17,1%**	9,2%	5,7%	1,3%	1%
4	Zechprellerei	**11,8%**	8,3%	3,5%	0%	0%
5	Hehlerei	**45,7%**	20,6%	14,6%	3,5%	7%
6	Trunkenheit	**47,9%**	11,7%	26,3%	7,3%	29,5%
7	Schulschwänzen 1 Tag	**39,7%**	14,3%	14,3%	3,5%	7,6%
8	Schulschwänzen > 1Tag	**22,2%**	9,5%	6,7%	1,6%	4,4%
9	Streunen	**34%**	17,1%	16,2%	0,3%	0,3%
10	Kaufhausdiebstahl	**54%**	28,6%	16,8%	4,1%	4,4%
11	Kioskdiebstahl	**27%**	14,6%	6,3%	2,9%	3,2%
12	Baustellendiebstahl	**24,8%**	15,6%	8,9%	0,3%	0%
13	Kameradendiebstahl	**15,3%**	10,2%	5,1%	0%	0%
14	Gaststättendiebstahl	**22,2%**	13%	7,3%	16%	0,3%
15	Fahrraddiebstahl	**29,2%**	14,9%	7,9%	4,4%	1,9%
16	Kfz-Diebstahl	**19%**	12,1%	5,1%	1,3%	0,6%
17	Raub/Erpressung	**30,5%**	13,3%	13%	1,9%	2,2%
18	Körperverletzung	**46,3%**	25,1%	16,5%	2,9%	1,9%
19	Bedrohung mit Waffe	**16,8%**	10,5%	4,4%	1,3%	0,6%
20	Einbruch (o. Diebstahl)	**27,3%**	15,6%	7,6%	1%	3,2%
21	Sachbeschädigung 1	**45,4%**	16,8%	0%	0%	0%
22	Sachbeschädigung 2	**41,3%**	22,9%	11,7%	2,9%	3,8%
23	Brandstiftung	**15,9%**	10,8%	5,1%	0%	0%
24	Rauschgiftkonsum	**23,2%**	7,9%	4,1%	2,9%	8,3%
25	Fahren o. Führerschein	**53,6%**	14,6%	16,8%	8,6%	15,6%
26	Unerl. Waffenbesitz	**24,1%**	10,2%	3,8%	1,9%	8,3%
27	Belästigung	**17,1%**	10,8%	4,1%	0,6%	1,6%
28	Polizei/Jugendamt	**15,6%**	10,2%	3,5%	1,9%	0%

14.2 Realschule

14.2.1 Weiblich, 13 Jahre

Nr.	Item	ja	1 mal	2-5 mal	6-10 mal	> 10 mal
1	Fahren ohne Fahrkarte	44%	27%	5%	0%	12%
2	Automatenbetrug	39%	20%	15%	5%	0%
3	Wechselgeld-Schwindel	5%	5%	0%	0%	0%
4	Zechprellerei	5%	5%	0%	0%	0%
5	Hehlerei	5%	5%	0%	0%	0%
6	Trunkenheit	24%	14%	5%	5%	0%
7	Schulschwänzen 1 Tag	17%	17%	0%	0%	0%
8	Schulschwänzen > 1Tag	0%	0%	0%	0%	0%
9	Streunen	10%	7%	0%	0%	3%
10	Kaufhausdiebstahl	13%	10%	3%	0%	0%
11	Kioskdiebstahl	5%	5%	0%	0%	0%
12	Baustellendiebstahl	7%	7%	0%	0%	0%
13	Kameradendiebstahl	7%	0%	7%	0%	0%
14	Gaststättendiebstahl	5%	5%	0%	0%	0%
15	Fahrraddiebstahl	13%	10%	3%	0%	0%
16	Kfz-Diebstahl	0%	0%	0%	0%	0%
17	Raub/Erpressung	13%	7%	3%	3%	0%
18	Körperverletzung	22%	15%	7%	0%	0%
19	Bedrohung mit Waffe	0%	0%	0%	0%	0%
20	Einbruch (o. Diebstahl)	15%	10%	5%	0%	0%
21	Sachbeschädigung 1	20%	7%	5%	3%	5%
22	Sachbeschädigung 2	16%	10%	3%	3%	0%
23	Brandstiftung	8%	3%	5%	0%	0%
24	Rauschgiftkonsum	5%	5%	0%	0%	0%
25	Fahren o. Führerschein	5%	5%	0%	0%	0%
26	Unerl. Waffenbesitz	8%	5%	0%	3%	0%
27	Belästigung	15%	12%	3%	0%	0%
28	Polizei/Jugendamt	0%	0%	0%	0%	0%

14.2.2 Weiblich, 14 Jahre

Nr.	Item	ja	1 mal	2-5 mal	6-10 mal	> 10 mal
1	Fahren ohne Fahrkarte	43%	7%	25%	4%	7%
2	Automatenbetrug	50%	21%	21%	4%	4%
3	Wechselgeld-Schwindel	4%	4%	0%	0%	0%
4	Zechprellerei	4%	0%	4%	0%	0%
5	Hehlerei	29%	18%	7%	4%	0%
6	Trunkenheit	46%	14%	11%	7%	14%
7	Schulschwänzen 1 Tag	33%	11%	18%	4%	0%
8	Schulschwänzen > 1Tag	11%	4%	7%	0%	0%
9	Streunen	8%	4%	4%	0%	0%
10	Kaufhausdiebstahl	25%	5%	4%	9%	7%
11	Kioskdiebstahl	18%	7%	4%	0%	7%
12	Baustellendiebstahl	8%	4%	4%	0%	0%
13	Kameradendiebstahl	11%	4%	7%	0%	0%
14	Gaststättendiebstahl	11%	7%	0%	4%	0%
15	Fahrraddiebstahl	14%	14%	0%	0%	0%
16	Kfz-Diebstahl	4%	4%	0%	0%	0%
17	Raub/Erpressung	14%	7%	7%	0%	0%
18	Körperverletzung	22%	11%	7%	0%	4%
19	Bedrohung mit Waffe	4%	4%	0%	0%	0%
20	Einbruch (o. Diebstahl)	18%	7%	7%	4%	0%
21	Sachbeschädigung 1	39%	21%	18%	0%	0%
22	Sachbeschädigung 2	14%	0%	14%	0%	0%
23	Brandstiftung	14%	7%	7%	0%	0%
24	Rauschgiftkonsum	8%	4%	0%	0%	4%
25	Fahren o. Führerschein	21%	4%	11%	4%	4%
26	Unerl. Waffenbesitz	7%	7%	0%	0%	0%
27	Belästigung	0%	0%	0%	0%	0%
28	Polizei/Jugendamt	14%	14%	0%	0%	0%

14.2.3 Weiblich, 15 Jahre

Nr.	Item	ja	1 mal	2-5 mal	6-10 mal	> 10 mal
1	Fahren ohne Fahrkarte	**75%**	20%	38%	5%	12%
2	Automatenbetrug	**48%**	17%	27%	2%	3%
3	Wechselgeld-Schwindel	**22%**	7%	12%	3%	0%
4	Zechprellerei	**8%**	3%	5%	0%	0%
5	Hehlerei	**32%**	12%	13%	5%	2%
6	Trunkenheit	**74%**	10%	22%	17%	25%
7	Schulschwänzen 1 Tag	**45%**	20%	20%	3%	2%
8	Schulschwänzen > 1Tag	**8%**	5%	0%	0%	3%
9	Streunen	**24%**	7%	10%	5%	2%
10	Kaufhausdiebstahl	**34%**	8%	18%	3%	5%
11	Kioskdiebstahl	**8%**	5%	3%	0%	0%
12	Baustellendiebstahl	**10%**	5%	5%	0%	0%
13	Kameradendiebstahl	**3%**	0%	3%	0%	0%
14	Gaststättendiebstahl	**23%**	10%	13%	0%	0%
15	Fahrraddiebstahl	**22%**	17%	2%	3%	0%
16	Kfz-Diebstahl	**16%**	8%	3%	2%	3%
17	Raub/Erpressung	**25%**	13%	5%	5%	2%
18	Körperverletzung	**25%**	17%	8%	0%	0%
19	Bedrohung mit Waffe	**7%**	5%	2%	0%	0%
20	Einbruch (o. Diebstahl)	**20%**	5%	15%	0%	0%
21	Sachbeschädigung 1	**33%**	10%	18%	3%	2%
22	Sachbeschädigung 2	**29%**	7%	22%	0%	0%
23	Brandstiftung	**11%**	8%	3%	0%	0%
24	Rauschgiftkonsum	**18%**	2%	8%	4%	4%
25	Fahren o. Führerschein	**43%**	13%	17%	13%	0%
26	Unerl. Waffenbesitz	**13%**	3%	8%	0%	2%
27	Belästigung	**9%**	7%	2%	0%	0%
28	Polizei/Jugendamt	**17%**	15%	2%	0%	0%

14.2.4 Weiblich, 16 Jahre

Nr.	Item	ja	1 mal	2-5 mal	6-10 mal	> 10 mal
1	Fahren ohne Fahrkarte	60%	7%	37%	4%	12%
2	Automatenbetrug	57%	12%	39%	2%	4%
3	Wechselgeld-Schwindel	24%	5%	11%	4%	4%
4	Zechprellerei	13%	9%	4%	0%	0%
5	Hehlerei	26%	14%	7%	5%	0%
6	Trunkenheit	83%	4%	38%	9%	32%
7	Schulschwänzen 1 Tag	51%	16%	19%	5%	11%
8	Schulschwänzen > 1Tag	13%	5%	4%	4%	0%
9	Streunen	32%	7%	19%	2%	4%
10	Kaufhausdiebstahl	46%	16%	21%	4%	5%
11	Kioskdiebstahl	14%	5%	5%	4%	0%
12	Baustellendiebstahl	11%	4%	7%	0%	0%
13	Kameradendiebstahl	12%	5%	5%	2%	0%
14	Gaststättendiebstahl	28%	12%	14%	2%	0%
15	Fahrraddiebstahl	16%	4%	8%	0%	4%
16	Kfz-Diebstahl	12%	5%	5%	2%	0%
17	Raub/Erpressung	12%	5%	5%	2%	0%
18	Körperverletzung	15%	11%	0%	0%	4%
19	Bedrohung mit Waffe	5%	5%	0%	0%	0%
20	Einbruch (o. Diebstahl)	23%	12%	7%	4%	0%
21	Sachbeschädigung 1	30%	12%	11%	2%	5%
22	Sachbeschädigung 2	18%	7%	7%	2%	2%
23	Brandstiftung	7%	7%	0%	0%	0%
24	Rauschgiftkonsum	25%	12%	5%	0%	7%
25	Fahren o. Führerschein	43%	18%	16%	9%	0%
26	Unerl. Waffenbesitz	7%	0%	5%	0%	2%
27	Belästigung	13%	5%	4%	2%	2%
28	Polizei/Jugendamt	11%	5%	4%	0%	2%

14.2.5 Weiblich, gesamt

Nr.	Item	ja	1 mal	2-5 mal	6-10 mal	> 10 mal
1	Fahren ohne Fahrkarte	56%	14%	28%	3%	11%
2	Automatenbetrug	49%	17%	26%	3%	3%
3	Wechselgeld-Schwindel	14%	5%	6%	2%	1%
4	Zechprellerei	7%	4%	3%	0%	0%
5	Hehlerei	25%	13%	7%	4%	1%
6	Trunkenheit	59%	10%	20%	10%	19%
7	Schulschwänzen 1 Tag	38%	16%	15%	3%	4%
8	Schulschwänzen > 1Tag	9%	4%	3%	1%	1%
9	Streunen	19%	6%	9%	2%	2%
10	Kaufhausdiebstahl	29%	9%	12%	3%	5%
11	Kioskdiebstahl	12%	6%	3%	1%	2%
12	Baustellendiebstahl	9%	5%	4%	0%	0%
13	Kameradendiebstahl	9%	2%	6%	1%	0%
14	Gaststättendiebstahl	18%	10%	7%	1%	0%
15	Fahrraddiebstahl	16%	11%	3%	1%	1%
16	Kfz-Diebstahl	9%	5%	2%	1%	1%
17	Raub/Erpressung	16%	8%	5%	2%	1%
18	Körperverletzung	21%	13%	6%	0%	2%
19	Bedrohung mit Waffe	5%	4%	1%	0%	0%
20	Einbruch (o. Diebstahl)	19%	8%	9%	2%	0%
21	Sachbeschädigung 1	31%	13%	14%	2%	2%
22	Sachbeschädigung 2	20%	6%	12%	1%	1%
23	Brandstiftung	11%	7%	4%	0%	0%
24	Rauschgiftkonsum	15%	6%	4%	1%	4%
25	Fahren o. Führerschein	30%	10%	12%	7%	1%
26	Unerl. Waffenbesitz	10%	4%	4%	1%	1%
27	Belästigung	10%	6%	2%	1%	1%
28	Polizei/Jugendamt	11%	9%	1%	0%	1%

14.2.6 Männlich, 13 Jahre

Nr.	Item	ja	1 mal	2-5 mal	6-10 mal	> 10 mal
1	Fahren ohne Fahrkarte	39%	0%	21%	0%	18%
2	Automatenbetrug	36%	26%	10%	0%	0%
3	Wechselgeld-Schwindel	77%	10%	13%	0%	0%
4	Zechprellerei	0%	0%	0%	0%	0%
5	Hehlerei	13%	10%	0%	3%	0%
6	Trunkenheit	29%	19%	10%	0%	0%
7	Schulschwänzen 1 Tag	6%	6%	0%	0%	0%
8	Schulschwänzen > 1Tag	0%	0%	0%	0%	0%
9	Streunen	3%	3%	0%	0%	0%
10	Kaufhausdiebstahl	10%	10%	0%	0%	0%
11	Kioskdiebstahl	6%	6%	0%	0%	0%
12	Baustellendiebstahl	35%	29%	6%	0%	0%
13	Kameradendiebstahl	10%	10%	0%	0%	0%
14	Gaststättendiebstahl	3%	3%	0%	0%	0%
15	Fahrraddiebstahl	16%	13%	3%	0%	0%
16	Kfz-Diebstahl	3%	0%	3%	0%	0%
17	Raub/Erpressung	16%	10%	6%	0%	0%
18	Körperverletzung	39%	16%	23%	0%	0%
19	Bedrohung mit Waffe	0%	0%	0%	0%	0%
20	Einbruch (o. Diebstahl)	10%	10%	0%	0%	0%
21	Sachbeschädigung 1	45%	23%	19%	3%	0%
22	Sachbeschädigung 2	25%	16%	6%	3%	0%
23	Brandstiftung	16%	16%	0%	0%	0%
24	Rauschgiftkonsum	0%	0%	0%	0%	0%
25	Fahren o. Führerschein	29%	13%	8%	5%	3%
26	Unerl. Waffenbesitz	26%	13%	3%	0%	0%
27	Belästigung	8%	5%	0%	3%	0%
28	Polizei/Jugendamt	3%	3%	0%	0%	0%

14.2.7 Männlich, 14 Jahre

Nr.	Item	ja	1 mal	2-5 mal	6-10 mal	> 10 mal
1	Fahren ohne Fahrkarte	30%	7%	16%	0%	7%
2	Automatenbetrug	34%	19%	7%	4%	4%
3	Wechselgeld-Schwindel	8%	0%	6%	0%	2%
4	Zechprellerei	7%	7%	0%	0%	0%
5	Hehlerei	17%	4%	7%	6%	0%
6	Trunkenheit	33%	7%	22%	0%	4%
7	Schulschwänzen 1 Tag	11%	4%	7%	0%	0%
8	Schulschwänzen > 1Tag	0%	0%	0%	0%	0%
9	Streunen	4%	4%	0%	0%	0%
10	Kaufhausdiebstahl	19%	13%	6%	0%	0%
11	Kioskdiebstahl	7%	0%	7%	0%	0%
12	Baustellendiebstahl	15%	11%	4%	0%	0%
13	Kameradendiebstahl	11%	7%	4%	0%	0%
14	Gaststättendiebstahl	0%	0%	0%	0%	0%
15	Fahrraddiebstahl	7%	5%	2%	0%	0%
16	Kfz-Diebstahl	6%	4%	2%	0%	0%
17	Raub/Erpressung	19%	13%	6%	0%	0%
18	Körperverletzung	37%	20%	17%	0%	0%
19	Bedrohung mit Waffe	6%	6%	0%	0%	0%
20	Einbruch (o. Diebstahl)	11%	11%	0%	0%	0%
21	Sachbeschädigung 1	45%	11%	26%	6%	2%
22	Sachbeschädigung 2	30%	19%	9%	2%	0%
23	Brandstiftung	7%	7%	0%	0%	0%
24	Rauschgiftkonsum	4%	4%	0%	0%	0%
25	Fahren o. Führerschein	45%	9%	6%	11%	19%
26	Unerl. Waffenbesitz	15%	2%	9%	0%	4%
27	Belästigung	15%	9%	6%	0%	0%
28	Polizei/Jugendamt	0%	0%	0%	0%	0%

14.2.8 Männlich, 15 Jahre

Nr.	Item	ja	1 mal	2-5 mal	6-10 mal	> 10 mal
1	Fahren ohne Fahrkarte	57%	19%	15%	2%	21%
2	Automatenbetrug	70%	23%	35%	8%	4%
3	Wechselgeld-Schwindel	16%	4%	12%	0%	0%
4	Zechprellerei	21%	19%	2%	0%	0%
5	Hehlerei	37%	12%	13%	10%	2%
6	Trunkenheit	68%	10%	21%	6%	31%
7	Schulschwänzen 1 Tag	44%	13%	17%	8%	6%
8	Schulschwänzen > 1Tag	12%	4%	0%	8%	0%
9	Streunen	18%	12%	0%	2%	4%
10	Kaufhausdiebstahl	37%	10%	19%	6%	2%
11	Kioskdiebstahl	20%	8%	10%	2%	0%
12	Baustellendiebstahl	38%	21%	13%	2%	2%
13	Kameradendiebstahl	22%	12%	10%	0%	0%
14	Gaststättendiebstahl	24%	12%	8%	4%	0%
15	Fahrraddiebstahl	28%	12%	10%	6%	0%
16	Kfz-Diebstahl	22%	6%	10%	4%	2%
17	Raub/Erpressung	30%	6%	12%	4%	8%
18	Körperverletzung	52%	17%	27%	4%	4%
19	Bedrohung mit Waffe	17%	7%	10%	0%	0%
20	Einbruch (o. Diebstahl)	29%	15%	12%	2%	0%
21	Sachbeschädigung 1	56%	17%	25%	4%	10%
22	Sachbeschädigung 2	60%	31%	21%	4%	4%
23	Brandstiftung	17%	13%	4%	0%	0%
24	Rauschgiftkonsum	25%	8%	12%	2%	4%
25	Fahren o. Führerschein	72%	12%	35%	6%	19%
26	Unerl. Waffenbesitz	25%	11%	6%	2%	6%
27	Belästigung	26%	12%	12%	2%	0%
28	Polizei/Jugendamt	21%	17%	4%	0%	0%

14.2.9 Männlich, 16 Jahre

Nr.	Item	ja	1 mal	2-5 mal	6-10 mal	> 10 mal
1	Fahren ohne Fahrkarte	**57%**	7%	31%	4%	15%
2	Automatenbetrug	**61%**	17%	28%	7%	9%
3	Wechselgeld-Schwindel	**28%**	4%	22%	0%	2%
4	Zechprellerei	**22%**	11%	7%	4%	0%
5	Hehlerei	**46%**	9%	17%	13%	7%
6	Trunkenheit	**85%**	6%	20%	19%	40%
7	Schulschwänzen 1 Tag	**47%**	13%	15%	6%	13%
8	Schulschwänzen > 1Tag	**24%**	6%	11%	7%	0%
9	Streunen	**43%**	15%	19%	9%	0%
10	Kaufhausdiebstahl	**50%**	13%	20%	4%	13%
11	Kioskdiebstahl	**21%**	6%	2%	6%	7%
12	Baustellendiebstahl	**46%**	11%	24%	11%	0%
13	Kameradendiebstahl	**24%**	7%	13%	4%	0%
14	Gaststättendiebstahl	**26%**	7%	15%	4%	0%
15	Fahrraddiebstahl	**37%**	13%	20%	0%	4%
16	Kfz-Diebstahl	**34%**	6%	15%	6%	7%
17	Raub/Erpressung	**36%**	4%	15%	6%	11%
18	Körperverletzung	**43%**	15%	20%	4%	4%
19	Bedrohung mit Waffe	**14%**	6%	4%	0%	4%
20	Einbruch (o. Diebstahl)	**34%**	11%	15%	8%	0%
21	Sachbeschädigung 1	**70%**	7%	35%	11%	17%
22	Sachbeschädigung 2	**61%**	11%	37%	9%	4%
23	Brandstiftung	**19%**	9%	6%	0%	4%
24	Rauschgiftkonsum	**39%**	7%	4%	6%	22%
25	Fahren o. Führerschein	**70%**	7%	24%	9%	30%
26	Unerl. Waffenbesitz	**24%**	6%	11%	7%	0%
27	Belästigung	**30%**	15%	9%	2%	4%
28	Polizei/Jugendamt	**22%**	7%	9%	0%	6%

14.2.10 Männlich, gesamt

Nr.	Item	ja	1 mal	2-5 mal	6-10 mal	> 10 mal
1	Fahren ohne Fahrkarte	45%	8%	20%	2%	15%
2	Automatenbetrug	49%	21%	19%	5%	4%
3	Wechselgeld-Schwindel	16%	5%	10%	0%	1%
4	Zechprellerei	12%	9%	2%	1%	0%
5	Hehlerei	28%	9%	9%	8%	2%
6	Trunkenheit	53%	11%	18%	6%	18%
7	Schulschwänzen 1 Tag	26%	9%	9%	3%	5%
8	Schulschwänzen > 1Tag	9%	2%	3%	4%	0%
9	Streunen	17%	8%	5%	3%	1%
10	Kaufhausdiebstahl	28%	11%	11%	2%	4%
11	Kioskdiebstahl	14%	5%	5%	2%	2%
12	Baustellendiebstahl	34%	18%	12%	3%	1%
13	Kameradendiebstahl	16%	9%	6%	1%	0%
14	Gaststättendiebstahl	13%	5%	5%	3%	0%
15	Fahrraddiebstahl	22%	11%	9%	1%	1%
16	Kfz-Diebstahl	15%	4%	7%	2%	2%
17	Raub/Erpressung	24%	8%	9%	2%	5%
18	Körperverletzung	43%	17%	22%	2%	2%
19	Bedrohung mit Waffe	9%	5%	3%	0%	1%
20	Einbruch (o. Diebstahl)	20%	12%	6%	2%	0%
21	Sachbeschädigung 1	54%	15%	26%	6%	7%
22	Sachbeschädigung 2	44%	19%	18%	5%	2%
23	Brandstiftung	15%	12%	2%	0%	1%
24	Rauschgiftkonsum	17%	5%	4%	2%	6%
25	Fahren o. Führerschein	53%	10%	18%	8%	17%
26	Unerl. Waffenbesitz	23%	8%	7%	3%	5%
27	Belästigung	19%	10%	6%	2%	1%
28	Polizei/Jugendamt	11%	7%	3%	0%	1%

14.2.11 Realschule, gesamt

Nr.	Item	ja	1 mal	2-5 mal	6-10 mal	> 10 mal
1	Fahren ohne Fahrkarte	51%	11%	24%	2%	14%
2	Automatenbetrug	49%	19%	23%	4%	3%
3	Wechselgeld-Schwindel	15%	5%	8%	1%	1%
4	Zechprellerei	11%	7%	3%	1%	0%
5	Hehlerei	26%	11%	8%	6%	1%
6	Trunkenheit	57%	11%	19%	8%	19%
7	Schulschwänzen 1 Tag	31%	12%	12%	3%	4%
8	Schulschwänzen > 1Tag	9%	3%	3%	2%	1%
9	Streunen	17%	7%	7%	2%	1%
10	Kaufhausdiebstahl	28%	10%	11%	3%	4%
11	Kioskdiebstahl	12%	5%	4%	1%	2%
12	Baustellendiebstahl	23%	12%	8%	2%	1%
13	Kameradendiebstahl	13%	6%	6%	1%	0%
14	Gaststättendiebstahl	15%	7%	6%	2%	0%
15	Fahrraddiebstahl	19%	11%	6%	1%	1%
16	Kfz-Diebstahl	13%	4%	5%	2%	2%
17	Raub/Erpressung	20%	8%	7%	2%	3%
18	Körperverletzung	32%	15%	14%	1%	2%
19	Bedrohung mit Waffe	7%	4%	2%	0%	1%
20	Einbruch (o. Diebstahl)	20%	10%	8%	2%	0%
21	Sachbeschädigung 1	42%	14%	20%	4%	4%
22	Sachbeschädigung 2	31%	12%	15%	3%	1%
23	Brandstiftung	13%	9%	3%	0%	1%
24	Rauschgiftkonsum	15%	5%	4%	1%	5%
25	Fahren o. Führerschein	41%	10%	15%	7%	9%
26	Unerl. Waffenbesitz	16%	6%	6%	1%	3%
27	Belästigung	14%	8%	4%	1%	1%
28	Polizei/Jugendamt	11%	8%	2%	0%	1%

14.3 Gymnasium
14.3.1 Weiblich, 13 Jahre

Nr.	Item	ja	1 mal	2-5 mal	6-10 mal	> 10 mal
1	Fahren ohne Fahrkarte	75%	47,5%	25%	2,5%	0%
2	Automatenbetrug	30%	10%	15%	5%	0%
3	Wechselgeld-Schwindel	10%	5%	5%	0%	0%
4	Zechprellerei	5%	5%	0%	0%	0%
5	Hehlerei	5%	5%	0%	0%	0%
6	Trunkenheit	12,5%	7,5%	5%	0%	0%
7	Schulschwänzen 1 Tag	15%	10%	5%	0%	0%
8	Schulschwänzen > 1Tag	15%	10%	0%	0%	5%
9	Streunen	15%	10%	5%	0%	0%
10	Kaufhausdiebstahl	15%	10%	0%	0%	5%
11	Kioskdiebstahl	5%	5%	0%	0%	0%
12	Baustellendiebstahl	10%	7,5%	2,5%	0%	0%
13	Kameradendiebstahl	10%	7,5%	2,5%	0%	0%
14	Gaststättendiebstahl	5%	5%	0%	0%	0%
15	Fahrraddiebstahl	12,5%	10%	2,5%	0%	0%
16	Kfz-Diebstahl	0%	0%	0%	0%	0%
17	Raub/Erpressung	7,5%	0%	7,5%	0%	0%
18	Körperverletzung	17,5%	7,5%	10%	0%	0%
19	Bedrohung mit Waffe	2,5%	0%	2,5%	0%	0%
20	Einbruch (o. Diebstahl)	7,5%	2,5%	5%	0%	0%
21	Sachbeschädigung 1	17,5%	10%	2,5%	0%	0%
22	Sachbeschädigung 2	15%	12,5%	2,5%	0%	0%
23	Brandstiftung	10%	5%	5%	0%	0%
24	Rauschgiftkonsum	5%	5%	0%	0%	0%
25	Fahren o. Führerschein	35%	27,5%	5%	2,5%	0%
26	Unerl. Waffenbesitz	2,5%	0%	5%	0%	0%
27	Belästigung	15%	12,5%	2,5%	0%	0%
28	Polizei/Jugendamt	5%	2,5%	2,5%	0%	0%

14.3.2 Weiblich, 14 Jahre

Nr.	Item	ja	1 mal	2-5 mal	6-10 mal	> 10 mal
1	Fahren ohne Fahrkarte	62,5%	12,5%	34,4%	0%	15,6%
2	Automatenbetrug	50%	34,4%	15,6%	0%	0%
3	Wechselgeld-Schwindel	12,5%	12,5%	0%	0%	0%
4	Zechprellerei	3,1%	3,1%	0%	0%	0%
5	Hehlerei	15,7%	6,3%	9,4%	0%	0%
6	Trunkenheit	18,8%	9,4%	9,4%	0%	0%
7	Schulschwänzen 1 Tag	37,6%	18,8%	18,8%	0%	0%
8	Schulschwänzen > 1Tag	6,2%	0%	6,2%	0%	0%
9	Streunen	25,1%	18,8%	6,3%	0%	0%
10	Kaufhausdiebstahl	15,6%	3,1%	12,5%	0%	0%
11	Kioskdiebstahl	0%	0%	%	0%	0%
12	Baustellendiebstahl	9,4%	6,3%	3,1%	0%	0%
13	Kameradendiebstahl	6,2%	3,1%	3,1%	0%	0%
14	Gaststättendiebstahl	6,2%	6,2%	%	0%	0%
15	Fahrraddiebstahl	9,4%	6,2%	3,1%	0%	0%
16	Kfz-Diebstahl	0%	0%	%	0%	0%
17	Raub/Erpressung	9,4%	0%	%	0%	9,4%
18	Körperverletzung	11,9%	18,8%	3,1%	0%	0%
19	Bedrohung mit Waffe	0%	0%	%	0%	0%
20	Einbruch (o. Diebstahl)	9,4%	3,1%	6,2%	0%	0%
21	Sachbeschädigung 1	34,4%	15,6%	12,5%	6,3%	0%
22	Sachbeschädigung 2	21,9%	15,6%	6,3%	0%	0%
23	Brandstiftung	6,2%	6,2%	%	0%	0%
24	Rauschgiftkonsum	12,5%	6,3%	6,3%	0%	0%
25	Fahren o. Führerschein	15,6%	12,5%	3,1%	0%	0%
26	Unerl. Waffenbesitz	3,1%	3,1%	%	0%	0%
27	Belästigung	6,2%	6,2%	%	0%	0%
28	Polizei/Jugendamt	6,2%	6,2%	%	0%	0%

14.3.3 Weiblich, 15 Jahre

Nr.	Item	ja	1 mal	2-5 mal	6-10 mal	> 10 mal
1	Fahren ohne Fahrkarte	**88,2%**	29,4%	47,1%	0%	11,8%
2	Automatenbetrug	**47%**	17,6%	29,4%	0%	0%
3	Wechselgeld-Schwindel	**0%**	0%	0%	0%	0%
4	Zechprellerei	**5,9%**	0%	5,9%	0%	0%
5	Hehlerei	**17,6%**	0%	17,6%	0%	0%
6	Trunkenheit	**52,9%**	17,6%	29,4%	0%	5,9%
7	Schulschwänzen 1 Tag	**47,1%**	17,6%	29,4%	0%	0%
8	Schulschwänzen > 1Tag	**0%**	0%	0%	0%	0%
9	Streunen	**29,4%**	23,5%	5,9%	0%	0%
10	Kaufhausdiebstahl	**29,4%**	17,6%	11,8%	0%	0%
11	Kioskdiebstahl	**17,6%**	5,9%	11,8%	0%	0%
12	Baustellendiebstahl	**11,8%**	11,8%	0%	0%	0%
13	Kameradendiebstahl	**11,8%**	5,9%	5,9%	0%	0%
14	Gaststättendiebstahl	**11,8%**	5,9%	5,9%	0%	0%
15	Fahrraddiebstahl	**5,9%**	0%	5,9%	0%	0%
16	Kfz-Diebstahl	**0%**	0%	0%	0%	0%
17	Raub/Erpressung	**5,9%**	5,9%	0%	0%	0%
18	Körperverletzung	**17,6%**	17,6%	0%	0%	0%
19	Bedrohung mit Waffe	**5,9%**	5,9%	0%	0%	0%
20	Einbruch (o. Diebstahl)	**5,9%**	0%	5,9%	0%	0%
21	Sachbeschädigung 1	**29,4%**	0%	29,4%	0%	0%
22	Sachbeschädigung 2	**0%**	0%	0%	0%	0%
23	Brandstiftung	**0%**	0%	0%	0%	0%
24	Rauschgiftkonsum	**5,9%**	0%	5,9%	0%	0%
25	Fahren o. Führerschein	**23,5%**	17,6%	5,9%	0%	0%
26	Unerl. Waffenbesitz	**0%**	0%	0%	0%	0%
27	Belästigung	**5,9%**	0%	5,9%	0%	0%
28	Polizei/Jugendamt	**0%**	0%	0%	0%	0%

14.3.4 Weiblich, 16 Jahre

Nr.	Item	ja	1 mal	2-5 mal	6-10 mal	> 10 mal
1	Fahren ohne Fahrkarte	**81,6%**	28,9%	31,6%	18,4%	2,6%
2	Automatenbetrug	**47,4%**	18,4%	23,7%	2,6%	2,6%
3	Wechselgeld-Schwindel	**15,8%**	5,3%	10,5%	0%	0%
4	Zechprellerei	**0%**	0%	0%	0%	0%
5	Hehlerei	**26,9%**	23,7%	13,2%	0%	0%
6	Trunkenheit	**81,6%**	13,2%	39,5%	7,3%	21,1%
7	Schulschwänzen 1 Tag	**63,2%**	13,2%	36,8%	10,5%	2,6%
8	Schulschwänzen > 1Tag	**10,5%**	2,6%	7,9%	0%	0%
9	Streunen	**31,6%**	13,2%	5,3%	2,6%	10,5%
10	Kaufhausdiebstahl	**44,7%**	21,1%	13,2%	7,9%	2,6%
11	Kioskdiebstahl	**13,2%**	7,9%	5,3%	0%	0%
12	Baustellendiebstahl	**18,4%**	18,4%	0%	0%	0%
13	Kameradendiebstahl	**7,9%**	5,3%	2,6%	0%	0%
14	Gaststättendiebstahl	**18,4%**	18,4%	0%	0%	0%
15	Fahrraddiebstahl	**7,9%**	5,3%	0%	2,6%	0%
16	Kfz-Diebstahl	**2,6%**	2,6%	0%	0%	0%
17	Raub/Erpressung	**10,6%**	5,3%	5,3%	0%	0%
18	Körperverletzung	**15,8%**	10,5%	5,3%	0%	0%
19	Bedrohung mit Waffe	**2,6%**	0%	2,6%	0%	0%
20	Einbruch (o. Diebstahl)	**15,8%**	13,2%	2,6%	0%	0%
21	Sachbeschädigung 1	**36,9%**	13,2%	23,7%	0%	0%
22	Sachbeschädigung 2	**28,9%**	18,4%	10,5%	0%	0%
23	Brandstiftung	**7,9%**	7,9%	0%	0%	0%
24	Rauschgiftkonsum	**29,5%**	10,5%	18,4%	2,6%	7,9%
25	Fahren o. Führerschein	**44,7%**	15,8%	15,8%	2,6%	10,5%
26	Unerl. Waffenbesitz	**2,6%**	2,6%	0%	0%	0%
27	Belästigung	**0%**	0%	0%	0%	0%
28	Polizei/Jugendamt	**15,7%**	10,5%	2,6%	2,6%	0%

14.3.5 Weiblich, gesamt

Nr.	Item	ja	1 mal	2-5 mal	6-10 mal	> 10 mal
1	Fahren ohne Fahrkarte	**75,6%**	30,7%	32,3%	6,3%	6,3%
2	Automatenbetrug	**42,5%**	21,3%	16,5%	3,9%	0,8%
3	Wechselgeld-Schwindel	**11%**	6,3%	4,7%	0%	0%
4	Zechprellerei	**2,4%**	1,6%	0,8%	0%	0%
5	Hehlerei	**18,9%**	10,2%	8,7%	0%	0%
6	Trunkenheit	**40,9%**	1%	19,7%	2,4%	7,9%
7	Schulschwänzen 1 Tag	**46,5%**	18,1%	22,8%	4,7%	0,8%
8	Schulschwänzen > 1Tag	**7,1%**	1,6%	4,7%	0,8%	0%
9	Streunen	**24,4%**	15%	5,5%	0,8%	3,1%
10	Kaufhausdiebstahl	**26%**	12,6%	8,7%	2,4%	2,4%
11	Kioskdiebstahl	**7,9%**	4,7%	3,1%	0%	0%
12	Baustellendiebstahl	**12,6%**	11%	1,6%	0%	0%
13	Kameradendiebstahl	**8,6%**	5,5%	3,1%	0%	0%
14	Gaststättendiebstahl	**10,2%**	9,4%	0,8%	0%	0%
15	Fahrraddiebstahl	**9,4%**	6,3%	2,4%	0%	0,8%
16	Kfz-Diebstahl	**0,8%**	0,8%	0%	0%	0%
17	Raub/Erpressung	**8,7%**	2,4%	3,9%	0%	2,4%
18	Körperverletzung	**18,1%**	11,8%	5,5%	0%	0,8%
19	Bedrohung mit Waffe	**2,4%**	0,8%	1,6%	0%	0%
20	Einbruch (o. Diebstahl)	**10,2%**	4,7%	4,7%	0%	0,8%
21	Sachbeschädigung 1	**29,2%**	11%	15%	1,6%	1,6%
22	Sachbeschädigung 2	**18,1%**	12,6%	5,5%	0%	0%
23	Brandstiftung	**7,1%**	5,5%	1,6%	0%	0%
24	Rauschgiftkonsum	**17,3%**	6,3%	7,9%	0,8%	2,4%
25	Fahren o. Führerschein	**31,5%**	18,9%	7,9%	1,6%	3,1%
26	Unerl. Waffenbesitz	**3,2%**	0,8%	2,4%	0%	0%
27	Belästigung	**7,1%**	5,5%	1,6%	0%	0%
28	Polizei/Jugendamt	**7,9%**	5,5%	1,6%	0,8%	0%

14.3.6 Männlich, 13 Jahre

Nr.	Item	ja	1 mal	2-5 mal	6-10 mal	> 10 mal
1	Fahren ohne Fahrkarte	71,4%	9,5%	38,1%	14,3%	9,5%
2	Automatenbetrug	66,2%	28,6%	28,6%	9,5%	9,5%
3	Wechselgeld-Schwindel	14,3%	4,8%	9,5%	0%	0%
4	Zechprellerei	14,3%	0%	0%	0%	14,3%
5	Hehlerei	38,1%	14,3%	9,5%	0%	14,3%
6	Trunkenheit	19%	9,5%	0%	9,5%	0%
7	Schulschwänzen 1 Tag	38,1%	23,8%	0%	0%	14,3%
8	Schulschwänzen > 1Tag	14,3%	4,8%	9,5%	0%	0%
9	Streunen	19%	14,3%	4,7%	0%	0%
10	Kaufhausdiebstahl	52,4%	23,8%	19%	0%	9,5%
11	Kioskdiebstahl	33,3%	14,3%	4,8%	4,8%	9,5%
12	Baustellendiebstahl	33,3%	19%	14,3%	0%	0%
13	Kameradendiebstahl	9,6%	4,8%	%	0%	4,8%
14	Gaststättendiebstahl	9,5%	0%	9,5%	0%	0%
15	Fahrraddiebstahl	27,8%	4,8%	4,8%	9,5%	4,8%
16	Kfz-Diebstahl	9,5%	0%	0%	0%	9,5%
17	Raub/Erpressung	38,1%	9,5%	9,5%	0%	19%
18	Körperverletzung	57,1%	9,5%	28,6%	4,8%	14,3%
19	Bedrohung mit Waffe	14,3%	9,5%	4,8%	0%	0%
20	Einbruch (o. Diebstahl)	38%	19%	19%	0%	0%
21	Sachbeschädigung 1	90,5%	23,8%	42,9%	19%	4,8%
22	Sachbeschädigung 2	66,7%	23,8%	42,9%	0%	0%
23	Brandstiftung	23,8%	14,3%	9,5%	0%	0%
24	Rauschgiftkonsum	4,8%	4,8%	0%	0%	0%
25	Fahren o. Führerschein	33,3%	9,5%	14,3%	9,5%	0%
26	Unerl. Waffenbesitz	38,3%	14,5%	4,8%	0%	19%
27	Belästigung	52,3%	19%	23,8%	9,5%	0%
28	Polizei/Jugendamt	9,5%	9,5%	0%	0%	0%

14.3.7 Männlich, 14 Jahre

Nr.	Item	ja	1 mal	2-5 mal	6-10 mal	> 10 mal
1	Fahren ohne Fahrkarte	**85%**	20%	55%	5%	5%
2	Automatenbetrug	**55%**	10%	40%	5%	0%
3	Wechselgeld-Schwindel	**30%**	5%	25%	0%	0%
4	Zechprellerei	**5%**	5%	0%	0%	0%
5	Hehlerei	**25%**	15%	5%	5%	0%
6	Trunkenheit	**45%**	15%	15%	5%	10%
7	Schulschwänzen 1 Tag	**25%**	10%	15%	0%	0%
8	Schulschwänzen > 1Tag	**10%**	%	10%	0%	0%
9	Streunen	**20%**	15%	5%	0%	0%
10	Kaufhausdiebstahl	**35%**	5%	20%	5%	5%
11	Kioskdiebstahl	**20%**	5%	5%	5%	5%
12	Baustellendiebstahl	**15%**	5%	10%	0%	0%
13	Kameradendiebstahl	**15%**	5%	10%	0%	0%
14	Gaststättendiebstahl	**5%**	%	0%	5%	0%
15	Fahrraddiebstahl	**20%**	%	20%	0%	0%
16	Kfz-Diebstahl	**10%**	10%	0%	0%	0%
17	Raub/Erpressung	**20%**	5%	15%	0%	0%
18	Körperverletzung	**15%**	15%	0%	0%	0%
19	Bedrohung mit Waffe	**20%**	10%	10%	0%	0%
20	Einbruch (o. Diebstahl)	**30%**	15%	15%	0%	0%
21	Sachbeschädigung 1	**40%**	10%	20%	0%	10%
22	Sachbeschädigung 2	**40%**	20%	10%	5%	5%
23	Brandstiftung	**10%**	10%	0%	0%	0%
24	Rauschgiftkonsum	**10%**	10%	0%	0%	0%
25	Fahren o. Führerschein	**30%**	10%	20%	0%	0%
26	Unerl. Waffenbesitz	**10%**	0%	0%	5%	5%
27	Belästigung	**20%**	15%	0%	0%	5%
28	Polizei/Jugendamt	**10%**	10%	0%	0%	0%

14.3.8 Männlich, 15 Jahre

Nr.	Item	ja	1 mal	2-5 mal	6-10 mal	> 10 mal
1	Fahren ohne Fahrkarte	85%	10%	50%	5%	20%
2	Automatenbetrug	65%	20%	25%	15%	5%
3	Wechselgeld-Schwindel	30%	5%	20%	0%	5%
4	Zechprellerei	0%	0%	0%	0%	0%
5	Hehlerei	35%	5%	30%	0%	0%
6	Trunkenheit	75%	15%	20%	20%	20%
7	Schulschwänzen 1 Tag	55%	10%	40%	5%	0%
8	Schulschwänzen > 1Tag	5%	5%	0%	0%	0%
9	Streunen	30%	15%	5%	5%	5%
10	Kaufhausdiebstahl	50%	25%	25%	0%	0%
11	Kioskdiebstahl	25%	10%	5%	5%	5%
12	Baustellendiebstahl	40%	10%	20%	5%	5%
13	Kameradendiebstahl	10%	0%	5%	5%	0%
14	Gaststättendiebstahl	25%	10%	15%	0%	0%
15	Fahrraddiebstahl	10%	0%	5%	5%	0%
16	Kfz-Diebstahl	10%	5%	5%	0%	0%
17	Raub/Erpressung	20%	0%	5%	5%	10%
18	Körperverletzung	20%	5%	15%	0%	0%
19	Bedrohung mit Waffe	5%	0%	5%	0%	0%
20	Einbruch (o. Diebstahl)	35%	35%	0%	0%	0%
21	Sachbeschädigung 1	70%	15%	35%	20%	0%
22	Sachbeschädigung 2	55%	15%	30%	0%	10%
23	Brandstiftung	15%	10%	5%	0%	0%
24	Rauschgiftkonsum	30%	10%	5%	0%	15%
25	Fahren o. Führerschein	65%	15%	30%	15%	5%
26	Unerl. Waffenbesitz	40%	5%	25%	0%	10%
27	Belästigung	20%	5%	5%	5%	5%
28	Polizei/Jugendamt	30%	10%	15%	5%	0%

14.3.9 Männlich, 16 Jahre

Nr.	Item	ja	1 mal	2-5 mal	6-10 mal	> 10 mal
1	Fahren ohne Fahrkarte	87%	5,6%	51,9%	9,3%	20,4%
2	Automatenbetrug	51,9%	9,3%	29,6%	5,6%	7,4%
3	Wechselgeld-Schwindel	14,8%	1,9%	11,1%	0%	1,9%
4	Zechprellerei	3,7%	3,7%	0%	0%	0%
5	Hehlerei	29,7%	9,3%	16,7%	3,7%	0%
6	Trunkenheit	72,2%	5,6%	18,5%	16,7%	31,5%
7	Schulschwänzen 1 Tag	48,2%	9,3%	29,6%	1,9%	7,4%
8	Schulschwänzen > 1Tag	14,9%	5,6%	7,4%	1,9%	0%
9	Streunen	22,2%	7,4%	7,4%	3,7%	3,7%
10	Kaufhausdiebstahl	33,3%	14,8%	18,5%	0%	0%
11	Kioskdiebstahl	18,5%	1,9%	7,4%	9,3%	0%
12	Baustellendiebstahl	21,5%	11,1%	20,4%	0%	0%
13	Kameradendiebstahl	11,1%	3,7%	7,4%	0%	0%
14	Gaststättendiebstahl	24,1%	9,3%	7,4%	7,4%	0%
15	Fahrraddiebstahl	14,8%	11,1%	3,7%	0%	0%
16	Kfz-Diebstahl	9,3%	3,7%	3,7%	0%	1,9%
17	Raub/Erpressung	13%	1,9%	3,7%	1,9%	5,6%
18	Körperverletzung	22,2%	11,1%	9,3%	1,9%	0%
19	Bedrohung mit Waffe	9,3%	5,6%	3,7%	0%	0%
20	Einbruch (o. Diebstahl)	25,9%	5,6%	18,5%	1,9%	0%
21	Sachbeschädigung 1	27%	3,7%	27,8%	1,9%	1,9%
22	Sachbeschädigung 2	44,4%	22,2%	14,8%	7,4%	0%
23	Brandstiftung	0%	0%	0%	0%	0%
24	Rauschgiftkonsum	29,6%	9,3%	9,3%	0%	11,1%
25	Fahren o. Führerschein	50%	18,5%	20,4%	0%	11,1%
26	Unerl. Waffenbesitz	9,3%	3,7%	0%	0%	5,6%
27	Belästigung	20,4%	3,7%	14,8%	1,9%	0%
28	Polizei/Jugendamt	13%	13%	0%	0%	0%

14.3.10 Männlich, gesamt

Nr.	Item	ja	1 mal	2-5 mal	6-10 mal	> 10 mal
1	Fahren ohne Fahrkarte	84,3%	9,6%	50,4%	8,7%	15,7%
2	Automatenbetrug	59,1%	14,8%	30,4%	7,8%	6,1%
3	Wechselgeld-Schwindel	20,9%	3,5%	15,7%	0%	1,7%
4	Zechprellerei	5,2%	2,6%	0%	0%	2,6%
5	Hehlerei	31,3%	10,4%	15,7%	2,6%	2,6%
6	Trunkenheit	58,3%	9,6%	14,8%	13,9%	20%
7	Schulschwänzen 1 Tag	43,5%	13%	23,5%	1,7%	5,2%
8	Schulschwänzen > 1Tag	12,2%	3,5%	7,8%	0,9%	0%
9	Streunen	22,6%	11,3%	6,1%	2,6%	2,6%
10	Kaufhausdiebstahl	40%	16,5%	20%	0,9%	2,6%
11	Kioskdiebstahl	22,6%	6,1%	6,1%	7%	3,5%
12	Baustellendiebstahl	30,4%	11,3%	17,4%	0,9%	0,9%
13	Kameradendiebstahl	13,1%	4,3%	7%	0,9%	0,9%
14	Gaststättendiebstahl	18,3%	6,1%	7,8%	4,3%	0%
15	Fahrraddiebstahl	16,5%	6,1%	7%	2,6%	0,9%
16	Kfz-Diebstahl	10,4%	5,2%	2,6%	0%	2,6%
17	Raub/Erpressung	20%	3,5%	7%	1,7%	7,8%
18	Körperverletzung	26,9%	10,4%	12,2%	1,7%	2,6%
19	Bedrohung mit Waffe	11,3%	6,1%	5,2%	0%	0%
20	Einbruch (o. Diebstahl)	30,4%	14,8%	14,8%	0,9%	0%
21	Sachbeschädigung 1	53%	10,4%	30,4%	7,8%	4,3%
22	Sachbeschädigung 2	49,6%	20,9%	20,9%	5,2%	2,6%
23	Brandstiftung	8,5%	6,1%	2,4%	0%	0%
24	Rauschgiftkonsum	21,7%	7%	5,2%	0%	9,6%
25	Fahren o. Führerschein	46,1%	14,8%	20,9%	4,3%	6,1%
26	Unerl. Waffenbesitz	20%	3,5%	7%	0,9%	8,7%
27	Belästigung	26,1%	8,7%	12,2%	3,5%	1,7%
28	Polizei/Jugendamt	14,8%	11,3%	2,6%	0,9%	0%

14.3.11 Gymnasium, gesamt

Nr.	Item	ja	1 mal	2-5 mal	6-10 mal	> 10 mal
1	Fahren ohne Fahrkarte	**79,8%**	20,7%	40,9%	7,4%	10,7%
2	Automatenbetrug	**49,6%**	18,2%	23,1%	5%	3,3%
3	Wechselgeld-Schwindel	**16,5%**	5%	9,9%	0,8%	0,8%
4	Zechprellerei	**3,7%**	2,1%	0,4%	0%	1,2%
5	Hehlerei	**24,8%**	10,3%	12%	1,2%	1,2%
6	Trunkenheit	**49,2%**	10,3%	17,4%	7,9%	13,6%
7	Schulschwänzen 1 Tag	**45%**	15,7%	23,1%	3,3%	2,9%
8	Schulschwänzen > 1Tag	**9,5%**	2,5%	6,2%	0,8%	0%
9	Streunen	**23,6%**	13,2%	5,8%	1,7%	2,9%
10	Kaufhausdiebstahl	**32,7%**	14,5%	14%	1,7%	2,5%
11	Kioskdiebstahl	**14,9%**	5,4%	4,5%	3,3%	1,7%
12	Baustellendiebstahl	**21,1%**	11,2%	9,1%	0,4%	0,4%
13	Kameradendiebstahl	**10,8%**	5%	5%	0,4%	0,4%
14	Gaststättendiebstahl	**14,1%**	7,9%	4,1%	2,1%	0%
15	Fahrraddiebstahl	**13,2%**	6,2%	5%	1,2%	0,8%
16	Kfz-Diebstahl	**5,4%**	2,9%	1,2%	0%	1,2%
17	Raub/Erpressung	**14,1%**	2,9%	5,4%	0,8%	5%
18	Körperverletzung	**22,3%**	11,2%	8,7%	0,8%	1,7%
19	Bedrohung mit Waffe	**6,6%**	3,3%	3,3%	0%	0%
20	Einbruch (o. Diebstahl)	**19,8%**	9,5%	9,5%	0,4%	0,4%
21	Sachbeschädigung 1	**40,5%**	10,7%	22,3%	4,5%	2,9%
22	Sachbeschädigung 2	**33,1%**	16,5%	12,8%	2,5%	1,2%
23	Brandstiftung	**7,9%**	5,8%	2,1%	0%	0%
24	Rauschgiftkonsum	**19,4%**	6,6%	6,6%	0,4%	5,8%
25	Fahren o. Führerschein	**38,4%**	16,9%	13,2%	2,9%	5,4%
26	Unerl. Waffenbesitz	**11,2%**	2,1%	4,5%	0,4%	4,1%
27	Belästigung	**16,1%**	7%	6,6%	1,7%	0,8%
28	Polizei/Jugendamt	**11,2%**	8,3%	2,1%	0,8%	0%

15. Statistische Einzelwerte

15.1 Hauptschule

Rückzugsdelinquenz

Kennzeichen	Subgruppe I weiblich	Subgruppe II männlich
N	260	354
Summe	1.291	2.526
$\bar{x}$	**4,97**	**7,14**
SSQ	12.345	29.988
VAR	11,83	33,8
SDEV	4,78	5,81
µ +	5,26	7,44
µ -	4,67	6,83
Z-Wert (t)	4,913	
t-signif. (p)	**0,000**	
t-proz.	0,000%	

Aggressionsdelinquenz

Kennzeichen	Subgruppe I weiblich	Subgruppe II männlich
N	304	668
Summe	879	3.409
$\bar{x}$	**2,89**	**5,1**
SSQ	5.405	34.477
VAR	9,42	25,57
SDEV	3,07	5,06
µ +	3,07	5,30
µ -	2,72	4,91
Z-Wert (t)	7,051	
t-signif. (p)	**0,000**	
t-proz.	0,000%	

Eigentumsdelinquenz

Kennzeichen	Subgruppe I weiblich	Subgruppe II männlich
N	404	855
Summe	1.174	3.804
$\bar{x}$	**2,91**	**4,45**
SSQ	7.208	34.794
VAR	9,4	20,9
SDEV	3,07	4,57
µ +	3,06	4,61
µ -	2,75	4,29
Z-Wert (t)	6,157	
t-signif. (p)	**0,000**	
t-proz.	0,000%	

Gesamtdelinquenzbelastung

Kennzeichen	Subgruppe I weiblich	Subgruppe II männlich
N	968	1.877
Summe	3.344	9.739
$\bar{x}$	**3,45**	**5,19**
SSQ	24.958	99.259
VAR	13,85	25,96
SDEV	3,72	5,10
µ +	3,57	5,31
µ -	3,33	5,07
Z-Wert (t)	9,374	
t-signif. (p)	**0,000**	
t-proz.	0,000%	

15.2 Realschule

Rückzugsdelinquenz

Kennzeichen	Subgruppe I weiblich	Subgruppe II männlich
N	297	266
Summe	1.754	1.711
$\bar{x}$	5,91	6,43
SSQ	18.264	18.719
VAR	26,62	29,00
SDEV	5,16	5,38
µ +	6,21	6,76
µ -	5,61	6,10
Z-Wert (t)	1,182	
t-signif. (p)	0,238	
t-proz.	23,761%	

Aggressionsdelinquenz

Kennzeichen	Subgruppe I weiblich	Subgruppe II männlich
N	341	638
Summe	1.142	2.929
$\bar{x}$	3,35	4,59
SSQ	7.594	26.037
VAR	11,05	19,73
SDEV	3,32	4,44
µ +	3,53	4,77
µ -	3,17	4,42
Z-Wert (t)	4,524	
t-signif. (p)	0,000	
t-proz.	0,001%	

Eigentumsdelinquenz

Kennzeichen	Subgruppe I weiblich	Subgruppe II männlich
N	581	690
Summe	2.359	2.955
$\bar{x}$	4,06	4,28
SSQ	18.459	24.671
VAR	15,29	17,41
SDEV	3,91	4,17
µ +	4,22	4,44
µ -	3,90	4,12
Z-Wert (t)	0,973	
t-signif. (p)	0,331	
t-proz.	33,064%	

Gesamtdelinquenzbelastung

Kennzeichen	Subgruppe I weiblich	Subgruppe II männlich
N	1.219	1.594
Summe	5.255	7.595
$\bar{x}$	4,31	4,76
SSQ	44.317	69.427
VAR	17,77	20,85
SDEV	4,22	4,57
µ +	4,43	4,88
µ -	4,19	4,65
Z-Wert (t)	2,699	
t-signif. (p)	0,007	
t-proz.	0,700%	

15.3 Gymnasium

Rückzugsdelinquenz

Kennzeichen	Subgruppe I weiblich	Subgruppe II männlich
N	173	182
Summe	740	1.136
$\bar{x}$	4,28	6,24
SSQ	6.116	12.190
VAR	17,06	28,02
SDEV	4,13	5,29
µ+	4,59	6,63
µ-	3,96	5,85
Z-Wert (t)	3,874	
t-signif. (p)	0,000	
t-proz.	0,013%	

Aggressionsdelinquenz

Kennzeichen	Subgruppe I weiblich	Subgruppe II männlich
N	169	318
Summe	521	1.491
$\bar{x}$	3,08	4,69
SSQ	3.609	13.029
VAR	11,85	18,99
SDEV	3,44	4,36
µ+	3,35	4,93
µ-	2,82	4,44
Z-Wert (t)	4,143	
t-signif. (p)	0,000	
t-proz.	0,004%	

Eigentumsdelinquenz

Kennzeichen	Subgruppe I weiblich	Subgruppe II männlich
N	299	440
Summe	926	2.050
$\bar{x}$	3,10	4,66
SSQ	5.884	16.750
VAR	10,09	16,36
SDEV	3,18	4,04
µ+	3,28	4,85
µ-	2,91	4,47
Z-Wert (t)	5,598	
t-signif. (p)	0,000	
t-proz.	0,000%	

Gesamtdelinquenzbelastung

Kennzeichen	Subgruppe I weiblich	Subgruppe II männlich
N	641	940
Summe	2.187	4.677
$\bar{x}$	3,41	4,98
SSQ	15.609	41.969
VAR	12,71	19,89
SDEV	3,57	4,46
µ+	3,55	5,12
µ-	3,27	4,83
Z-Wert (t)	7,403	
t-signif. (p)	0,000	
t-proz.	0,000%	

15.4 Haupts. vs. Gymnasium

weiblich

Rückzugsdelinquenz

Kennzeichen	Subgruppe I Hauptschule	Subgruppe II Gymnasium
N	260	173
Summe	1.291	740
$\bar{x}$	4,97	4,28
SSQ	12.345	6.116
VAR	11,83	17,06
SDEV	4,78	4,13
$\mu +$	5,26	4,59
$\mu -$	4,67	3,96
Z-Wert (t)	1,544	
t-signif. (p)	0,123	
t-proz.	12,327%	

Aggressionsdelinquenz

Kennzeichen	Subgruppe I Hauptschule	Subgruppe II Gymnasium
N	304	169
Summe	879	521
$\bar{x}$	2,89	3,08
SSQ	5.405	3.609
VAR	9,42	11,85
SDEV	3,07	3,44
$\mu +$	3,07	3,35
$\mu -$	2,72	2,82
Z-Wert (t)	0,621	
t-signif. (p)	0,535	
t-proz.	53,519	

Eigentumsdelinquenz

Kennzeichen	Subgruppe I Hauptschule	Subgruppe II Gymnasium
N	404	299
Summe	1.174	926
$\bar{x}$	2,91	3,10
SSQ	7.208	5.884
VAR	9,4	10,09
SDEV	3,07	3,18
$\mu +$	3,06	3,28
$\mu -$	2,75	2,91
Z-Wert (t)	0,803	
t-signif. (p)	0,422	
t-proz.	42,205%	

Gesamtdelinquenzbelastung

Kennzeichen	Subgruppe I Hauptschule	Subgruppe II Gymnasium
N	968	641
Summe	3.344	2.187
$\bar{x}$	3,45	3,41
SSQ	24.958	15.609
VAR	13,85	12,71
SDEV	3,72	3,57
$\mu +$	3,57	3,55
$\mu -$	3,33	3,27
Z-Wert (t)	0,229	
t-signif. (p)	0,819	
t-proz.	81,897%	

15.5 Haupts. vs. Gymnasium

männlich

Rückzugsdelinquenz

Kennzeichen	Subgruppe I Hauptschule	Subgruppe II Gymnasium
N	354	182
Summe	2.526	1.136
$\bar{x}$	7,14	6,24
SSQ	29.988	12.190
VAR	33,8	28,02
SDEV	5,81	5,29
µ +	7,44	6,63
µ -	6,83	5,85
Z-Wert (t)	1,734	
t-signif. (p)	0,084	
t-proz.	8,356%	

Aggressionsdelinquenz

Kennzeichen	Subgruppe I Hauptschule	Subgruppe II Gymnasium
N	668	318
Summe	3.409	1.491
$\bar{x}$	5,1	4,69
SSQ	34.477	13.029
VAR	25,57	18,99
SDEV	5,06	4,36
µ +	5,30	4,93
µ -	4,91	4,44
Z-Wert (t)	1,256	
t-signif. (p)	0,210	
t-proz.	20,958%	

Eigentumsdelinquenz

Kennzeichen	Subgruppe I Hauptschule	Subgruppe II Gymnasium
N	855	440
Summe	3.804	2.050
$\bar{x}$	4,45	4,66
SSQ	34.794	16.750
VAR	20,9	16,36
SDEV	4,57	4,04
µ +	4,61	4,85
µ -	4,29	4,47
Z-Wert (t)	0,813	
t-signif. (p)	0,417	
t-proz.	41,65%	

Gesamtdelinquenzbelastung

Kennzeichen	Subgruppe I Hauptschule	Subgruppe II Gymnasium
N	1877	940
Summe	9.739	4.677
$\bar{x}$	5,19	4,98
SSQ	99.259	41.969
VAR	25,96	19,89
SDEV	5,10	4,46
µ +	5,31	5,12
µ -	5,07	4,83
Z-Wert (t)	1,090	
t-signif. (p)	0,276	
t-proz.	27,601%	

15.6 Haupts. vs. Gymnasium

gesamt

Rückzugsdelinquenz

Kennzeichen	Subgruppe I Hau$_{ges}$	Subgruppe II Gym$_{ges}$
N	611	355
Summe	3.805	1.786
$\bar{x}$	6,23	5,28
SSQ	42.285	18.306
VAR	30,42	23,64
SDEV	5,52	4,86
µ+	6,45	5,54
µ-	6,00	5,03
Z-Wert (t)	2,671	
t-signif. (p)	**0,008**	
t-proz.	0,769%	

Aggressionsdelinquenz

Kennzeichen	Subgruppe I Hau$_{ges}$	Subgruppe II Gym$_{ges}$
N	972	487
Summe	4.288	2.034
$\bar{x}$	4,41	4,18
SSQ	39.882	17.056
VAR	21,57	17,58
SDEV	4,64	4,19
µ+	4,56	4,37
µ-	4,26	3,99
Z-Wert (t)	0,940	
t-signif. (p)	**0,347**	
t-proz.	34,736	

Eigentumsdelinquenz

Kennzeichen	Subgruppe I Hau$_{ges}$	Subgruppe II Gym$_{ges}$
N	1.249	741
Summe	4.968	7.285
$\bar{x}$	3,98	9,83
SSQ	41.992	87.067
VAR	17,80	20,84
SDEV	4,22	4,57
µ+	4,10	10,00
µ-	3,86	9,66
Z-Wert (t)	28,998	
t-signif. (p)	**0,000**	
t-proz.	0,000%	

Gesamtdelinquenzbelastung

Kennzeichen	Subgruppe I Hau$_{ges}$	Subgruppe II Gym$_{ges}$
N	2.832	1.583
Summe	13.061	6.905
$\bar{x}$	4,61	4,36
SSQ	124.159	58.237
VAR	22,57	17,76
SDEV	4,75	4,21
µ+	4,70	4,47
µ-	4,52	4,26
Z-Wert (t)	1,744	
t-signif. (p)	**0,081**	
t-proz.	8,121%	

15.7 HG vs. Realschule

weiblich

Rückzugsdelinquenz

Kennzeichen	Subgruppe I HG	Subgruppe II Realschule
N	430	297
Summe	2.019	1.754
$\bar{x}$	**4,70**	**5,91**
SSQ	18.413	18.264
VAR	20,77	26,62
SDEV	4,56	5,16
µ +	4,92	6,21
µ -	4,48	5,61
Z-Wert (t)	3,329	
t-signif. (p)	**0,001**	
t-proz.	0,092%	

Aggressionsdelinquenz

Kennzeichen	Subgruppe I HG	Subgruppe II Realschule
N	455	341
Summe	1.357	1.142
$\bar{x}$	**2,98**	**3,35**
SSQ	8.563	7.594
VAR	9,92	11,05
SDEV	3,15	3,32
µ +	3,13	3,53
µ -	2,83	3,17
Z-Wert (t)	1,584	
t-signif. (p)	**0,114**	
t-proz.	11,354%	

Eigentumsdelinquenz

Kennzeichen	Subgruppe I HG	Subgruppe II Realschule
N	710	581
Summe	2.177	2.359
$\bar{x}$	**3,07**	**4,06**
SSQ	14.023	18.459
VAR	10,35	15,29
SDEV	3,22	3,91
µ +	3,19	4,22
µ -	2,95	3,90
Z-Wert (t)	5,008	
t-signif. (p)	**0,000**	
t-proz.	0,000%	

Gesamtdelinquenzbelastung

Kennzeichen	Subgruppe I HG	Subgruppe II Realschule
N	1.595	1.219
Summe	5.553	5.255
$\bar{x}$	**3,48**	**4,31**
SSQ	40.999	44.317
VAR	13,58	17,77
SDEV	3,69	4,22
µ +	3,57	4,43
µ -	3,39	4,19
Z-Wert (t)	5,554	
t-signif. (p)	**0,000**	
t-proz.	0,000%	

15.8 HG vs. Realschule

männlich

Rückzugsdelinquenz

Kennzeichen	Subgruppe I HG	Subgruppe II Realschule
N	536	266
Summe	3.662	1.711
$\bar{x}$	6,83	6,43
SSQ	42.178	18.719
VAR	32,01	29,00
SDEV	5,66	5,38
$\mu +$	7,08	6,76
$\mu -$	6,59	6,10
Z-Wert (t)	0,956	
t-signif. (p)	0,339	
t-proz.	33,94%	

Aggressionsdelinquenz

Kennzeichen	Subgruppe I HG	Subgruppe II Realschule
N	986	638
Summe	4.900	2.929
$\bar{x}$	4,97	4,59
SSQ	47.506	26.037
VAR	23,48	19,73
SDEV	4,85	4,44
$\mu +$	5,12	4,77
$\mu -$	4,82	4,42
Z-Wert (t)	1,588	
t-signif. (p)	0,113	
t-proz.	12,258%	

Eigentumsdelinquenz

Kennzeichen	Subgruppe I HG	Subgruppe II Realschule
N	1.303	690
Summe	5.999	2.955
$\bar{x}$	4,60	4,28
SSQ	53.777	24.671
VAR	20,07	17,41
SDEV	4,48	4,17
$\mu +$	4,73	4,44
$\mu -$	4,48	4,12
Z-Wert (t)	1,559	
t-signif. (p)	0,119	
t-proz.	11,918%	

Gesamtdelinquenzbelastung

Kennzeichen	Subgruppe I HG	Subgruppe II Realschule
N	2.825	1.594
Summe	14.561	7.595
$\bar{x}$	5,15	4,76
SSQ	143.461	69.427
VAR	24,22	20,85
SDEV	4,92	4,57
$\mu +$	5,25	4,88
$\mu -$	5,06	4,65
Z-Wert (t)	2,592	
t-signif. (p)	0,010	
t-proz.	0,956%	

15.9 HG vs. Realschule

gesamt

Rückzugsdelinquenz

Kennzeichen	Subgruppe I Haup.+Gym.	Subgruppe II Realschule
N	966	563
Summe	5.681	3.465
$\bar{x}$	**5,88**	**6,15**
SSQ	60.591	36.983
VAR	28,14	27,81
SDEV	5,30	5,27
µ +	6,05	6,38
µ -	5,71	5,93
Z-Wert (t)	0,974	
t-signif. (p)	**0,330**	
t-proz.	33,014%	

Aggressionsdelinquenz

Kennzeichen	Subgruppe I Haup.+Gym.	Subgruppe II Realschule
N	1.499	979
Summe	6.422	4.071
$\bar{x}$	**4,28**	**4,16**
SSQ	57.278	33.631
VAR	19,86	17,06
SDEV	4,46	4,13
µ +	4,40	4,29
µ -	4,17	4,03
Z-Wert (t)	0,707	
t-signif. (p)	**0,480**	
t-proz.	47,961%	

Eigentumsdelinquenz

Kennzeichen	Subgruppe I Haup.+Gym.	Subgruppe II Realschule
N	2.000	1.271
Summe	8.043	5.314
$\bar{x}$	**4,02**	**4,18**
SSQ	65.507	43.130
VAR	16,58	16,45
SDEV	4,07	4,06
µ +	4,11	4,29
µ -	39,3	4,017
Z-Wert (t)	1,093	
t-signif. (p)	**0,274**	
t-proz.	27,449%	

Gesamtdelinquenzbelastung

Kennzeichen	Subgruppe I Haup.+Gym.	Subgruppe II Realschule
N	4.465	2.813
Summe	20.146	12.850
$\bar{x}$	**4,51**	**4,57**
SSQ	183.376	113.744
VAR	20,71	19,57
SDEV	4,55	4,42
µ +	4,58	4,65
µ -	4,44	4,48
Z-Wert (t)	0,518	
t-signif. (p)	**0,605**	
t-proz.	60,481%	

16. Graphische Darstellungen aller summierter Einzelerhebungen nach Geschlecht

Zahlenangaben ⇒ Prozentwerte!

Bist du schon einmal mit der Straßenbahn oder im Bus gefahren, ohne zu bezahlen?

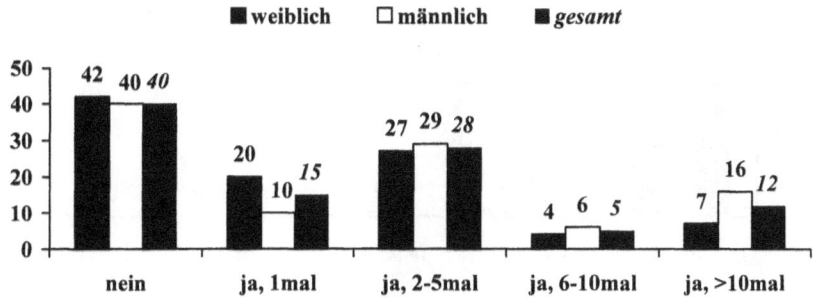

Hast du schon einmal versucht, aus einem Automaten etwas herauszuholen, ohne das richtige Geld einzuwerfen (z.B. Knöpfe, falsche Münzen)?

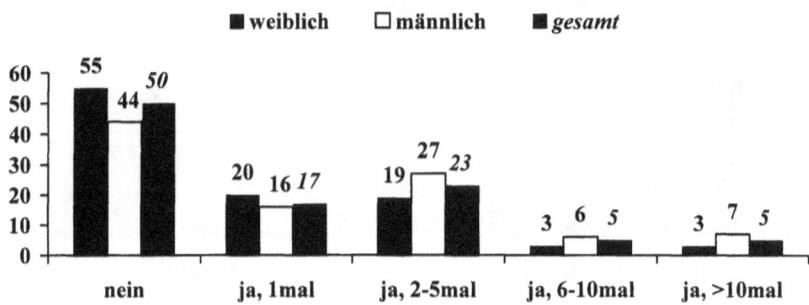

Hast du schon einmal versucht, bei einem Verkäufer zu viel Wechselgeld zu erschwindeln?

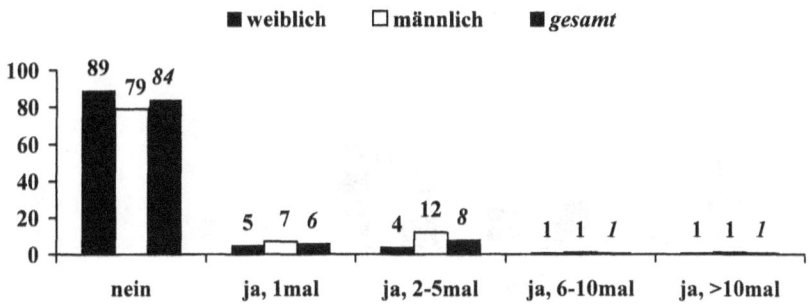

Zahlenangaben ⇒ *Prozentwerte!*

Hast du schon einmal versucht, in einem Gasthaus fortzugehen, ohne deine Zeche zu bezahlen?

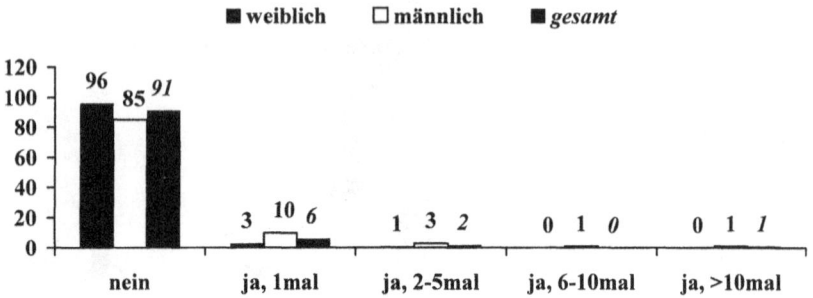

Hast du schon einmal etwas Gestohlenes angenommen oder weiterverkauft?

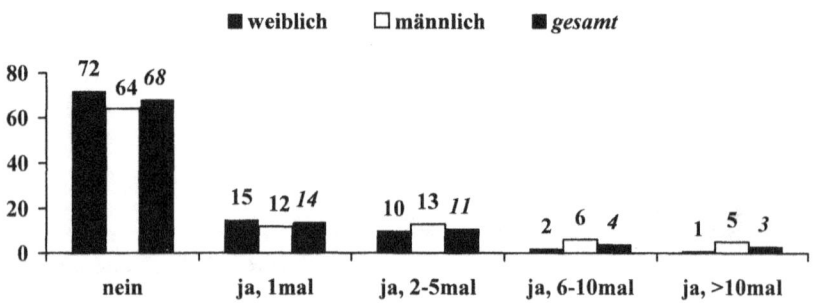

Warst du schon einmal richtig betrunken?

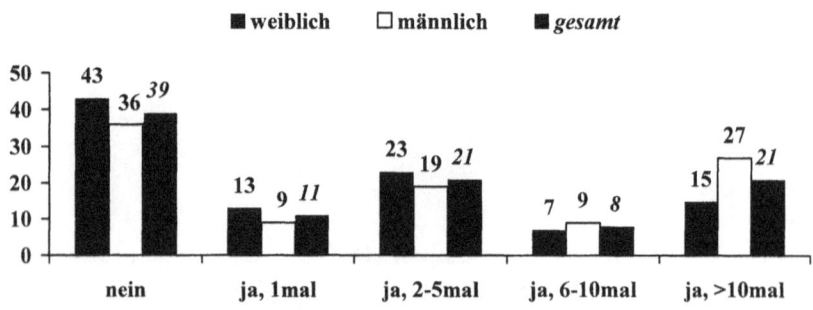

Zahlenangaben ⇒ Prozentwerte!

Hast du schon einmal den ganzen Tag die Schule geschwänzt?

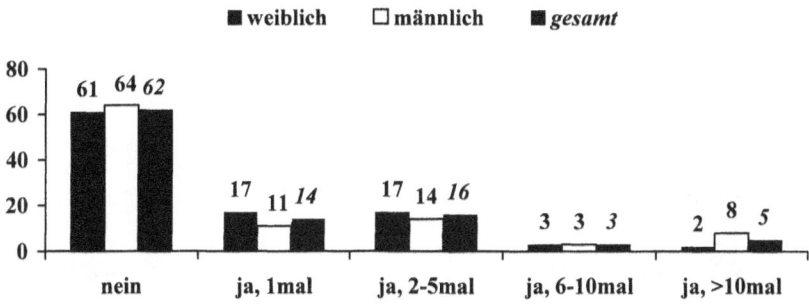

Hast du schon mal die Schule mehrere Tage lang geschwänzt?

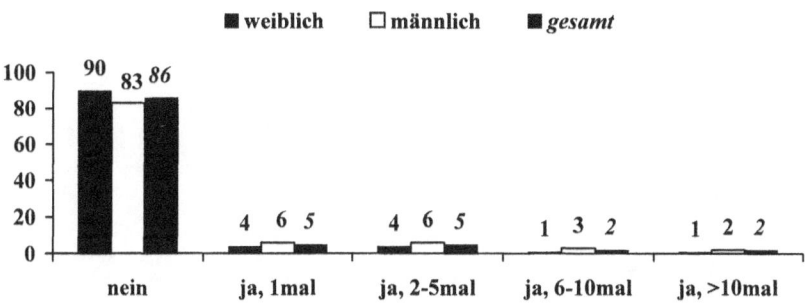

Warst du schon mal eine Nacht von zu Hause fort, ohne dass deine Eltern wussten, wo du bist?

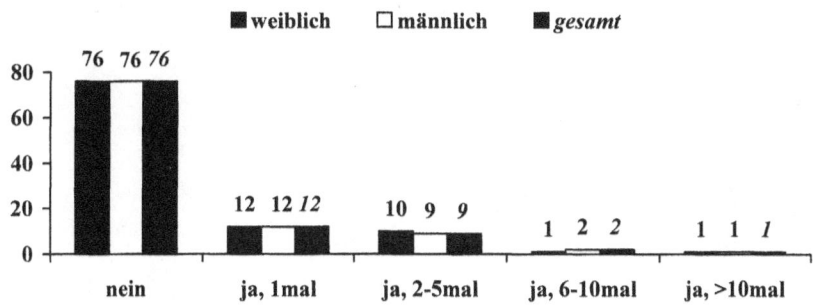

Zahlenangaben ⇒ Prozentwerte!

Hast du schon einmal in einem Kaufhaus oder Geschäft etwas gestohlen?

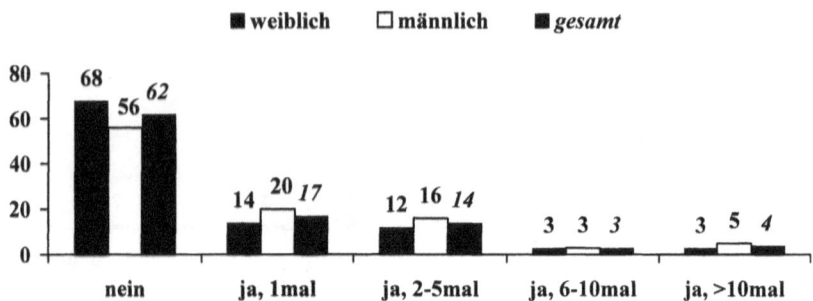

Hast du schon einmal etwas von einem Kiosk oder Verkaufsstand gestohlen?

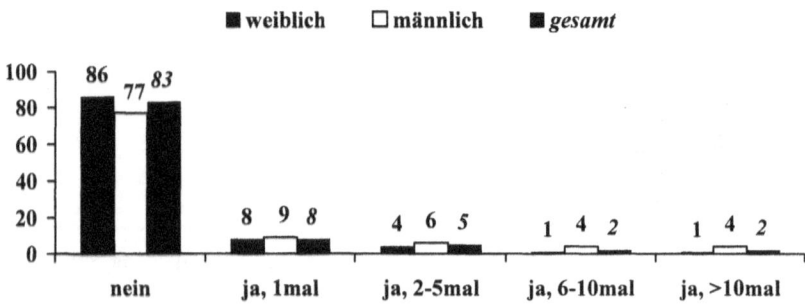

Hast du schon einmal etwas von einer Baustelle gestohlen?

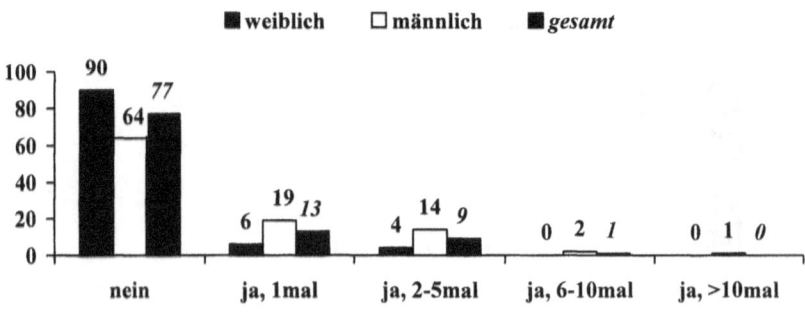

Zahlenangaben ⇒ Prozentwerte!

Hast du schon einmal einem Schulkameraden etwas gestohlen?

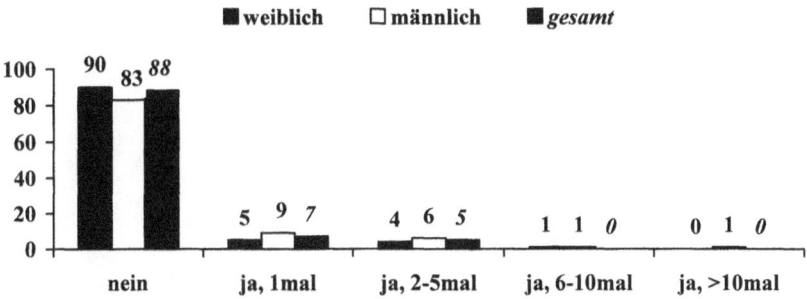

Hast du schon einmal in einer Gaststätte etwas gestohlen?

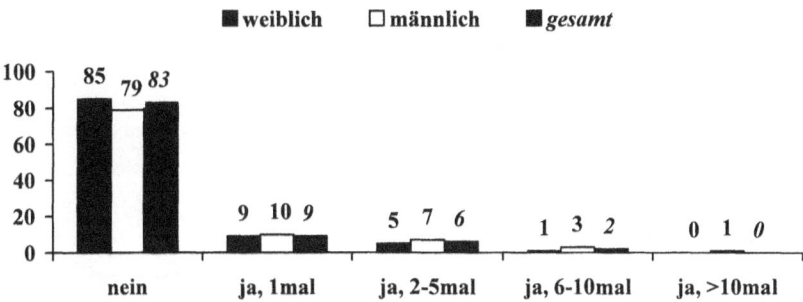

Hast du schon einmal ein Fahrrad gestohlen oder unerlaubt benutzt?

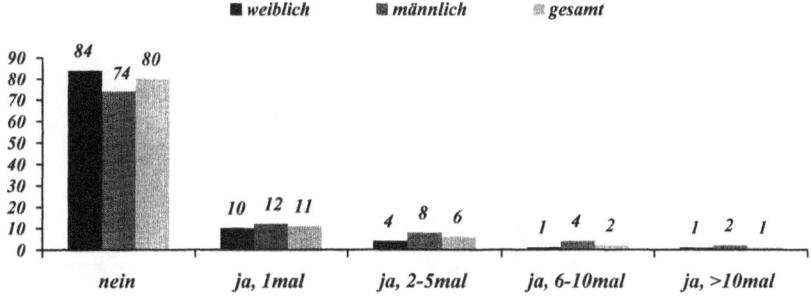

Zahlenangaben ⇒ Prozentwerte!

Hast du schon einmal ein Kraftfahrzeug (Auto, Motorrad, Moped) gestohlen oder unerlaubt benutzt?

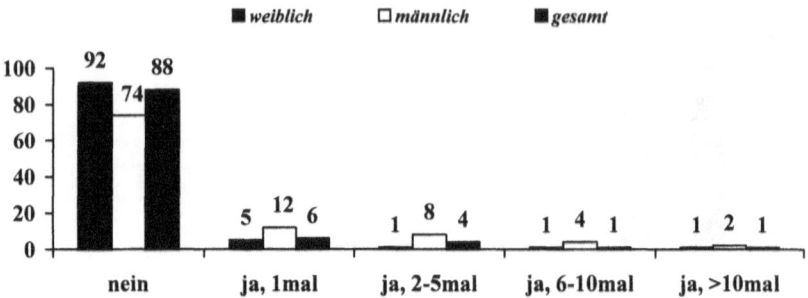

Hast du schon einmal einem Menschen Gewalt angedroht, falls er dir nicht etwas von sich abgibt?

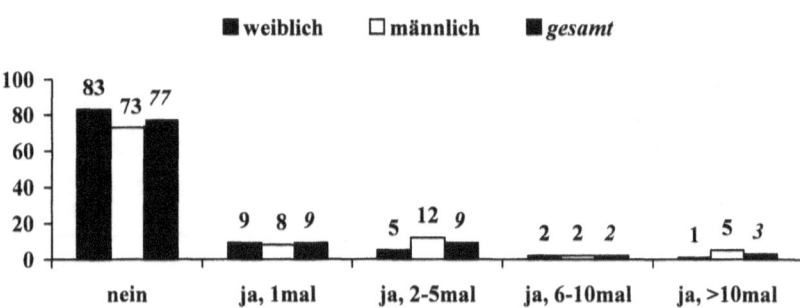

Hast du schon einmal einen Menschen bei einer Schlägerei verletzt?

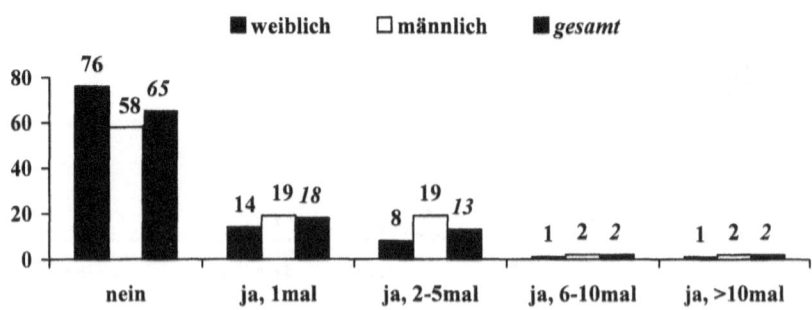

Zahlenangaben ⇒ Prozentwerte!

Hast du schon einmal einen anderen Menschen mit einem Messer, einer Pistole oder einer anderen Waffe bedroht?

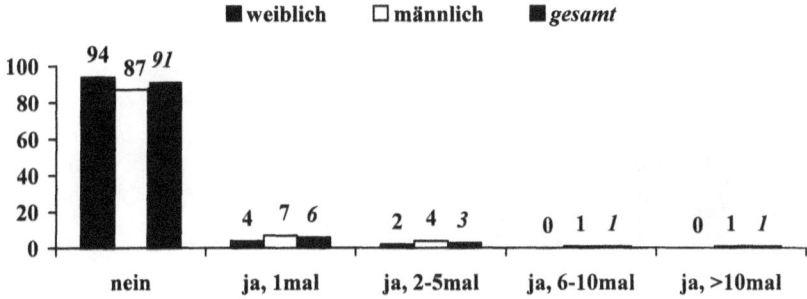

Bist Du schon einmal in eine Hütte oder ein anderes Gebäude eingebrochen, ohne dass du eine Erlaubnis dafür hattest?

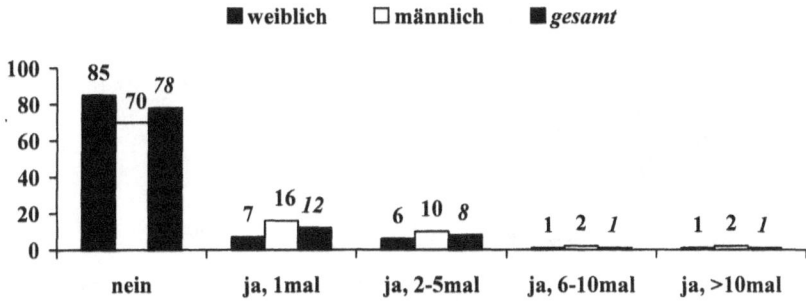

Hast du schon mal absichtlich Fenster, Straßenlaternen oder ähnliche Dinge zerstört?

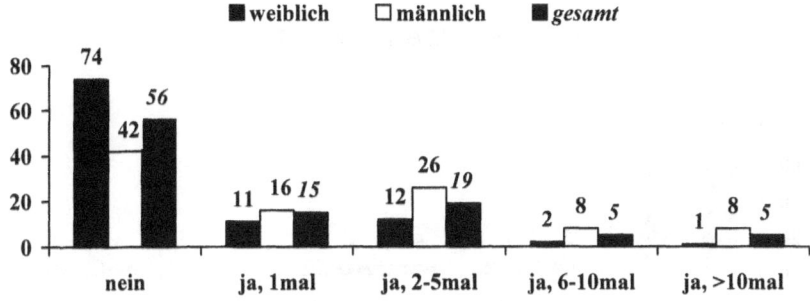

Zahlenangaben ⇒ Prozentwerte!

Hast du schon mal auf einem fremden Grundstück einen Zaun, eine Sperre oder etwas Ähnliches beschädigt?

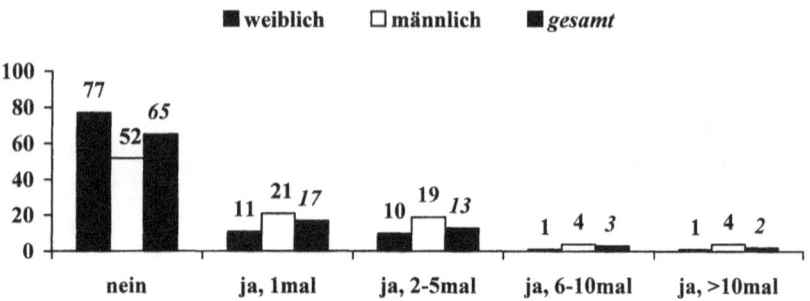

Hast du durch Zündeln schon einmal einen Brand verursacht?

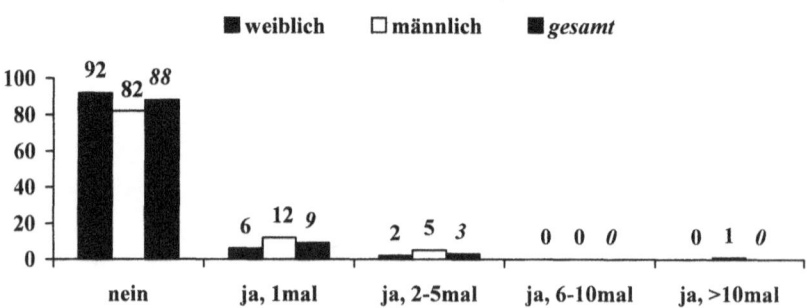

Hast du schon einmal Rauschgift genommen?

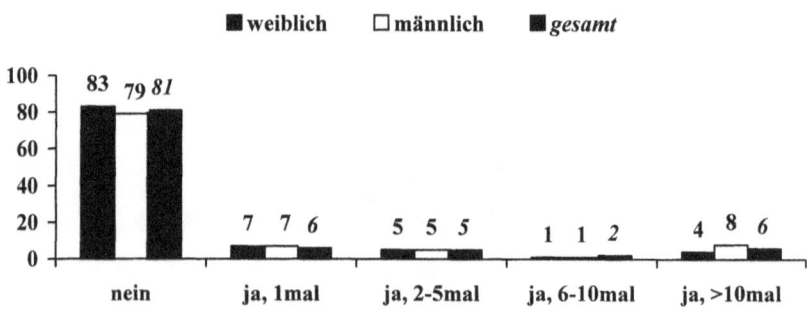

Zahlenangaben ⇒ Prozentwerte!

Bist du schon mal mit einem Kraftfahrzeug (Auto, Motorrad, Moped) gefahren, ohne dass du den notwendigen Führerschein hattest?

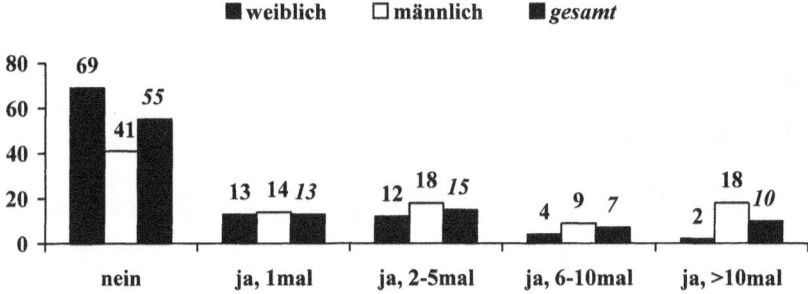

Benutzt du eine Waffe, die für Jungen und Mädchen in deinem Alter nicht erlaubt ist?

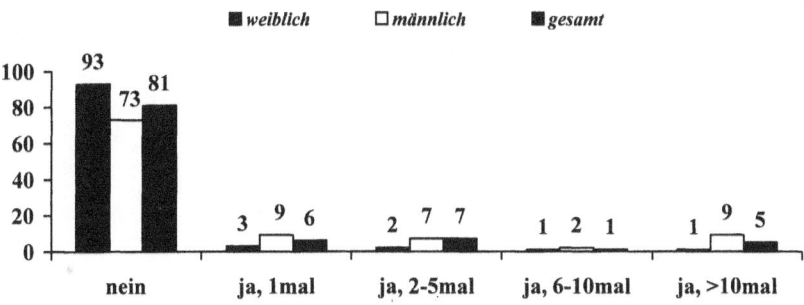

Hast du schon mal auf der Straße jemanden so belästigt, dass er die Polizei holen wollte?

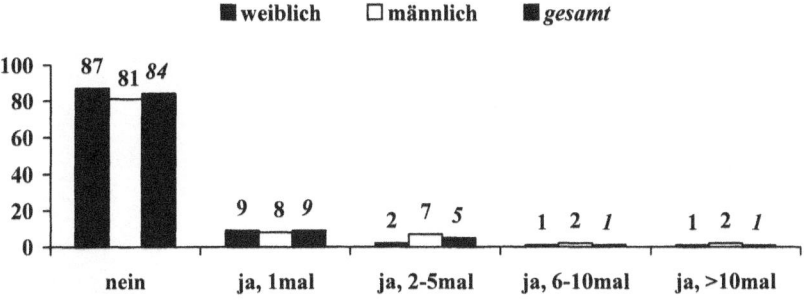

Zahlenangaben ⇒ *Prozentwerte!*

Musstest du schon einmal zur Polizei oder zum Jugendamt, weil du etwas Unerlaubtes getan hast?

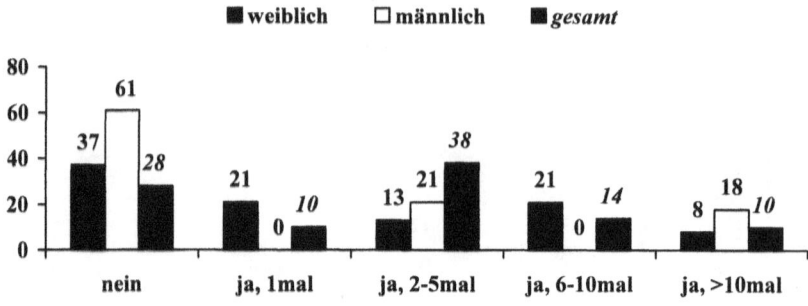

17. Graphische Darstellungen der Delinquenzbelastung nach Schularten

Zahlenangaben ⇒ *Prozentwerte!*

Bist du schon einmal mit der Straßenbahn oder im Bus gefahren, ohne zu bezahlen?

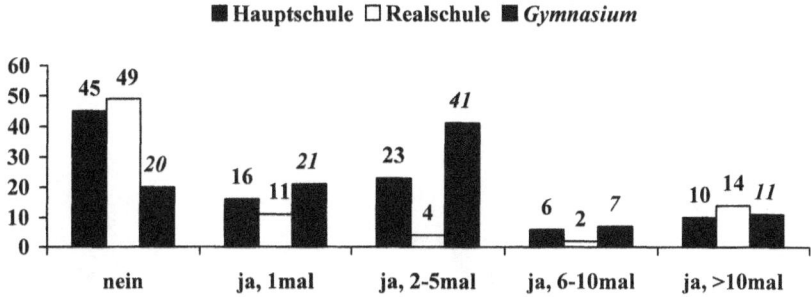

Hast du schon einmal versucht, aus einem Automaten etwas herauszuholen, ohne das richtige Geld einzuwerfen (z.B. Knöpfe, falsche Münzen)?

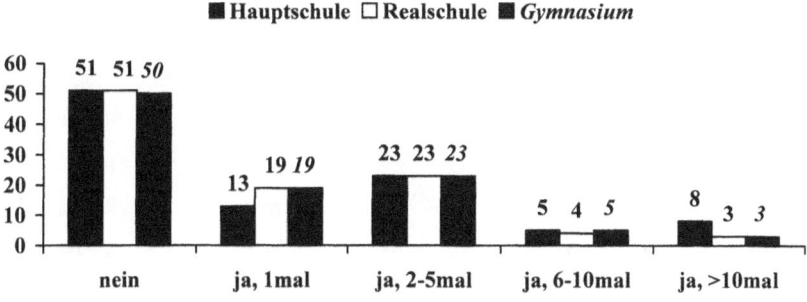

Hast du schon einmal versucht, bei einem Verkäufer zu viel Wechselgeld zu erschwindeln?

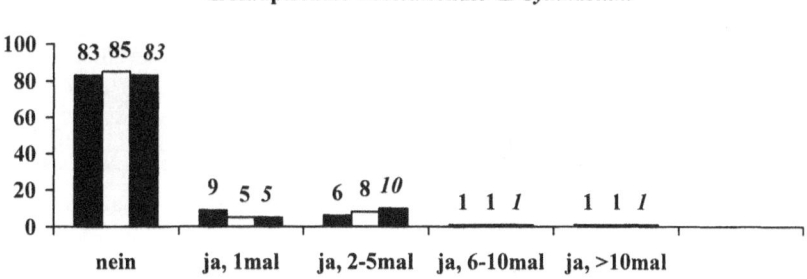

Zahlenangaben ⇒ Prozentwerte!

Hast du schon einmal versucht, in einem Gasthaus fortzugehen, ohne deine Zeche zu bezahlen?

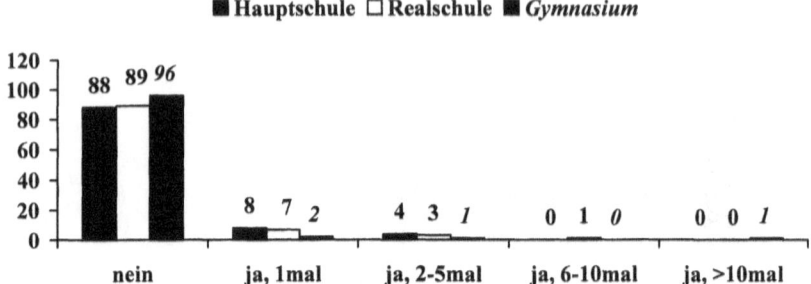

Hast du schon einmal etwas Gestohlenes angenommen oder weiterverkauft?

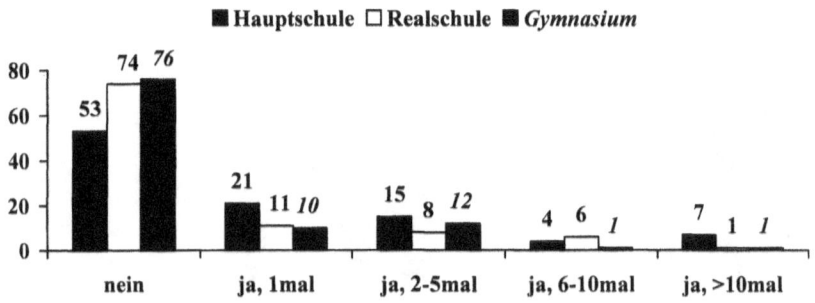

Warst du schon einmal richtig betrunken?

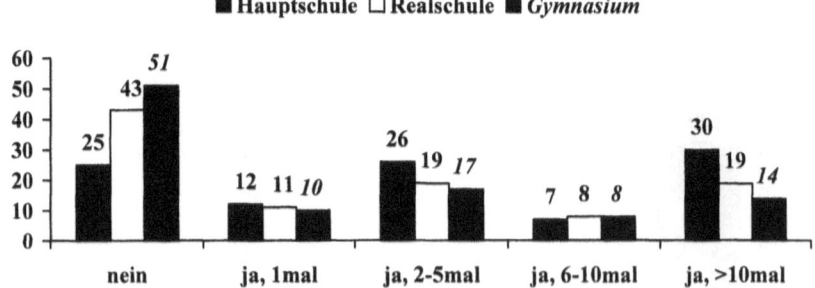

Zahlenangaben ⇒ Prozentwerte!

Hast du schon einmal den ganzen Tag die Schule geschwänzt?

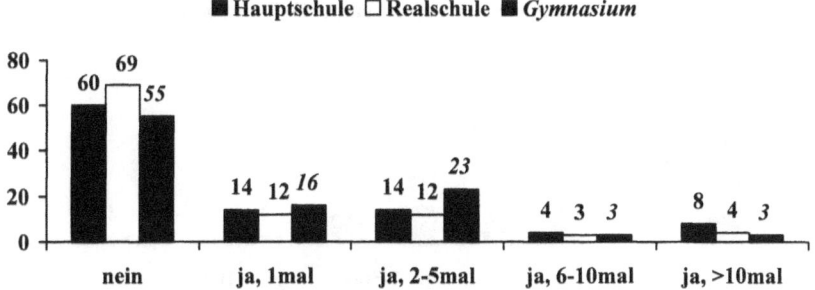

Hast du schon mal die Schule mehrere Tage lang geschwänzt?

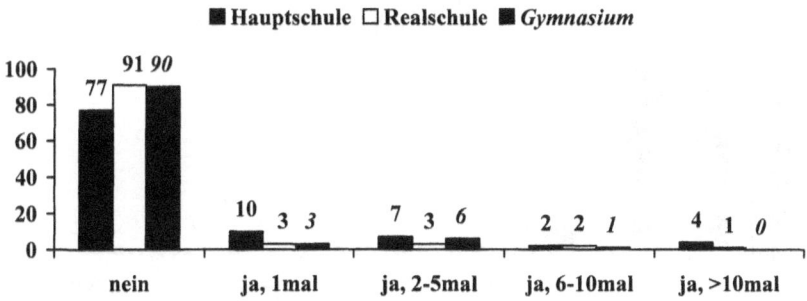

Warst du schon mal eine Nacht von zu Hause fort, ohne dass deine Eltern wussten, wo du bist?

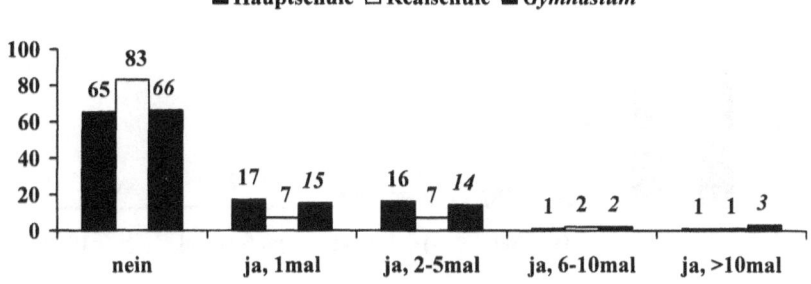

Zahlenangaben ⇒ *Prozentwerte!*

Hast du schon einmal in einem Kaufhaus oder Geschäft etwas gestohlen?

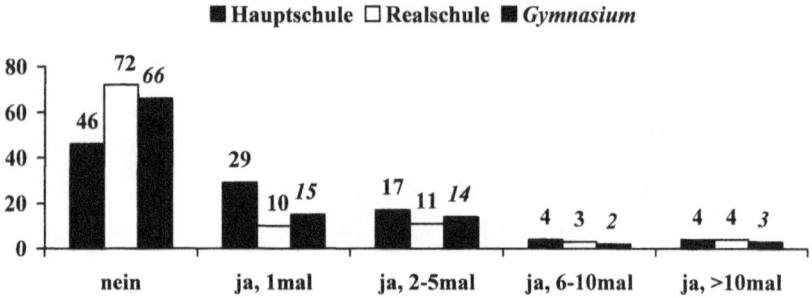

Hast du schon einmal etwas von einem Kiosk oder Verkaufsstand gestohlen?

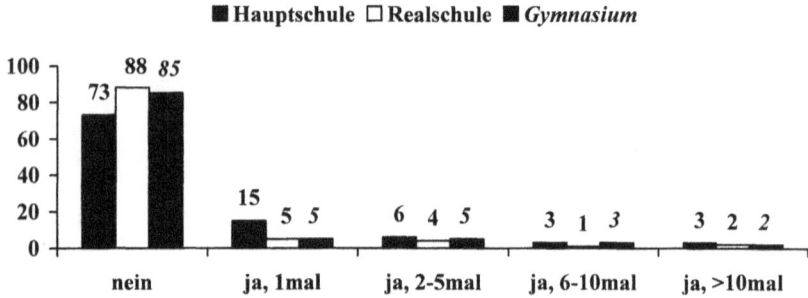

Hast du schon einmal etwas von einer Baustelle gestohlen?

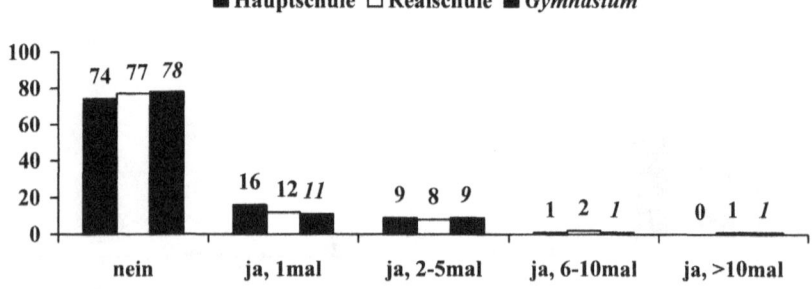

Zahlenangaben ⇒ Prozentwerte!

Hast du schon einmal einem Schulkameraden etwas gestohlen?

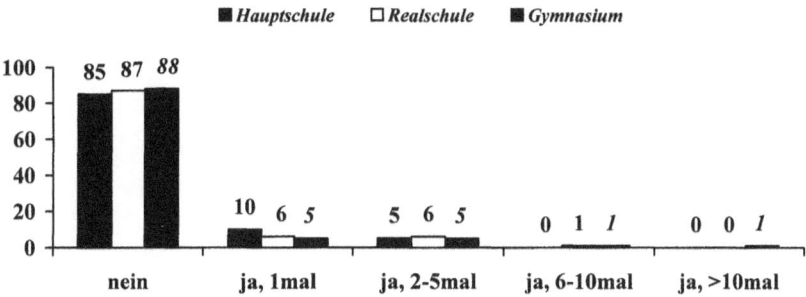

Hast du schon einmal in einer Gaststätte etwas gestohlen?

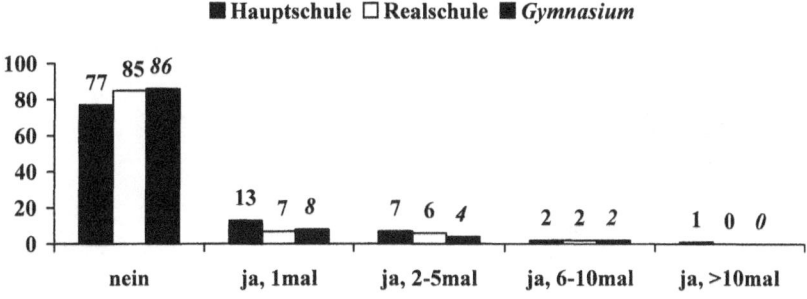

Hast du schon einmal ein Fahrrad gestohlen oder unerlaubt benutzt?

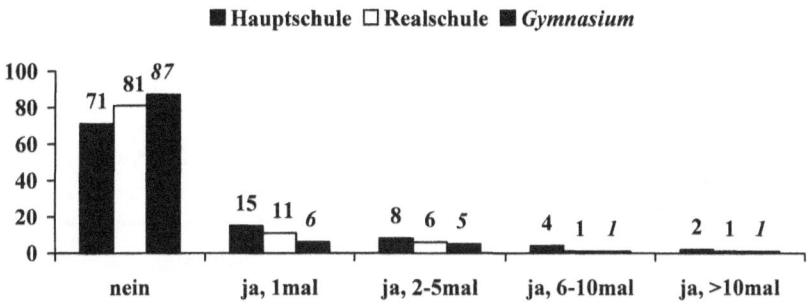

Zahlenangaben ⇒ *Prozentwerte!*

Hast du schon einmal ein Kraftfahrzeug (Auto, Motorrad, Moped) gestohlen oder unerlaubt benutzt?

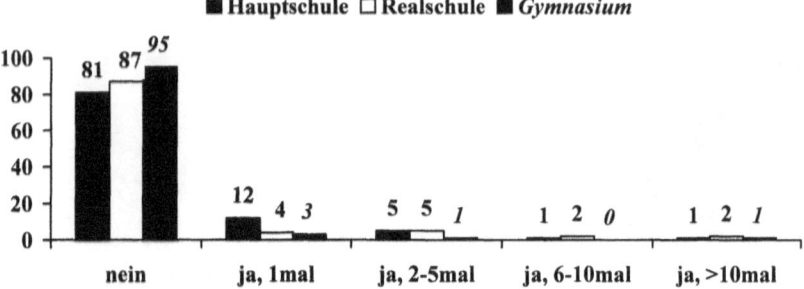

Hast du schon einmal einem Menschen Gewalt angedroht, falls er dir nicht etwas von sich gibt?

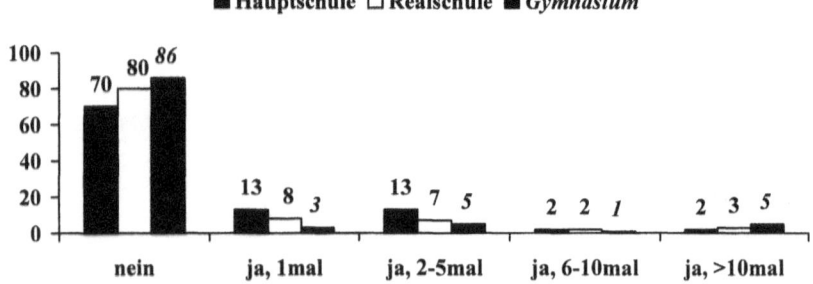

Hast du schon einmal einen Menschen bei einer Schlägerei verletzt?

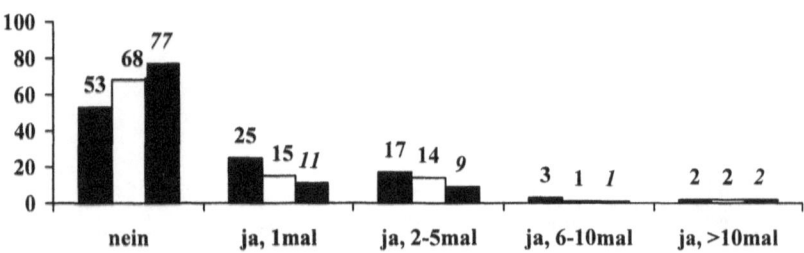

Zahlenangaben ⇒ Prozentwerte!

Hast du schon einmal einen anderen Menschen mit einem Messer, einer Pistole oder einer anderen Waffe bedroht?

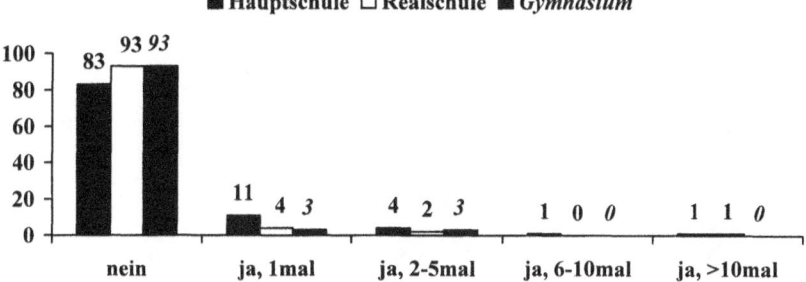

Bist Du schon einmal in eine Hütte oder ein anderes Gebäude eingebrochen, ohne dass du eine Erlaubnis dafür hattest?

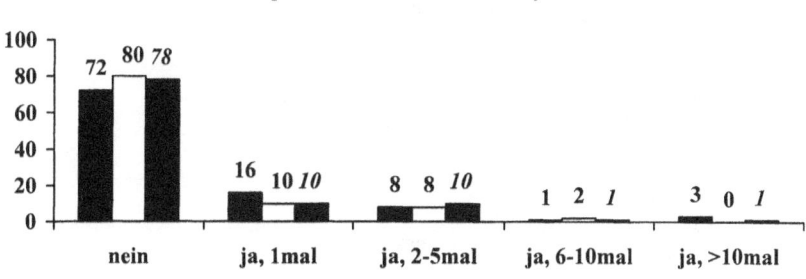

Hast du schon mal absichtlich Fenster, Straßenlaternen oder ähnliche Dinge zerstört?

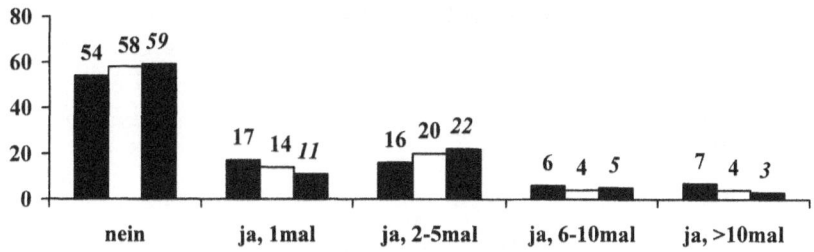

Zahlenangaben ⇒ *Prozentwerte!*

Hast du schon mal auf einem fremden Grundstück einen Zaun, eine Sperre oder etwas Ähnliches beschädigt?

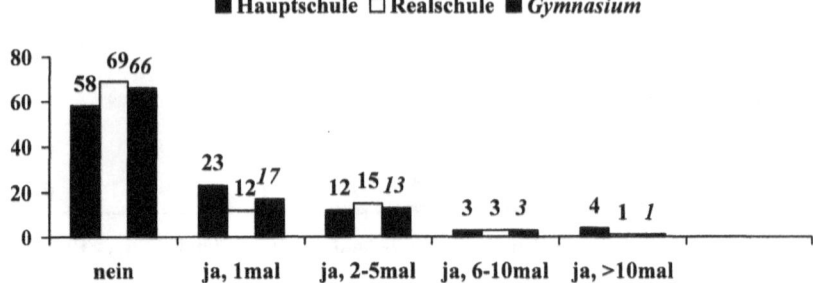

Hast du durch Zündeln schon einmal einen Brand verursacht?

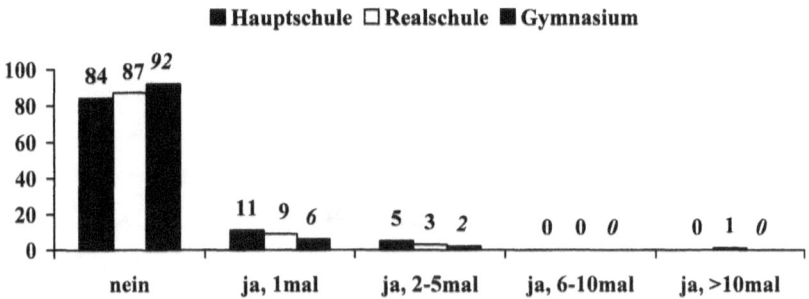

Hast du schon einmal Rauschgift genommen?

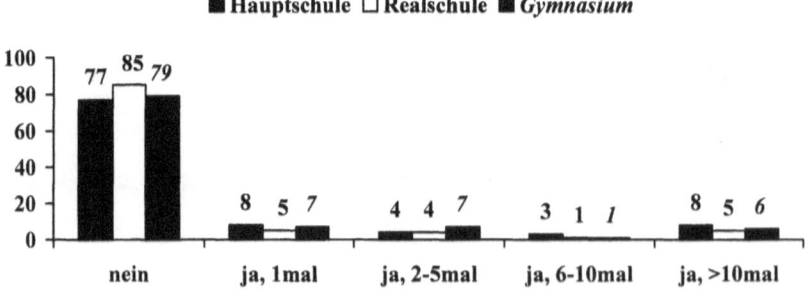

Zahlenangaben ⇒ Prozentwerte!

Bist du schon mal mit einem Kraftfahrzeug (Auto, Motorrad, Moped) gefahren, ohne dass du den notwendigen Führerschein hattest?

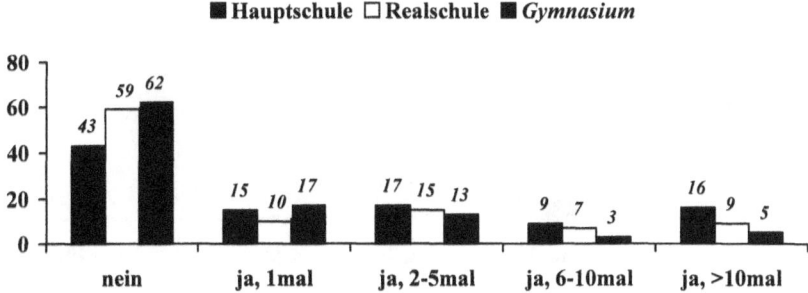

Benutzt du eine Waffe, die für Jungen und Mädchen in deinem Alter nicht erlaubt ist?

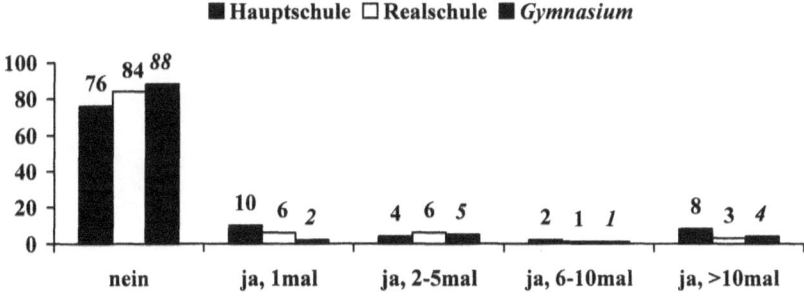

Hast du schon mal auf der Straße jemanden so belästigt, dass er die Polizei holen wollte?

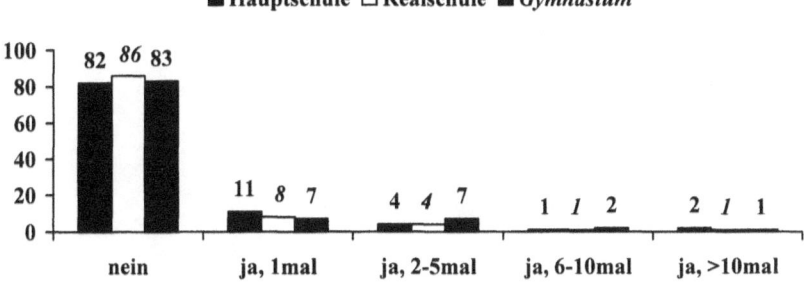

Zahlenangaben ⇒ Prozentwerte!

Musstest du schon einmal zur Polizei oder zum Jugendamt, weil du etwas Unerlaubtes getan hast?

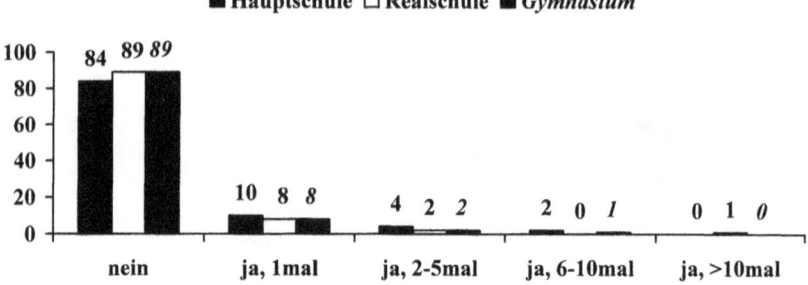

18. Delinquenzbelastung nach Alter und Geschlecht
18.1 13 Jahre

Zahlenangaben = Prozentwerte!

Rückzugsdelinquenz

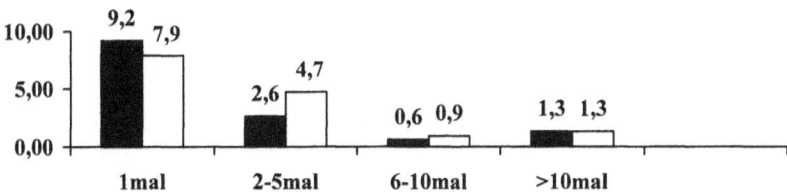

Eigentumsdelinquenz

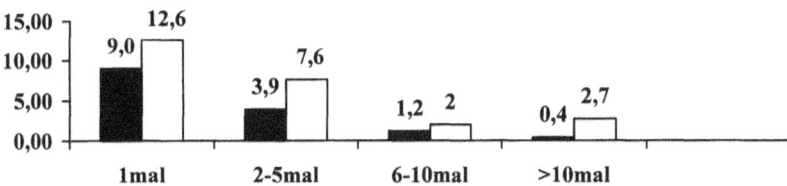

Aggressionsdelinquenz

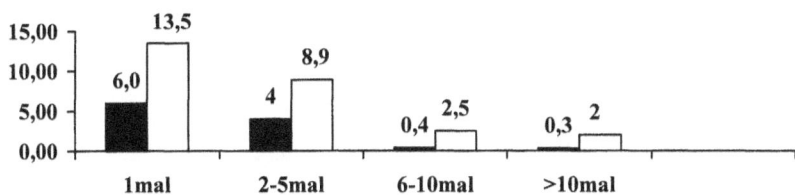

Gesamtdelinquenzbelastung

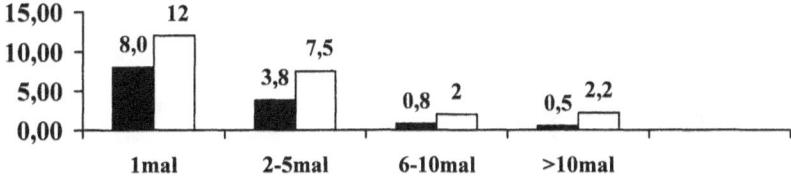

18.2 14 Jahre

Zahlenangaben = Prozentwerte!

Rückzugsdelinquenz

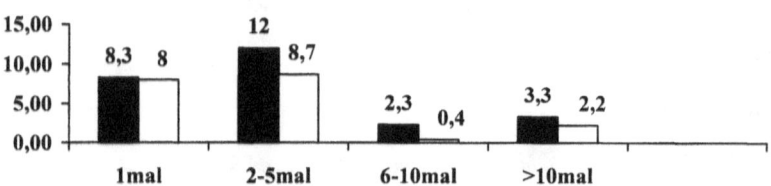

Eigentumsdelinquenz

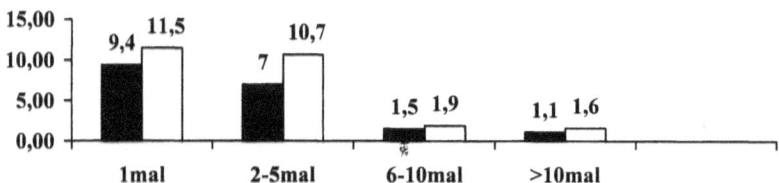

Aggressionsdelinquenz

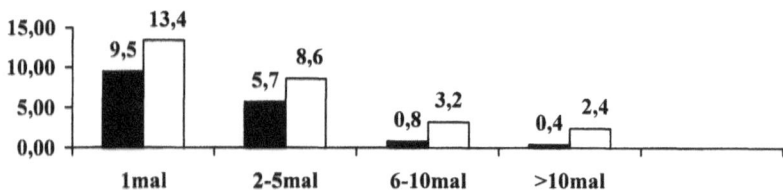

Gesamtdelinquenzbelastung

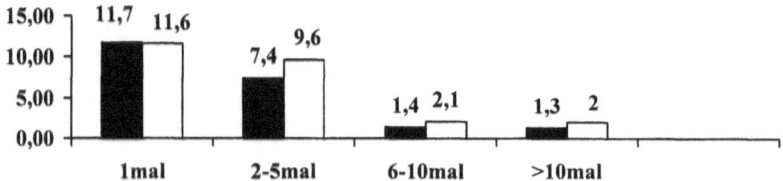

18.3 15 Jahre

Rückzugsdelinquenz

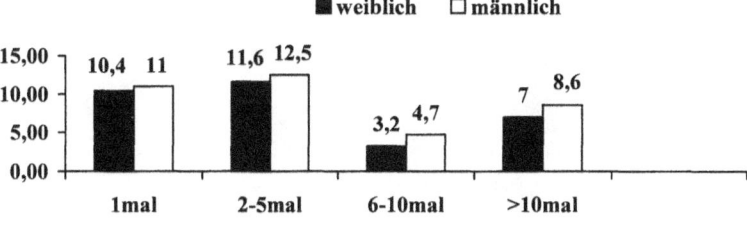

Eigentumsdelinquenz

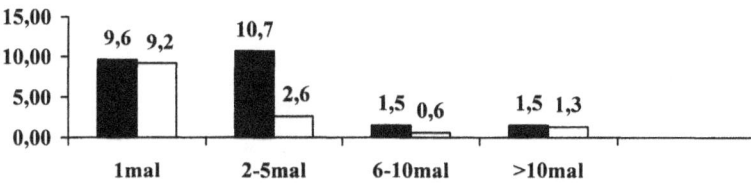

Aggressionsdelinquenz

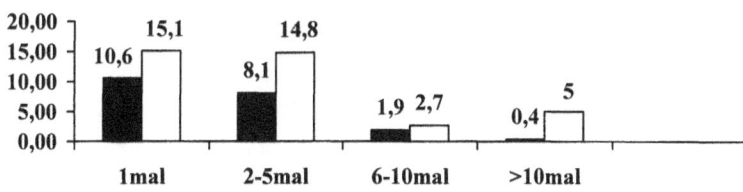

Gesamtdelinquenzbelastung

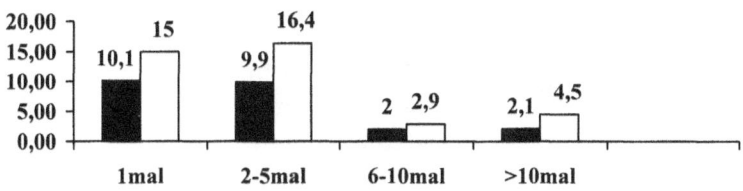

18.4 16 Jahre

Zahlenangaben = Prozentwerte!

Rückzugsdelinquenz

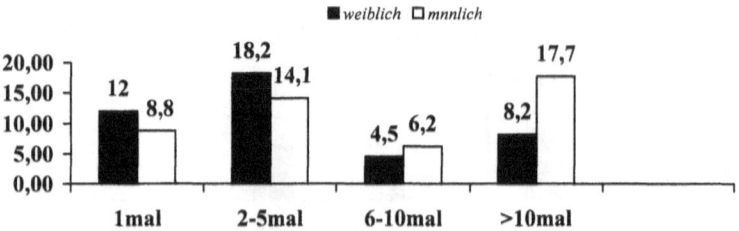

Eigentumsdelinquenz

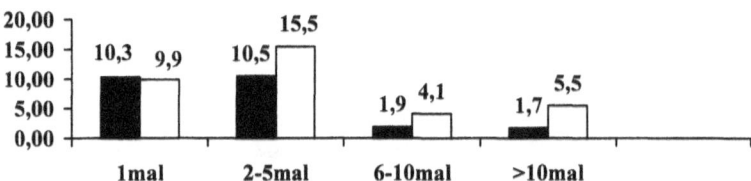

Aggressionsdelinquenz

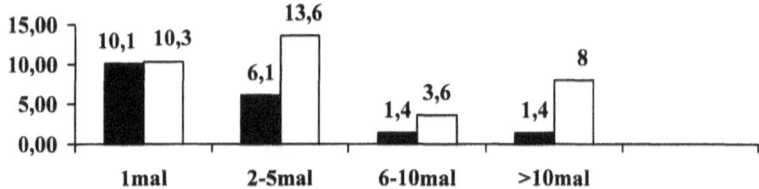

Gesamtdelinquenzbelastung

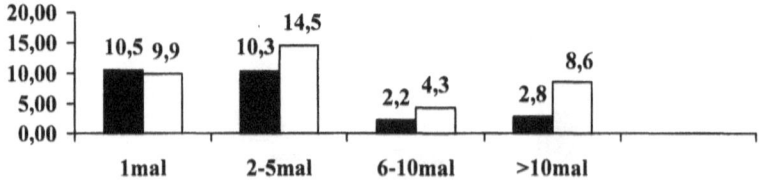

18.5 Gesamt

Zahlenangaben = Prozentwerte!

Rückzugsdelinquenz

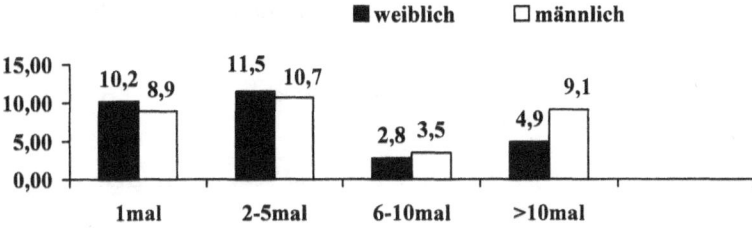

Eigentumsdelinquenz

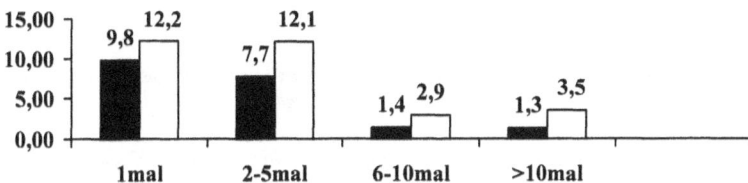

Aggressionsdelinquenz

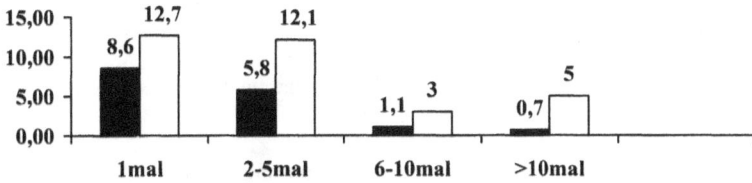

Gesamtdelinquenzbelastung

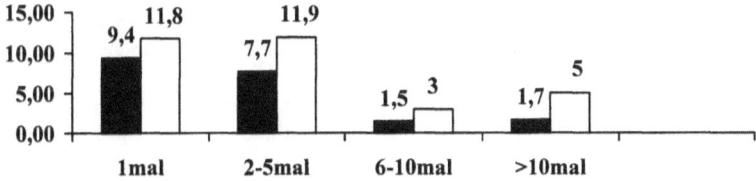

19. Literaturverzeichnis

Arbeitsgruppe Schulevaluation (1998); Gewalt als soziales Problem in Schulen; Leske und Budrich, Opladen

Asanger / Wenninger (1994); Handwörterbuch Psychologie; Beltz Psychologie Verlags Union Weinheim; 5. Auflage

Cierpka, Manfred (1999); Kinder mit aggressivem Verhalten; Hogrefe-Verlag Göttingen

Czienskowski, U. (1996); Wissenschaftliche Experimente: Planung, Auswertung, Interpretation; Psychologie Verlags Union, Weinheim

Fiedler, Peter (1997); Persönlichkeitsstörungen; Psychologie Verlags Union Weinheim; 3. Auflage

Funk, Walter [Hrsg. (1995)]; Nürnberger Schüler Studie 1994: Gewalt an Schulen; S. Roderer Verlag Regensburg

Gelling-Rothin, Ilona; Bad Boys in der Schule. In.: Erziehung & Wissenschaft; 52. Jahrgang; Ausgabe 4/2000

Glomp, Ingrid; „Unsoziale" Kinder lernen leichter; in: Psychologie heute; Ausgabe April 1999

Griffel, Rose (2000); Power statt Gewalt; Aktion Jugendschutz Landesarbeitsstelle Baden-Württemberg

Guggenbühl, Allan (1997); Die unheimliche Faszination der Gewalt; 2. Auflage; Deutscher Taschenbuch Verlag München

Hager, W. und Spies, K. (1991); Versuchsdurchführung und Versuchsbericht; Hogrefe Verlag Göttingen

Heckhausen, Heinz (1989), Motivation und Handeln; Springer Verlag Berlin Heidelberg New York; 2. Auflag

Holtappels, Heitmeyer, Melzer, Tillmann (1999); Forschung über Gewalt an Schulen; 2., korrigierte Auflage; Juventa-Verlag Weinheim und München

Hurrelmann, Klaus; Gewalt ist ein Symptom für fehlende soziale Kompetenz. In: Hurrelmann, Rixius, Schirp u.a.; Gewalt in der Schule (1999); Seite 14; Beltz Verlag Weinheim

Kasper, Horst (1998); Mobbing in der Schule; Beltz Verlag, Weinheim und Basel

Knaak, R. und Hanewinkel, R.; in; Pädagogik; Ausgabe 1/1999; Seite 13 bis 16; 51. Jahrgang; Beltz-Verlag Weinheim

Knopf, Hartmut [Hrsg. (1996)]; Aggressives Verhalten und Gewalt in der Schule; R. Oldenbourg Verlag München

Koch, Sannah; Die Ängste der Kinder; in: Psychologie heute; Ausgabe Juli 1997

Kohnstamm, Rita (1999); Praktische Psychologie des Jugendalter, Hans Huber Verlag Bern

Krumpholz-Reichel, Anja; Ist Bullying männlich?; in: Psychologie heute; Ausgabe Januar 1998

Olweus, Dan (1996); Gewalt in der Schule; Verlag Hans Huber; 2. korrigierte Auflage

Ostendorf, Heribert (1997); Jugendgerichtsgesetz – Kommentar; Carl Heymanns Verlag Köln Berlin Bonn München; 4. Auflage

Petermann, Franz [Hrsg. (2000)]; Lehrbuch der Klinischen Kinderpsychologie und -therapie; 4. Auflage; Hogrefe Verlag Göttingen

Petermann, Ulrike [Hrsg. (1998)]; Verhaltensgestörte Kinder; 2. Auflage; Otto Müller Verlag, Salzburg

Remschmidt, Helmuth [Hrsg. (2000)]; Kinder- und Jugendpsychiatrie; Georg Thieme Verlag Stuttgart New York

Sachs, Lothar (1993); Statistische Methoden 2; Springer Verlag Berlin

Sachs, Lothar (1993); Statistische Methoden; 7. Auflage; Springer Verlag Berlin

Schneider / Schneider (1995); Übungen in Kriminologie, Jugendstrafrecht, Strafvollzug; Walter de Gruyter Verlag Berlin New York

Schnell, R., Hill, P.B., Esser, E. (1999); Methoden der empirischen Sozialforschung; 6. Auflage; R. Oldenbourg Verlag München Wien

Schollmann, Ulrich; in: Psychologie heute; Ausgabe Januar 1999; Seite 30 bis 35

Schubarth, Kolbe, Willems [Hrsg. (1996)]; Gewalt an Schulen; Leske und Budrich, Opladen

Schubarth, Wilfried (2000); Gewaltprävention in Schule und Jugendhilfe; Luchterhand Verlag Neuwied

Singer, Kurt (1996); Lehrer-Schüler-Konflikte gewaltfrei regeln; Beltz Verlag Weinheim und Basel; 5. Auflage

Steinhausen, Hans-Christoph (2000); Psychische Störungen bei Kindern und Jugendlichen; Urban und Fischer Verlag München Jena; 4. Auflage

Tillmann, Nowitzki, Holtappels, Meier und Popp (1999); Schülergewalt als Schulproblem; Seite 37ff; Juventa Verlag Weinheim und München

Varbelow, Dirk (2000); Aggressionen im Kindes- und Jugendalter; Tectum Verlag Marburg

Weiß, Susanne und Krumm, Volker (2000): Ungerechte Lehrer. In: psychosozial; 23. Jahrgang; Nr.79; 2000; Heft I Titelthema: *Gewalt an Schulen*

Wirtz, M. und Nachtigall, C. (1998); Deskriptive Statistik; Juventa Verlag Weinheim und München

Zimbardo, Philip G. (1995); Psychologie; Springer Verlag Berlin Heidelberg New York; 6. Auflage

Zuschlag / Thielke (1998); Konfliktsituationen im Alltag; Verlag für angewandte Psychologie Göttingen; 3. Auflage

www.ingramcontent.com/pod-product-compliance
Lightning Source LLC
Chambersburg PA
CBHW020119010526
44115CB00008B/891